3

いちばん
はじめに読む
心理学の本

発達心理学

［第2版］

周りの世界とかかわりながら人はいかに育つか

藤村宣之 編著

ミネルヴァ書房

はしがき

　人は周りの世界とかかわりながら，主体的に世界を切り開いていく。人が育っていく過程には，その年齢に応じた特別な舞台があり，そこでさまざまな人とかかわりながら，自分自身の可能性を開花させていく。「小さいおとな」「おとなに近い子ども」としてではなく，おとなとは異なる独自の存在としての子どもが，周りの仲間やおとなとともに，そのときそのときの世界を豊かにし，自分の力で次なる舞台へと飛躍していく。

　それぞれの年齢段階という舞台で，人はどのように自分自身を発揮していくのだろうか。また，どのようなメカニズムで次の舞台へと飛躍していくのだろうか。そのプロセスに周りの人たちはどのようにかかわるのだろう。また，おとなはどのような環境を組織し，ひとりひとりの育ちを支えていけばよいのだろう。

　おとなもまた，まわりの人たちに支えられながら，また子どもや，後に続く者たちを育てることを通じて，自らが育っていく存在である。それを通じて，どのように自分の人生をふりかえり，締めくくることが望ましいのだろう。

　以上のような問いは，いずれも簡単には答えることができないような難しい問いであるが，そのひとつひとつについて，本書を手がかりに，読者が自分なりに考えを深めていただけたら幸せである。

　本書の各章の著者は，いずれも発達心理学を専門とする若手から中堅の研究者である。出身大学や用いている心理学的方法は多様であるが，それぞれが直接，対象（子どもやおとな）にアプローチし，各年齢段階の発達を解明する実証的研究に最前線で取り組んでいるという点は共通している。編者は，専門領域の研究を今まさに深めている者こそが，その年齢段階の発達や，発達とそれを取り巻く諸要因とのかかわりについて自分のことばで説明することができる

発達期 (およその対応年齢)	認知・言語の発達	社会性・パーソナリティの発達	発達を取り巻く世界	
乳児期 (誕生〜1歳半ごろ)	1章 乳児期①： 　世界を知りはじめる	2章 乳児期②： 　人との関係のはじまり	11章 文化と発達	12章 教育と発達
幼児期 (1歳半ごろ〜6歳ごろ)	3章 幼児期①：今・ここの世界 　からイメージとことばの世界へ	4章 幼児期②：自己の育ちと 　他者との関係		
児童期 (6歳ごろ〜12歳ごろ)	5章 児童期①： 　思考の深まり	6章 児童期②：友人とのかか 　わりと社会性の発達		
	*			
青年期 (12歳ごろ〜25歳前後)	7章 青年期①： 　自分らしさへの気づき	8章 青年期②： 　他者を通して自分を見る		
成人期 (25歳前後〜60-65歳)	9章 成人期：関係の中でのとまどいと成熟			
老年期 (60-65歳〜)	10章 老年期：人生の振り返り			

図　本書の構成（縦軸は年齢を，横軸は発達の諸側面と，発達にかかわる要因を示している）

＊1〜6章（乳児期〜児童期）では①が主に認知・言語の発達，②が主に社会性・パーソナリティの発達に対応する。7〜10章（青年期〜老年期）では主に社会性・パーソナリティの発達を扱う。

と考え，そのような気鋭の研究者に集まってもらった。各章のコラムなどを通じて，読者がそれぞれのテーマの最新の研究のおもしろさを知り，また各章の記述から発達心理学の基本的な概念や知識を得るとともに，本書全体を通じて「人の発達をどうみるか」という，広い意味での発達観，人間観，教育観などを感じ取っていただけたら幸いである。

　本書の12の章は，図のように縦軸と横軸のもとに構成されている。縦軸は，年齢による変化という次元であり，横軸は発達の諸側面や，発達に関連する要因という次元である。乳児期から児童期まで（1〜6章）は，各章を①認知・言語の発達と，②社会性・パーソナリティの発達の側面に分けて，①②をあわせて読むことでそれぞれの年齢段階の全体像がつかめるようにしている。また，青年期から老年期まで（7〜10章）はおもに，社会性・パーソナリティの側面から発達をとらえ，青年期については，①自分らしさへの気づき，②他者を通して自分を見る，という2つの側面から，その特質を把握できるようにした。そして，発達とそれを取り巻く主要な要因とのかかわり（11，12章）に関して

は,発達期全般を通じて考察する視点として,文化や教育の問題を論じている。いずれの章も,本書の副題である「周りの世界とかかわりながら人はいかに育つか」を意識して書かれている。ある年齢段階を出発点に読み進めても,社会性や認知という側面を定めて,発達的な変化を見通しながら読んでも,また文化や教育という発達全般にかかわる問題からアプローチしても,それぞれの読者が「発達」についての理解を深めることができるだろう。

最後になったが,本書の出版にあたり,ミネルヴァ書房編集部の吉岡昌俊さんには,構想から完成にいたるまでの長い期間,つねに細やかな配慮をいただき,執筆の過程を温かく見守っていただいた。心より感謝の言葉を申し上げたい。

2009年10月

藤村宣之

第2版の刊行にあたって

2009年の初版刊行から約9年を経て,ここに第2版を刊行する。
今回の改訂では,主に以下の点について変更を行った。

- 近年の発達心理学を中心とする諸研究の進展や,国際比較調査,国内外の各種調査などの成果をふまえて,各章の本文や図をより新しい内容に改めた。
- 各章の本文の記述を見直し,よりわかりやすく具体的な記述に改めた。
- 各章末の〈もっと詳しく知りたい人のための文献紹介〉に取り上げる文献の一部を,より新しいものにした。

今回の改訂で,発達心理学の知見や方法論について理解を深め,現代における人の発達をとらえる見方を学ぶ上で役に立つ,より新しい内容の本になった。

2018年11月

藤村宣之

目次

はしがき

1章 乳児期①:世界を知りはじめる……………………旦 直子…1

- 生まれつき，何をどこまでわかっているのか？
- 周りの世界をどのように見ているのか？

1 知覚の発達……1
2 認知の発達……7
3 言語の発達……14
4 乳児期の発達のメカニズム……17
　コラム　おもちゃが斜めに落ちたらおかしい？……15

2章 乳児期②:人との関係のはじまり………………常田美穂…23

- ヒトの赤ちゃんは他者との関係をどのように築きはじめるのか？
- 感情の共有はどのようにしてなされるのか？

1 乳児が自力では移動できないということの意味……23
2 「他者とともにいる」とはどのようなことなのかを学ぶ……28
3 コミュニケーションのはじまり……38
　コラム　ヒトの個体発達における養育者の役割……41

目次

3章 幼児期①：今・ここの世界から
　　　　　　　　イメージとことばの世界へ………郷式　徹…47

- どのように目の前にないものをイメージできる
  ようになっていくのか？
- 自分／他人の心の理解とことばの発達や
  コミュニケーションはどのように関係するのか？

1 表象の獲得としての幼児期の知能・認知の発達……47
2 幼児期前半——感覚・知覚からの表象の分離が始まる……53
3 幼児期後半——表象と表象の関係を表象し始める……54
4 不適切な反応に対する抑制能力の発達……59
5 社会的知能の拡大としての表象能力……61
　コラム　知能と認知スタイル……63

4章 幼児期②：自己の育ちと他者との関係…………小松孝至…69

- 自分への気づきはどのように現れるのか？
- 他者とかかわる中で育つ子どもの自己はどのよ
  うなものか？

1 子どもの「意図」の明確化と自分への気づき……69
2 友だちとのかかわりと自己の行動のコントロール……72
3 子どもの「個性」のなりたち……77
4 経験をことばにすることの意味……80
5 自己の発達とコミュニケーションの重要性……83
　コラム　経験を話すことの意味と親からの働きかけ……84

5章　児童期①：思考の深まり……………………………藤村宣之…88

- 子どもの考え方とおとなの考え方はどのように異なるのか？
- 勉強がわからなくなりはじめるのはいつか？それはなぜか？

1 論理的思考のはじまり（小学校低学年：7，8歳）……89
2 具体的事象の概念化と思考の計画性……92
　　　（小学校中学年：9，10歳）
3 現実を超えた思考のはじまり（小学校高学年：11，12歳）……97
4 児童期における発達と教育のかかわり……100

　コラム　子どもは商品の値段のしくみをどのように推測するか？……104

6章　児童期②：集団の中で育まれる社会性………清水由紀…110

- 友だちとの関係はどのように変化していくのか？
- 集団生活の中で何を学んでいくのか？

1 集団生活のはじまりと自己概念の発達……110
2 友人関係のひろがり……113
3 コミュニケーションを支える他者理解の発達……116
4 道徳性と思いやりの発達……119

　コラム　年少の子どもは「結果主義」？……121

目　次

7章　青年期①：自分らしさへの気づき……………… 天谷祐子… 130
　　　　● 自分らしさにどのように気づいていくのか？
　　　　● どのように自分の進路を見出していくのか？

　1　身体の変化と自分への意識…… 130
　2　他の人にはない自分らしさとは？…… 135
　3　進路選び――自分らしさを具現化していくひとつの手段…… 141
　　コラム　自我体験――「私はなぜ私なのか」という問い…… 142

8章　青年期②：他者を通して自分を見る………… 加藤弘通… 151
　　　　● 学校での活動を通じて何が変わっていくのか？
　　　　● 問題行動はなぜ生ずるのか？

　1　臨床事例から見る青年期の特徴…… 151
　2　青年期における人間関係と心の変化…… 154
　3　青年期と問題行動…… 161
　　コラム　〈荒れる〉学校の「問題行動をしない生徒」が持つ問題…… 163

9章　成人期：関係の中でのとまどいと成熟………… 松岡弥玲… 169
　　　　● 結婚，出産，子育てといったライフイベントの
　　　　　影響はどのようなものか？
　　　　● 人生の半ばを過ぎたという実感は，心にどのよ
　　　　　うな影響を及ぼすのか？

　1　成人期とはいつか？…… 169
　2　家族を作る――生涯の伴侶を見つけ，子を産み育てること…… 171
　3　女性・男性にとっての仕事と家庭…… 179

4　人生の折り返し地点——自己の問い直し……184
　コラム　円満な結婚生活を送るには？……176

10章　老年期：人生の振り返り……伊波和恵…193

- 私たちはどのように老いてゆくのか？　その老いの過程で，何を得，何を失ってゆくのか？
- 高齢者は自らの生をどのように振り返り，どのように死に臨むのか？

1　老い——喪失と適応のプロセス……194
2　現代日本での幸せな老いとは？……200
3　老年期の心理的ケア……205
　コラム　お墓をどうしますか？……208

11章　文化と発達……榊原知美…214

- 文化によって発達の様相は異なるのか？
- 世代を超えて何がどのように伝えられるのか？

1　発達と文化の関係を探る……214
2　保育・教育を方向づける文化的信念……216
3　学習を支えるコミュニケーション……219
4　実践の中での学習……226
　コラム　数を重視する日本文化……218

目　次

12章　教育と発達 …………………………………… 藤田　豊…234
- 他者とのかかわりの中で発達はどのように進むのか？
- 教育によって発達の過程は促進しうるのか？

1　保育・授業の中の子どもの観察からの問いかけ……234
2　他者との関係における自己の発達
　　——大人—子ども，子ども—子どもの関係に埋め込まれた発達課題……237
3　子どもの概念世界の拡がり・深まりと教育との関係
　　——最近接発達領域……239
4　精神間機能から精神内機能へ
　　——他者との関係の中で進む子どもの学習と発達……240
5　「教育」と「発達」に関する素朴理論
　　——私の中の「教えるとは・育つとは」を問う……248
6　教育は発達の過程を促進するか？……250

コラム　もうひとつの社会的相互作用
　　——子どもどうしの教え合い・学び合い……247

索　引

1章　乳児期①：世界を知りはじめる

- 生まれつき，何をどこまでわかっているのか？
- 周りの世界をどのように見ているのか？

旦　直子

　あなたと赤ちゃんが2人で手品を見ている場面を考えてください。手品師の手の中のコインが消えるのを見たとき，あなたはとても驚きます。では隣りの赤ちゃんはどうでしょうか。びっくりして指差すこともありませんし，「今の，驚いた？」と聞いても答えてはくれません。このとき赤ちゃんが何を考えているかを，どうやって知ることができるのでしょうか。

　発達心理学はこの半世紀，さまざまな新しい測定法を駆使して，一見無反応でぼんやりとして見える赤ちゃんの内面を覗き込もうと努力を続けてきました。そこから見えてきたものは，周りの環境からの情報を取り込み，さまざまな心的能力を急速に発達させていく能動的な存在でした。この章ではその様子を知覚・外界認識・言語の側面から捉え，とくに「誕生した時点でどれだけの能力を持っているのか」「乳児期の間にどこまで発達するのか」を，研究例を挙げながら概観していきます。同時に，乳児研究に独特の測定方法も紹介します。

1　知覚の発達

（1）　生まれる前の世界：胎児期の知覚能力

　外界とやりとりをするという意味での人生は，出生の前，胎児期からすでに始まっている。皮膚感覚，味覚，平衡感覚，聴覚，視覚といったそれぞれの感覚器官が個々に胎内で機能をし始めるのと同時に，それぞれの経験も始まり，その後何十年にもわたり刺激を受容し続けるのである。

　たとえば視覚については，胎児期初期，中期に網膜が急速に発達する。後に

述べるように，視覚能力は生後徐々に発達して成人の能力に近づいていくが，在胎26週前後には母胎内であってもすでに光刺激を処理し始めている。明るい光が母体にあてられると胎児にもその一部が届き，心拍や動きに変化が観察されるのである（Hepper, 2007）。また，早産児が生後すぐに視覚刺激に反応を見せることからも，出生前に一定の視覚能力を持っていることが確かめられている。

　感覚の中でもとくに聴覚に関しては，母胎の中にいる間からさまざまな経験を積み重ね始めている。母胎内は母親の心拍や血流などの音でかなり騒々しいが，外界の音は母親の皮膚などに遮られて聞こえにくく，聞こえ方自体も異なる。それでも，在胎22〜24週から外界の音に反応する（Shahidullah & Hepper, 1993）。36〜40週にかけては音声刺激にも反応するようになる。たとえば，38週の胎児の心拍数は，母親の声を聞いたときに上昇し，そうでない女性の声を聞いたときに減少する（Kisilevsky et al., 2003）。この心拍数の変化は，胎児が母親の音声と他者の音声を区別して知覚できる（弁別する）ことを証明している。

　胎内という特殊な環境ゆえに，これまで胎児の知覚に関する研究は限られてきたが，近年の技術の進歩によって脳活動なども含めた多様な測定が可能となり（たとえばPorcaro et al., 2006），今後，より多くの知見が集められることが期待される。

（2）赤ちゃんが感じる世界：人生初期の知覚

　このように人はある程度の知覚経験と能力を有して生まれてくるが，一方で誕生を境に刺激・経験の量と多様さが爆発的に増加することも事実である。その意味で，乳児期初期は知覚発達を議論するうえできわめて重要である。加えて，母胎から出てくることで赤ちゃんにアプローチする方法が格段に広がることもあり，多くの知見が集められている。

　①視覚

　生まれたばかりの赤ちゃんはどれくらいの視覚能力があるのだろうか。視覚

1章 乳児期①：世界を知りはじめる

図1-1 ファンツが用いたパターン刺激
（出所） Fantz, 1958をもとに作成

的な解像度という意味での乳児の視力（visual acuity）は通常，縞視力で評価される。これは，赤ちゃんの前にさまざまな幅の白黒の縞模様を並べて提示し，どれくらい細かい縞模様まで赤ちゃんが区別できるのかを調べることによって，視力を測定するものである。新生児期の縞視力はけっして高くないが，6カ月齢までに急速に発達する。その後はゆるやかに向上し，5歳ごろに成人と同等に達する（下條・Held, 1983）。一方で，コントラスト感度（縞の明暗のコントラストがどの程度弱くても感知できるか）は，生後数カ月で成人同等まで発達する。

　形の知覚に関して，ファンツ（Fantz, R. L., 1958）は，乳児に図形を2つ並べて提示し（図1-1），それぞれに対する注視時間を測定した。その結果，生後2カ月ごろから図形により注視時間の偏り（選好）が生じることを見出した。彼はその後の一連の研究から，視覚パターンへの選好の発達過程を示している。

図1-2 ギムの実験で用いられた刺激（左上が主観的輪郭線を感じる刺激）

（出所） Ghim, 1990をもとに作成

彼が用いた，刺激によって注視時間が偏ることで乳児の弁別能力を示す方法を，**選好注視法**（preferential looking method）と呼ぶ。選好注視法を考案し，乳児の知覚世界を行動的に探っていく道筋を示した点で，乳児研究におけるファンツの功績は大きい。先に紹介した縞視力の測定もこの方法を用いている。その後も乳児の形の知覚についてさまざまな研究がなされている。たとえば図1-2は主観的輪郭線の知覚を調べた実験で用いられた刺激である。この図の左上のパターンを大人が見ると，中央に白い正方形が知覚される。同じ図形を乳児に見せたときの注視時間から，生後3～4カ月ですでに同様の輪郭を知覚していることが示されている（Ghim, 1990）。

色知覚に関してもさまざまな研究が行われている。アダムス（Adams, R. J., 1987）は，生後数日の新生児でも灰色よりは色のついているものを好むこと，生後3カ月には色の間の選好もあらわれ，赤や黄を青や緑よりも選好することを報告した。ただし，何色が好まれるのかについては，わずかな波長の違いや色による感度の差異の影響を強く受けるため，研究間でかならずしも一致した結果が得られているわけではない（Zemach et al., 2007）。生後4カ月ごろまで

1章　乳児期①：世界を知りはじめる

図1-3　視覚的断崖の実験に用いられる装置

には成人同様の色カテゴリ（青・緑・黄・赤）を持って知覚するようになることも示されている（Bornstein et al., 1976）。

　奥行き知覚に関連した研究でもっとも有名なのは，ギブソンとウォーク（Gibson, E. J., & Walk, R. D., 1960）が考案した**視覚的断崖**と呼ばれる装置（図1-3）を用いた研究であろう。この装置では，透明なガラス板とその下の格子模様が描かれた床の間に隙間があり，床の半分では隙間が浅く，半分では隙間が深いため，その境界が崖のようになっている。このガラス板の上にはいはいのできる乳児27人を乗せたところ，浅い部分は全員が渡ったが，深い部分に進んだのは3人だけであった。その後の研究から，乳児が視覚的断崖を恐れるかどうかははいはいや歩行器によって自力で移動した経験の有無に依存する，つまり，自力で移動した経験のある赤ちゃんほど恐れを示しやすいことが明らかになった（Bertenthal et al., 1984など）。この反応の出現は，奥行き知覚能力の獲得を意味するのではなく，落ちることへの恐怖を獲得したことにより生じ

➡1　私たちが感じる色の違いは光の波長の違いに由来している。この波長は連続的に変化するにもかかわらず，私たちはそれを何種類かのカテゴリにわけて知覚し，それぞれに赤や青といった名前をつけているのである。

ると考えられている。奥行き知覚能力そのものは，もっと早くに現れる。奥行き知覚は両眼視差・陰影やきめなどの絵画的手がかり・運動といったさまざまな要素から生み出される複合的な知覚であり，研究課題や指標によって出現時期の報告にばらつきが見られるが，生後3〜5カ月と言われることが多い。もっとも早い例は，スレーターら（Slater, A. et al., 1990）の研究である。彼らは，生後2日の新生児に，近くにある小さい箱と遠くにある大きい箱を見せた。見た目の大きさは同じであるにもかかわらず，彼らは以前に見たものとは違うサイズの箱を選好した。このことからすでに，見た目の大きさが変わっても物体の実際の大きさを知覚できるという大きさの恒常性を有していることが示された。これは同時に，彼らが何らかの奥行き情報を利用していることの証明ともなっている。

②聴覚

冒頭で示したように，乳児は生まれたときにはすでにかなりの聴覚能力を備えている。しかし，周波数感度に関して言えば，成人に比べて低周波音に対する感度が低く，生後2年をかけてゆっくりと発達する（Aslin et al., 1998）。

音刺激に対しては，出生直後でも音を鳴らしたときに頭を音源方向に向ける動作が見られる。この反応はその後いったん消失し，生後4，5カ月以降に再び安定して見られるようになる。前者は頬に触れたときにそちらへ頭を向けるのと同様の**新生児反射**[2]の一種であり，音源がどの方向にあるのかという知覚を伴った振り向き反応の出現は後者ではないかと考えられている（Muir & Clifton, 1985）。日本でよく使われるK式発達検査でも，4カ月時の通過項目として鐘の音に対する振り向き反応が含まれている。

③感覚間知覚

異なる感覚をまたいだ**感覚間知覚**（cross-modal perception）も報告されてい

➡ 2 原始反射とも呼ばれる，新生児期のみに特有に見られる反射。口に入れたものに吸いつく吸啜反射，頭部が後方に動いたときなどにおこる両腕をいったん開いて閉じるモロー反射，脇を抱えて足底が床につくようにすると交互に足を曲げ伸ばす自動歩行などがある。

る。メルツォフとボートン（Meltzoff, A. N., & Borton, R. W., 1979）は，生後1カ月の乳児を対象に，興味深い実験を行った。彼らは，こぶのついた凸凹のおしゃぶりか，こぶのない滑らかなおしゃぶりを乳児から見えないように注意して乳児の口に入れた。その後，乳児はこぶのついたおしゃぶりとこぶのないおしゃぶりの模型を見る。その結果，乳児は自分が口に入れたおしゃぶりの模型を長く見た。つまり，乳児は触覚刺激と視覚刺激からの情報を関連づける反応を示したのである。こうした新生児の感覚間知覚が，成人同様に複数の感覚（multimodal）を関係づけることで起こるのか，それともまだ感覚が未分化（amodal）であるために起こるのかについては議論の余地がある。

2　認知の発達

　自分の周りの世界に存在する物や出来事を認識するには，たんなる感覚知覚を超えた能力が必要である。たとえば，私たちがコップを認識するということは，見る位置によって知覚される形が異なっても，さらには別の物の後ろに隠れてまったく見えなくなっても，変わらずに同じコップとしてとらえ続けるということである。つまり，知覚現象を離れた心的表象としてのコップが必要なのである。

　乳児期は，こうした外界の事物に対する認識を確立し，自己と外界とのかかわりあいの基礎を築く時期でもある。この認知発達段階をピアジェ（Piaget, J.）は**感覚・運動期**とし，生後1年半をこれにあてている。彼はそこでの乳児の外界認知能力をおもに手指による探索の様子から描き出した（Piaget, 1954）。それから半世紀，注視時間や心拍のような他の測定指標や測定方法の導入によって，さまざまな面でピアジェが考えたよりも高い能力を乳児が持っていることが明らかとなってきた。ここではそうした外界の事物に対する乳児の理解についての知見を，3つの領域（物の理解・心の理解・数の理解）を取り上げて紹介しよう。

(1) 素朴物理学

外界理解については，学問的な領域と対応させて，**素朴物理学**，**素朴心理学**，**素朴生物学**という名前で分類されることが多い。その中でも素朴物理学は外界理解のもっとも基礎となる，物（object）の基本的性質の理解の仕方を扱う。

物が視界から外れて見えないときでも存在し続けることを**対象の永続性**と呼ぶ。赤ちゃんがこの概念を有しているかどうか，たとえば，物陰に隠れてしまったおもちゃが存在し続けていると分かっているかどうかを，どうやって調べることができるだろうか。ベイヤージョン（Baillargeon, R., 1986）は，図1-4のような出来事を乳児に見せた。坂道を降りて左から右へ進む道があり，その途中がスクリーンで隠されている（図1-4①）。まず，スクリーンを上げてその背後に何があるか見せる（図1-4②）。もう一度スクリーンを下ろした後，最後におもちゃの車を坂の上から転がしてスクリーンの後ろを通り過ぎる様子を見せる（図1-4③〜⑤）。最初の馴化フェーズでは，スクリーンの後ろに何もない状態を見せる馴化事象を繰り返し提示し慣れさせた。こうして刺激を見慣れることで乳児の注視時間は減少する（馴化）。その後のテストフェーズでは，スクリーンの後ろに障害物があるのを見せてから車を転がした。このとき障害物の位置によって2種類の事象があった。可能事象では通り道を邪魔しない奥に障害物が置かれ，不可能事象では通り道の上に置かれたのである。見せる刺激が変わったことで，乳児の注視時間は再び長くなる（脱馴化）が，その程度は事象によって異なる。この実験では，6カ月児は可能事象よりも不可能事象の方が注視時間が延びた。これは不可能事象の結果が乳児の予期したものと食い違っていたことによると考えられる。つまり，障害物のために車がスクリーンの後ろを通過できないと予測していたのである。これは，彼らがスクリーンの背後で物が存在し続けることを知っていたことを示している。

この実験では，2つの測定技法を組み合わせている。ひとつは，同じ刺激を繰り返し提示されると反応強度が減少（馴化）し，その後一部の刺激属性を変化させると反応強度が回復（脱馴化）することを利用して，脱馴化の有無・程度から刺激の弁別を確かめる**馴化・脱馴化法**である。もうひとつは，期待に反

1章 乳児期①：世界を知りはじめる

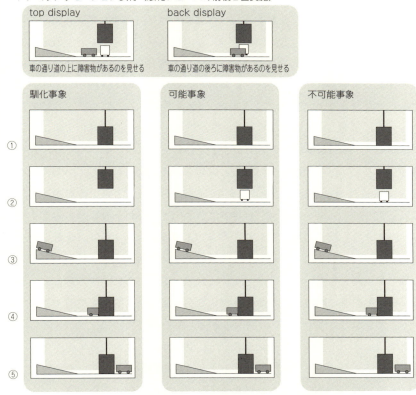

図1-4 ベイヤージョンの実験で用いられた刺激事象
（出所） Baillargeon, 1986をもとに作成

した事象に対して反応強度が増加することを利用して乳児の認知を調べる**期待違反法**である。

　研究間で刺激の違いによる結果のばらつきはあるものの，乳児は4カ月あたりには対象の永続性概念を有していることが示されている。こうして外界の対象が安定して存在し続けるものだということを認識できることで，人はそのときどきの知覚に惑わされることなく，周りの出来事についての理解を深めていく。実際，その後の乳児期後半において，物のふるまい方についてのさまざ

な知識を充実させていく。

　対象の永続性は世界を認識するもっとも基本的な概念であり，乳児期初期に成立している。一方で，乳児期の後半に徐々に理解が発達していく概念もある。たとえば2つの物の支え関係である。この支え関係については，2つの物の接触の仕方や接触量によって段階的に理解が精緻化していく過程が，多くの研究によって描き出されている。たとえば，4.5カ月児は，上の箱が下の箱の上にのっている事象（可能事象）と，上の箱が下の箱にはのっておらず宙に浮いている事象（不可能事象）を提示すると，後者を長く注視する。つまり，乳児は物が支えなしで宙に浮かんでいることは起こりえないと理解しているのである（Needham & Baillargeon, 1993）。また，6.5カ月になると，上の箱が下の箱の上に安定してのっている事象（可能事象）と，上の箱が下の箱から大きくはみだし，本来なら落ちるのに落ちない事象（不可能事象）とでは，後者を長く注視し，上の箱が十分に下の箱の上にのっていないと落下することを理解していることも示唆されている（Baillargeon et al., 1992）。さらに，10カ月になると，幅の狭い箱の上に幅の広い箱がのっている不安定な支え関係も理解するようになることも示されている（Dan et al., 2000；図1-5参照）。

　同様に，スペルキら（Spelke, E. S. et al., 1994）は，乳児期後半の赤ちゃんに，転がっているボールを見せ，転がる方向が途中で曲がってしまったとき，注視時間が延びることから，彼らが基本的なレベルの慣性の法則を理解していることを示した。

(2)　素朴生物学・素朴心理学

　こうして物体のふるまい方についての理解を深めていく中で，乳児は物についての重要な区別を身につけ始める。それが生物（animate）・無生物（inanimate）の区別である。幼児期になると，生物学的な知識（素朴生物学）と心理学的な知識（素朴心理学）は異なる知識領域として扱われるが，乳児期においてはこれらはまだ未分化である。対象の心的な状態についての理解は，生活環境が広がり社会性が発達するとともに心理学的側面の重要性が増していく中で洗練さ

1章 乳児期①：世界を知りはじめる

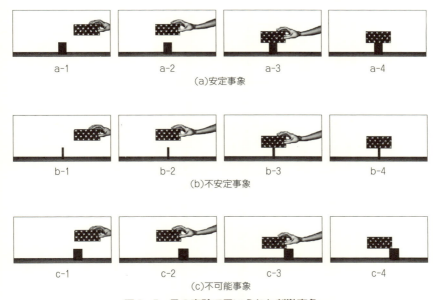

図1-5 旦の実験で用いられた刺激事象

（出所） Dan et al., 2000をもとに作成

れ，幼児期の心の理論へとつながっていく（3章参照）。

　乳児が対象に意図的な動きを期待するかどうかを調べるため，ゲルゲリーら（Gergely, G. et al., 1995）は，図1-6のように水平線の中央に黒い四角があり，その左に大きな円，右に小さな円がある図をディスプレイ上で提示した。まず乳児は以下のような動きに馴化した：①2つの円が交互に2回拡大・縮小する，②小さい円が左に移動し四角の手前で止まって元の位置に引き返す，③再び小さい円が左に動き四角の上をまたぐ弧を描いて左側に達し大きな円に接触する。続くテストでは，四角が取り除かれた状態で以下の2種類の事象が提示された：1）小さい円が馴化事象の③と同じ弧を描く動きで大きな円に接触する（old action），2）小さな円がまっすぐ移動して大きな円に接触する（new action）。12カ月児は，動き自体は馴化事象と同じだったにもかかわらず，1）の動きに対して脱馴化した。これは，彼らが馴化時の動きの特徴をもとに円に

11

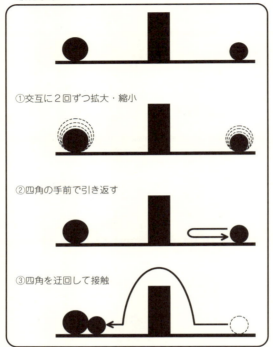

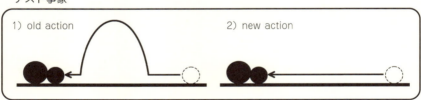

図1-6 ゲルゲリーらの実験で用いられた馴化事象(上段)とテスト事象(下段)
(出所) Gergely et al., 1995をもとに作成

対して意図性(小さな円は大きな円のところに行きたい)を付与し,障害物(四角)がないときにはまっすぐ移動することを期待していたことを示唆している。
　こうした知見をもとに,ラキソンとポーリン-デュボア(Rakison, D. H., & Poulin-Dubois, D., 2001)は,見ている物が動物であると感じるアニマシー

(animacy) を乳児が付与するための7つの鍵となる特徴を挙げている。それらは、(1)自分で動き始める（自己推進的な動きの開始）、(2)スムースな軌跡を描いて動く、(3)接触しなくても他の物の影響で動き始める、(4)他の物と相互に作用しあう随伴的な相互作用パターンがある、(5)因果関係の原因（agent）となる、(6)目標を持った動きをする、(7)意図的な行為をする、である。

（3） 数の理解

数の理解の発達が顕著なのは幼児期以降であるが、乳児期においても私たちが予想する以上の能力を持っていることがわかっている。たとえば、生後22週の乳児は、2つのドットと3つのドットを区別している（Starkey & Cooper, 1980）。ただしそこでの数は、大人が持っているような抽象的な概念としての数というよりは、もっと外界の対象やその知覚に密接なつながりを持った限定的な理解の仕方のようである。

さらに、基本的な計算能力すらすでに持っていることを示唆する研究も報告されている。ウィン（Wynn, K., 1992）は、①何個かのおもちゃを置く、②おもちゃをスクリーンで隠し、横からおもちゃを追加したり取り去る動作を見せる、③スクリーンをはずして何個おもちゃがあるかを見せる、という事象を5カ月児に示した。その結果、1＋1が1になったときや、2－1が2になったときに乳児は驚き、基礎的な足し算と引き算の能力を示した（図1-7）。

＊

このように、人は乳児期初期に身につけた外界の事物に対する安定した認知能力を基礎にして、その後外界の対象がどのようにふるまうかについての知識をさまざまな側面で充実させていく。多くの点で、大人と同様に起こりうることと起こりえないことの区別がつくようになるのである。この急速な進歩を示す時期は、同時に、乳児が寝たきりの状態から寝返り、お座り、はいはい、ひとり立ち、歩行へと運動能力を発達させ、それに伴って外界との交渉の質と量を飛躍的に拡大させていく時期でもあり、この経験の広がりと知識の広がりとは無関係ではないと考えられる（コラム参照）。

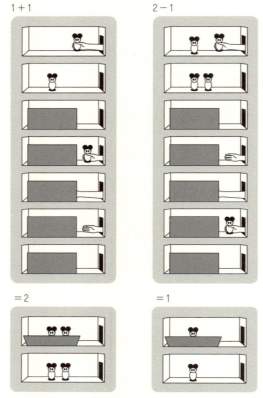

図1-7 ウィンの足し算・引き算実験の刺激
（出所） Wynn, 1992をもとに作成

3 言語の発達

　ラテン語の語源（infans）が「話す能力のない」という意味を持つことからもわかるように，乳児期の目立った特徴のひとつはことばをしゃべらないということである。けれども実際には，ことばの理解（**受容言語**）と発話（**表出言語**）の両面でさまざまな能力を身につけている。

1章 乳児期①：世界を知りはじめる

 コラム　おもちゃが斜めに落ちたらおかしい？

　物が下に落ちることは乳児期初期（4.5カ月ごろ）に理解されていることを本文で見た。しかし、私たち大人は重力の法則に従って落ちる物体の動きを予測をする際、まっすぐ下、つまり鉛直方向に落ちることを予測しており、わずかな方向のずれにも奇妙さを感じる。この敏感性は乳児期にすでに生じているのであろうか。ここでは、物体落下の角度を操作して乳児に見せ、それによってどの時期に落下方向の鉛直方向からのずれに敏感になるのかを検討した実験を紹介する（Dan & Omori, 2002）。

　具体的には、5～13カ月の乳児に、空中でクマのぬいぐるみが放されると、鉛直方向に落下する事象（可能事象）と、鉛直方向から45度ずれた斜め下に落下する事象（不可能事象）の2つを、ビデオ映像で提示した。そして、乳児はいつごろから不可能事象を長く見るようになるのかを調べた。その結果、明確な月齢を特定することができなかった。しかし、身体能力との対応を見たところ、興味深い結果が得られた。お座りができる子の方が不可能事象をより長く見たのである。つまり、月齢よりも身体能力の方が落下方向への敏感性の有無をよりよく説明できたのである。

　なぜお座りと落下方向への敏感性に関係が存在するのか。座位が確立することで、自らの体軸と物の落下方向が一致することが原因かもしれないし、乳児が手を使いさまざまな対象を操作できるようになると自らが物を落下させる経験が増えることが原因かもしれない。この実験からだけでは明快な結論は導き出せないが、たんに生まれてからの時間で出現する能力ではなく、何らかの経験の質と量によって規定されるものなのではないかということが示唆される。

　この実験結果は、乳児の心理的発達と身体能力と経験が、互いに関係しあっていることを教えてくれるひとつの例と言える。

（1）受容言語

　乳児は自分の周りで話される大人たちのことばにどこまで敏感なのであろうか。音声知覚については乳児期初期に一様であった能力がその後の環境要因の影響で母語に特化したものへと変化していく過程が多く報告されている。
　たとえば、クールたちのグループ（Kuhl, P. K. et al., 2006）は、それぞれの言語が含む音素間の弁別能力を調べている。彼女らは、英語の /ra/ と /la/ の

弁別を見るために，**選好振り向き法**と呼ばれる方法を用いて次のような実験を行った。乳児の左手に座った実験者がおもちゃを使って乳児の注意を引いている状態で，右手にあるスピーカーから背景音を継続的に流す。途中で背景音の代わりにターゲット音が提示されたとき，スピーカーの方に頭を向けるとスピーカーの両脇の箱からおもちゃの動物が出てきて動くというごほうび（強化子）が与えられる。これを繰り返すと，乳児はターゲット音が出たときスピーカーの方を振り向くように訓練されるのである。実験の最初にまず，大きさの異なる2つの音を背景音とターゲット音に使って，音が変化したときに振り向くことを訓練しておく。訓練後，背景音・ターゲット音に /ra/ と /la/ を割り当て，テスト試行を行った。もしターゲット音が出たときに振り向きが生じれば，2つの音を弁別していることの証拠となる。この実験をそれぞれ英語と日本語を母語とする乳児に行ったところ，6～8カ月児では弁別成績に差異はなかったが，10～12カ月児では，英語を母語とする乳児は6～8カ月児よりも成績が高く，逆に日本語を母語とする乳児は成績が低かった。このことは，生後6～12カ月の間に母語に含まれる音素に対しては敏感になり，母語にない音素に対しては鈍感になったことを示している。

（2）表出言語

赤ちゃんの発声で最初に思い浮かぶのは「ママ」「ババ」といった**喃語**（babbling）であろう。この喃語も，いくつもの段階を経て徐々に発達してくる。オラー（Oller, D. K., 1980）に従えば表1－1のような段階があり，生後7カ月経ったころに音節を伴う喃語が出現する。音節は話しことばの基本的な構成要素であり，この時期に最初の発語も見られる。喃語は初語以降もしばらく出現し続け，その中で乳児はより精緻な発声の制御法を学んでいく。

　最初に出現する音の種類は，解剖学的な制約に縛られている。新生児の声道の構造は成人と大きく異なっている。また，感覚能力に比べ運動能力はずっと未熟なため，構音に必要な口や喉の器官の細かな制御も困難である（Boysson-Bardies, 1996）。こうした理由から，まず発声しやすい音から出現することと

表1-1 生後1年間の発声の発達段階

月齢	段階名	特徴
0〜1	発声期	口をあまり開かず、声道の共鳴が十分でない母音的な発声を行う。
2〜3	クーイング期	母音的な音と子音的な音を両方含むが、まだ制御された音節とはなりえていないgooingやcooingと呼ばれる発声を行う。
4〜6	拡張期	音節の前段階である不十分な喃語が生じる。さまざまな発声のタイプを試すような声遊びが見られる。
7〜10	規準喃語期	完全な音節が発音され、"ママ"や"パパパ"のような同音の繰り返しである規準喃語が生じる。
11〜12	非重複性の喃語期	異なる子音、母音要素を含み、意味不明のことばに聞こえる一連の発声を行う。

(出所) Oller, 1980

なる。そのため、この時期の発声は文化的な影響を受けない (Vihman, 1992)。

一方、乳児期後半の発声の発達は、文化・経験の影響を強く受ける。たとえば、フランス人成人に、フランス、アラブ、中国の8カ月児の喃語を聞かせたとき、自国の赤ちゃんの喃語を同定することができたことが報告されている (Boysson-Bardies et al., 1984)。また、聴覚に障害のある乳児は音声を聞く経験を欠くため、規準喃語の出現が遅れる (Oller & Eilers, 1988)。

こうして、理解と表出の両面において、乳児は自分が暮らす文化に応じた言語的コミュニケーションの基礎を身につけ、幼児期に起こる急速なことばの発達の準備を進めているのである。

4 乳児期の発達のメカニズム

乳児が持つ能力のうち、生後すぐに示されるさまざまな知覚能力は、生得的な性格が強いと思われる。また、外界認知に関しても、スペルキ (Spelke, 1994；Spelke & Kinzler, 2007) はいくつかの種類の知識を**核知識** (core knowledge) として生得的に規定されるものとしている。たとえば素朴物理学における凝集性 (物体は固まりのまま動き、途中で離れたりくっついたりしない)・連続性 (物は

ワープしたりせずにつながった軌跡を通って動く）の原理などがこれにあたる。一方で，乳児期後半に示される認知・言語能力は，多くの段階を経て徐々に発達する点や，文化的差異の点で，経験の影響を色濃く受けていることが示唆される。ベイヤージョン（Baillargeon, 2004）は，乳児がどのように個々の事象からの情報を認知過程に取り込み，外界に対する予測を精緻化させていくかを説明するモデルを提案している。

＊

　動物学者ポルトマン（Portmann, A.）の有名なことばに「**生理的早産**」という表現がある。これは，ヒトが大脳発達の影響により，他の動物の出生状態と比べて1年程度早く，身体運動的にきわめて無力な状態で生まれてくることを指したものである。たしかに運動能力は乳児期を通して徐々に発達していく。一方でこの章で述べたように，感覚・知覚については出生時ですでに一定の能力を示し，最初の数カ月で急速に完成され，乳児期後半には認知能力が大きく拡大していく。この点から考えると，乳児期は，早く生み出されることによって外界からの刺激を豊富に経験しながら知覚・認知能力を充実させ，運動能力が追いついて環境との能動的なかかわりあいができるようになる幼児期以降のための準備を着々と進めている時期ととらえることができる。

〈サマリー〉

　乳児期の発達に関しては，選好注視法，馴化・脱馴化法，期待違反法など，測定技法の発展を背景に，この半世紀の間の多くの研究から，乳児がどれほどの能力を持って生まれ，最初の1年半でどれほどの能力を身につけるのかについて，豊富な知見が生み出された。そこから，受動的な見た目とは裏腹の，変化に富んだ能動的な乳児像が描き出されてきた。

　知覚に関しては，個々の知覚だけでなく感覚間知覚も含めて一定の能力を有して生まれ，さらにその後数カ月の急速な成熟を経て，多くの点で成人に近い能力を有するようになる。外界認知については，対象の永続性のように乳児期初期にすでに見られるものと，支え関係理解のように乳児期後期に段階的に発達する能力とがある。また，

心的理解や数の概念などより複雑な知識の萌芽もすでに乳児期に見られる。言語能力に関しても，まだコミュニケーション手段として顕在化はしていないものの，音声弁別や喃語といった理解・表出両面での発達が進む。

〈もっと詳しく知りたい人のための文献紹介〉
ゴスワミ，U. 岩男卓実・上淵寿・古池若葉・富山尚子・中島伸子（訳）2003 子どもの認知発達 新曜社
  ⇨この章で紹介した基礎的な外界認知から記憶や論理的推論・思考まで幅広く実験例を紹介し，さらにそれらを説明する諸理論も解説している。乳幼児期の認知発達の入門書としてすぐれた一冊。
山口真美・金沢創 2008 赤ちゃんの視覚と心の発達 東京大学出版会
  ⇨乳児期の視知覚発達について，色，動き，形，奥行き，顔などの領域ごとに解説している。最新の研究結果を豊富に取り上げているので，これから専門的に乳児の知覚発達を学ぼうとする人にも適している。
森口佑介 2014 おさなごころを科学する――進化する幼児観 新曜社
  ⇨乳幼児の認知発達研究を，その方法論も含め多数紹介しながら乳幼児観の歴史的変遷をわかりやすくまとめている。最先端の知見も取り上げられており，発達心理学を志す人にはぜひ一読を勧めたい。

〈文 献〉

Adams, R. J. 1987 An evaluation of color preference in early infancy. *Infant Behavior and Development*, **10**, 143-150.

Aslin, R. N., Jusczyl. P. W., & Pisoni, D. B. 1998 Speech and auditory processing during infancy: Constraints on and precursors to language. In W. Damon, D. Kuhn & R. S. Siegler (Vol. Eds.), *Handbook of child psychology: Vol. 2. Cognition, perception, and language*, 5th ed. Wiley. pp. 147-198.

Baillargeon, R. 1986 Representing the existence and location of hidden objects: Object permanence in 6- and 8-month-old infants. *Cognition*, **23**, 21-41.

Baillargeon, R. 2004 Infants' physical world. *Current Directions in Psychological Science*, **13** (3), 89-94.

Baillargeon, R., Needham, A., & DeVos, J. 1992 The development of young infants' institution about support. *Early Development and Parenting*, **1**, 69-78.

Bertenthal, B. I., Campos, J. J., & Barrett, K. C. 1984 Self-produced locomotion: An organizer of emotional, cognitive, and social development in infancy. In R. N. Emde & R. J. Harmon (Eds.), *Continuities and discontinuities in development.* Plenum Press. pp. 175-210.

Bornstein, M. H., Kessen, W., & Weiskopf, S. 1976 Color vision and hue categorization in young human infants. *Journal of Experimental Psychology: human perception and performance*, **2**(1), 115-129.

Boysson-Bardies, B. de 1996 *Comment la parole vient aux enfants.*（加藤晴久・増茂和男（訳） 2008 赤ちゃんは言葉をどのように習得するか──誕生から2歳まで 藤原書店）

Boysson-Bardies, B. de, Sagart, L., & Durand, C. 1984 Discernible differences in the babbling of infants according to target language. *Journal of Child Language*, **11**, 1-15.

Dan, N., & Omori, T. 2002 (April) Self-sitters know that objects should fall straight down. Poster presented at the 13th Biennial International Conference on Infant Studies, Toronto, Canada.

Dan, N., Omori, T., & Tomiyasu, Y. 2000 Development of infants' intuitions about support relations: Sensitivity to stability. *Developmental Science*, **3**(2), 171-180.

Fantz, R. L. 1958 Pattern vision in young infants. *The Psychological Record*, **8**, 43-47.

Gergely, G., Nadasdy, Z., Csibra, G., & Biro, S. 1995 Taking the intentional stance at 12 months of age. *Cognition*, **56**, 165-193.

Ghim, H. R. 1990 Evidence for perceptual organization in infants: Perception of subjective contours by young infants. *Infant Behavior and Development*, **13**, 221-248.

Gibson, E. J., & Walk, R. D. 1960 The "visual crif." *Scientific American*, **202**, 64-71.

Hepper, P. 2007 Prenatal development. In A. Slater & M. Lewis (Eds.), *Introduction to infant development*, 2nd ed. Oxford University Press. pp. 41-62.

Kisilevsky, B. S., Hains, S. M. J., Lee, K., Xie, X., Huang, H., Ye, H. H., Zhang, K., &

Wang, Z. 2003 Effects of experience on fetal voice recognition. *Psychological Science*, **14**, 220-224.

Kuhl, P. K., Stevens, E., Hayashi, A., Deguchi, T., Kiritani, S., & Iverson, P. 2006 Infants show a facilitation effect for native language phonetic perception between 6 and 12 months. *Developmental Science*, **9**(2), F13-F21.

Meltzoff, A. N., & Borton, R. W. 1979 Intermodel matching by human neonate. *Nature*, **282**(22), 403-445.

Muir, D., & Clifton, R. K. 1985 Infants' orientation to the location of sound sources. In G. Gottlieb & N. A. Krasnegor (Eds.), *Measurement of audition and vision in the first year of postnatal life : A methodological overview*. Ablex Pub Corp. pp. 171-194.

Needham, A., & Baillargeon, R. 1993 Institution about support in 4.5-month-old infants. *Cognition*, **47**, 121-148.

Oller, D. K. 1980 The emergence of speech sounds in infancy. In G. H. Yeni-Komshian, C. A. Ferguson & J. Kavanagh (Eds.), *Child Psychology : Production*, Vol. 1. Academic Press. pp. 93-112.

Oller, D. K., & Eilers, R. E. 1988 The role of audition in infant babbling. *Child Development*, **59**, 441-449.

Piaget, J. 1954 *The construction of reality in the child*. Basic Books.

Porcaro, C., Zappasodi, F., Barbati, G., Salustri, C., Pizzella, V., Rossini, P. M., & Tecchio, F. 2006 Fetal auditory responses to external sounds and mother's heart beat : Detection improved by independent component analysis. *Brain Research*, **1101**, 51-58.

Rakison, D. H., & Poulin-Dubois, D. 2001 Developmental origin of the animate-inanimate distinction. *Psychological Bulletin*, **127**(2), 209-228.

Shahidullah, S., & Hepper, P. G. 1993 The developmental origins of fetal responsiveness to an acoustic stimulus. *Journal of Reproductive and Infant Psychology*, **11**, 135-142.

下條信輔・Held, R. 1983 乳児の視力発達 基礎心理学研究, **2**(2), 55-67.

Slater, A., Mattock, A., & Brown, E. 1990 Size constancy at birth : Newborn infants' responses to retinal and real size. *Journal of Experimental Child Psychology*, **49**, 314-322.

Spelke, E. S. 1994 Initial knowledge : Six suggestion. *Cognition*, **50**, 431-445.

Spelke, E. S., Katz, G., Purcell, S. E., Ehrich, S. M., & Breinlinger, K. 1994 Early knowledge of object motion: Continuity and inertia. *Cognition*, **51**, 131-176.

Spelke, E. S., & Kinzler, K. 2007 Core knowledge. *Developmental Science*, **10** (1), 89-96.

Starkey, P., & Cooper Jr., R. G. 1980 Perception of numbers by human infants. *Science*, **210**, 1033-1035.

Vihman, M. M. 1992 Early syllables and the construction of phonology. In C. A. Ferguson, L. Menn & C. Stoel-Gammon (Eds.), *Phonological development: Models, research, implications*. York Press. pp. 69-84.

Wynn, K. 1992 Addition and subtraction by human infants. *Nature*, **358**, 749-750.

Zemach, I., Chang, S., & Teller, D. Y. 2007 Infant color vision: Prediction of infants' spontaneous color preferences. *Vision Research*, **47**, 1368-1381.

2章　乳児期②：人との関係のはじまり

- ヒトの赤ちゃんは他者との関係をどのように築きはじめるのか？
- 感情の共有はどのようにしてなされるのか？

常田美穂

　ヒトの赤ちゃんが他の動物に比べて非常に未熟な状態で生まれてくるということは，よく言われることです。自力で移動することはおろか，自分でおっぱいを探して飲むことすらできません。ヒトの赤ちゃんは周囲の大人から世話されることを前提として生まれてくるのです。ですから自分で動けない分，周囲の大人からのかかわりをひきだすような高いコミュニケーション能力を備えています。赤ちゃんはそうしたコミュニケーション能力を使って他者とどのように人間関係を築いていくのでしょうか。また，互いの気持ちを共有し合うことは他者とコミュニケーションする上で欠かすことのできない要素ですが，ことばを話すことができない赤ちゃんは，自分の気持ちをどのようにして相手に伝えるのでしょうか。また相手の気持ちをどのようにして知るのでしょうか。
　本章では，乳児期のコミュニケーション発達について概説することを通じて，ヒトが人間関係を築いていく上での基礎的特徴について考えてみたいと思います。

1　乳児が自力では移動できないということの意味

（1）　乳児期の姿勢制御能力の発達とコミュニケーション：大人が子どもの視界内に出かけていく

　一見すると，個人の姿勢とコミュニケーションの間には何も関係がないように思われる。大人の場合ではどんな姿勢をとっていても相手と話すことができるので，乳児においても**姿勢制御能力**の発達とコミュニケーション能力の発達

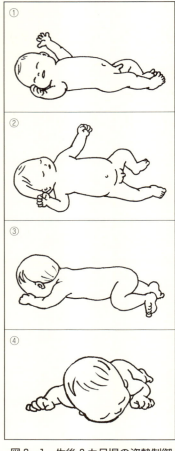

図2-1 生後2カ月児の姿勢制御
（出所）田中・田中，1981をもとに作図

は独立であると考えてしまうかもしれない。しかし乳児期早期では，自力で移動できない，あるいは自分で自分の身体を制御できないということが，他者とどのようにやりとりするかに大きな影響を与える。

　生後すぐの乳児は，他者に支えられない限り立位の姿勢をとることは不可能なので，生活の中でもっとも多くとっている姿勢は仰向けということになる。この仰向けの姿勢においても，生後2カ月くらいまででは非対称性緊張性頸反射（ANTR）の影響から顔を正面に向けて保っておくことはできず，首が左右どちらかに倒れてしまう（図2-1①②）。またうつぶせの姿勢にすると自分で自分の顔を持ち上げて正面を向くことはできない（図2-1③④）。このような状態の乳児とやりとりしようとするとき，大人はどうするだろう。遠くから声をかけても子どもは自分の方を見てはくれない。大人は，まず子どもを抱き上げ，片手で子どもの頭を支えて子どもの顔を正面に向け，互いに顔を見ることができるよう子どもと自分の**姿勢を調整**するだろう。あるいは子どもを仰向けに寝かせたまま，自分が子どもの身体の上に身を乗り出して互いの顔が見えるようにするだろう。このように乳児期早期の子どもと大人のやりとりは，乳児が動けない分，大人が動いて乳児の視界内に自分の顔が入るよう互いの姿勢を調整し対面の状態をつくりだすことから始まる。

（2） 発達早期における「顔を見る，見せるルーティン」

　生活の中で大人が子どもの顔をのぞき込む機会は多い。ヒトは他の霊長類に比べて，その**視線の動き**からさまざまな情報を読み取ることができるような目の形態的特徴を持っている（Kobayashi & Kohshima, 2001）（図2-2参照）。視線方向の転換や対象をじっと見つめたり対象から目をそらしたりする様子は，その子の興味や注意の状態を明確に伝える。そのため大人は子どもの心身の状態を確認しようとして頻繁に子どもの顔を見る。さらにまた大人は，自分の顔を見せ表情と声を同時に呈示することで，子どもからの反応を引き出すことができる。大人は子どもの世話をする過程で子どもの顔を見ようとし，また自分の顔を見せようとする。そしてそのような対面の状態をつくりだすために大人は子どもの身体を操作する。こうした**「顔を見る，見せるルーティン」**（陳，2004）は日常生活の中で出生直後から無意識のうちに頻繁に行われる。

（3） 身体を操作されることを通じて情動を制御される

　このように生まれてからしばらくの間，子どもは自分自身の身体を大人によって操作されるという経験を重ねる。大人は生活上のさまざまな目的のために子どもの身体を動かす。子どもを連れて移動するために抱いたりおぶったりする。オムツを替えたり授乳したりするときにも，大人がやりやすいように子どもの身体の位置や向きを整えるだろう。

　このとき，大人は子どもの状態をまったく無視して勝手に子どもの身体を動かすわけではない。抱いたときに子どもがむずかれば「イヤなの？」などと声をかけ，顔をのぞき込んであやし，支え方を変えるなど子どものそのときの情動表出を反映する形で抱き方を調整する。また日常生活では子どもが泣くので抱き上げるということも多い。この場合，大人は子どもが泣きやむように，子どもの身体をゆすったり，とんとんと軽くたたいたりするほか，抱く向きや位置などを積極的に変えるだろう。このように抱き変えなどの身体の調整は子どもの情動表出を手がかりにして行われるものであり，子どもと大人双方によってつくりだされるものだと言える（西條，2002）。

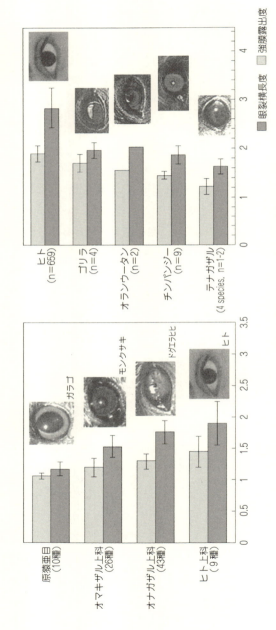

図2-2 ヒトおよびその他の霊長類における目の外部形態の比較

(注) ヒトは、他の霊長類に比べて、眼裂が横に長く強膜露出(白目の部分)が大きいため、視線方向が検出しやすい。
(出所) 小林・橋彌, 2005

2章 乳児期②：人との関係のはじまり

乳児は生後すぐからさまざまな**情動表出**をする（図2-3）。痛みがあるときには激しく泣き，光を当てればまぶしそうな顔をし，大きな音がすれば驚いた表情をして全身を縮こまらせる。このような乳児期早期の子どもの情動表出は，かならずしも他者に向けて「痛い」ということ，「驚いた」ことを伝えようと意識して発せられたものではなく，身体内部のあるいは外部からの刺激に対する無意識的反応にすぎない。しかし，大人はそうした子どもの表出の裏側に子どもの「気持ち」を**間主観的**に読み込んで応答する。「ああ痛かったね，ごめん，ごめん」「まぶしいの。帽子かぶろうか」「びっくりしたね！ もう大丈夫よ」などと子どもの気持ちを先取りし代弁して，子ども自身がさもそうしてほしかったかのようにふるまうのである。子どもの情動表出が表現としては不十分である生後2～3カ月の時期ではとくに，大人は子どもに「**成り込む**」

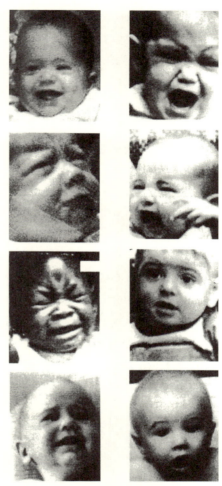

図2-3　乳児の情動表出
（出所）　Cole & Cole, 1989

（鯨岡，1999）ことによって子どもの「思い」を想像し，子どもの意志を実現するという形で行動しようとする。実際に子どもがそう思っているかどうかはさておき，大人がこのように行動することによって，結果的に子どもは痛みやまぶしさを取り除いてもらい，快適な状態へ導かれる。

子どもの身体を動かすことは，このように子どもの**情動を制御**する上で有効な手段となる。泣いている子どもをなだめる場面を想像してみよう。子どもが床に寝ている状態なら，まず抱き上げて顔をのぞき込み「どうしたの？」と優しく声をかけるだろう。横抱きから縦抱きにすることで子どもの視界を変える，ガラガラなど音が鳴るおもちゃを子どもの視界内で動かして見せる，子どもの背中や尻を軽くたたく・さするなども，子どもをなだめる際によくやることである。このような身体への視覚的・触覚的刺激は，子どもの情動をネガディブなものからポジティブなものへ転換させる，つまり気分を変える効果がある。一方，子どもを寝かしつけたいときには，あちこち動いたりせず，ゆったりとしたリズムで子どもの身体を左右に揺すり，その揺れに合った一定の間隔で子どもの身体をたたくだろう。少ない刺激を一定して加えることで，子どもの覚醒度を下げ眠りに導くのである。これとは反対に，あそびを盛り上げるときなど子どもの興奮度を高めたいときにも身体を動かすことは大きな効果を発揮する。たかいたかいをする，子どもの身体を揺すぶるなどはその典型である。授乳，おむつ交換，寝かしつけ，あそびも含め，子どもの世話をするということは，子どもの情動を快の状態へ導くことだとも言える。子どもは，大人によって自らの身体が動かされることを通じて，情動がある方向へ導かれるという経験をしているのである。

2　「他者とともにいる」とはどのようなことなのかを学ぶ

(1)　情動交流

　生後3〜4カ月もすると子どもの情動表出は，何らかのメッセージを伝える信号の役割を持つようになる。子どもは，泣くとお母さんが来て自分の不快な状態を取り除いてくれるということに気づき，母親を呼ぶために泣くようになるのである。はじめは身体内部・外部からの刺激への反応であった子どもの情動表出が，大人に注目され応答される経験を重ねることで，そうした大人の応答を期待し要求する目的で意識的に表出されるようになったと言える（正高，

1993)。

　あそびの中でも,「お母さん,もっとやってよ」とでも言いたげな表情をして子どもが母親の方を見つめる様子が観察される。このような子どもの視線に対して養育者は,前にやっていた行動をさらに誇張して繰り返すことが多い。たとえば,くすぐりあそびなどの例がわかりやすいかもしれない。ひとりでお座りができるようになった生後8カ月ごろの子どもと母親が向かい合ってあそんでいる場面を想像してほしい。母親は子どもの顔を見つめ,楽しげな表情で「こちょこちょ」と子どもの首もとをくすぐる。子どもは母親を見ながら笑い,少し身をよじりながらも母親から視線を外さず,次を期待しているかのような笑顔を浮かべて母親を見続ける。母親は,今度は「こちょ……こちょ……こちょ……」と言いながらゆっくりと両手を子どもの方へ近づけ,少し間をおいたあとに,さっきよりは大きな声で,すばやく「こちょこちょこちょ！」と子どもの首もとをくすぐる。子どもは爆笑して身をよじり,母親から目をそらす,といった具合である。

　あそびというのは何かの目的があってなされるものではない。たんなる楽しみのために行われるものである。だから,大人は何かを教えようと思って子どもとあそぶわけではない。しかし,このあそびの中から子どもは人間関係を築いていく上での重要な要素を学んでいると考えられる（Stern, 1995)。上に述べたくすぐりあそびの例をもう一度見てみよう。最初のくすぐりのあと,母親は,子どもが身をよじりながらもまだ自分の方を見続けていることを「もっとやってほしい」ことの合図として受け止め,子どもの興奮度をさらに高めるようなより大きい刺激を与えた。身体的接触を通じて子どもの快の情動を増幅させているのである。この2回目のくすぐりに対して子どもが爆笑したことから,母親の試みは成功だったと言えるが,一方,子どもは母親から目をそらしている。視線の回避は通常は拒否を示すものと受け取られることが多い。だが,このとき母親が3回目のくすぐりをしたと想像してみよう。子どもの腹から脇,あごの下にかけて「こちょこちょ」とリズミカルにくすぐると,今度は,子どもは笑うよりは泣きに近い声をあげ,顔をゆがめ,身体をのけぞるように反ら

せた。母親からの刺激が子どもの許容範囲を超え，快の状態が不快へと転じてしまったのである。

　このような日常生活で見られる感情的ふれあいを**情動交流**と呼ぶ。人間どうしのやりとりであれば感情的なふれあいのないコミュニケーションというのは考えられないが，とくにあそびの中ではこの情動交流を行うこと自体が目的になる。子どもは，養育者とのあそびを中心とした情動交流から，いつも身近にいる特定の他者が自分に対してどのようにふるまうのか，他者とやりとりする，他者とともにいるとはどのようなことなのかを学んでいく。

（2）　気質の個人差と養育者のかかわり

　個性やその人らしさというのは，その個人がいつもとりがちなコミュニケーションのパターンとして考えることができる。たとえば，やりとりの中で示された「目をそらす」という相手の行動を，やりとりのちょっとした中断や小休止を要求する合図として受け取るのか，自分に対する完全な否定や拒否の表現として受け取るのかはその人によって異なる。またそれらの合図や表現に対する反応の仕方にも個人差がある。相手が目をそらしたとき，次に相手が視線を合わせてくるまで待つ人もいれば，今度は自分から誘おうと強引に近づいていく人もいる。このような行動の読みとりや反応の仕方は，もちろん，そのときどきのやりとりの文脈によって多少変化するが，個人によって一定した傾向があると考えられる。

　くすぐりあそびの例に再び戻ってみよう。まず養育者の方から考えてみると，子どもの視線回避に対して敏感に反応してくすぐるのをやめ，子どもが再度自分に視線を合わせてくるまで次のくすぐりを控える養育者もいるだろうし，上に述べたように子どもが目をそらしたことはわかっていても，子どもの興味を回復させようとしてさらに3回目のくすぐりを試みる養育者もいる。あるいは子どもが視線をそらしたことを見逃してしまい，その結果3回目のくすぐりをする養育者もいるかもしれない。

　また子どもについて考えてみると，強い刺激を好む子どもでは，養育者が2

回3回と繰り返してくすぐることでさらに大きな喜びを示すだろうが、反対に刺激に過敏な子どもにとっては同じ養育者の行動（くすぐりの繰り返し）が恐怖として感じられ、すぐに泣き出してしまうため、あそびが持続しにくいかもしれない。このような子どもの行動的特徴は**気質**と呼ばれ、その**個人差**は生まれたときからかなりはっきりしている。

　子どもの初期の気質の個人差は、その後のパーソナリティや社会的な発達の基礎になると考えられ、多くの研究が行われている。トマスら（Thomas, A. et al., 1963）は、ニューヨーク在住の中・上流家庭の子どもを対象に縦断研究を行い、発達初期から安定して見られる個人差として、「活発性」「生理機能の規則性」「新しい状況や事物への反応（接近／回避）」「順応性」「反応強度」「敏感さ」「機嫌」「気分の紛れやすさ」「注意の持続性と固執性」という9個の行動特性カテゴリを見出した。これらの気質概念は、その後多くの研究で用いられ、中でもロスバート（Rothbart, M. K., 1981）は、トマスらにもとづいて乳児の行動チェックリスト（Infant Behavior Questionnaire：IBQ、および改訂版 IBQ-R）を作成し、因子分析の結果、「外向性（surgency/extraversion）」「否定的情動性（negative affectivity）」「注意／制御（orienting/regulation）」という3つの因子を抽出している（Gartstein & Rothbart, 2003）。

　子どもを育て始めた親は、なんとかしてその子どもがどんな子どもなのかを知ろうとするだろう。もちろん研究者のように客観的指標を用いて細かく調べるわけではないが、外向的かどうか、否定的感情を強く表すか、なだめやすいかなど、日常の子どもとのかかわりを通して、ロスバートらが示した因子に近い観点から子どもを観察し、その子どもの気質を見極めようとする。それは、その子どもの気質に合ったやり方で応答することで、子どもの情動を制御し、世話をやりやすくするためであると考えられる。しかし、そうした"子どもの気質の読み取りと応答"の仕方にも当然、養育者の個性が出てくるのである。

（3）　養育者の見方や養育行動の個人差

　くすぐりあそびの例で見たように、養育者が子どもの行動をどう読み取るの

か，またそれに対してどう反応するのかには個人差がある。このような個人差をつくりだす要因として，まず養育者自身の生い立ちや経験が考えられる。**養育者の過去の経験**は，子どもの行動の読みとりに偏りをもたらすと考えられる。たとえば，息子がひどく攻撃的でいつも自分を傷つけると話す母親は次のような経験を持っていた。彼女は，幼いときに脱水症状を伴う重い伝染病にかかり，2度の長期にわたる入院中に苦しい治療を受けた。その後も病気がちで18歳までに5度の外科手術を受け，身体を傷つけられることにすっかり敏感になってしまった。研究者が，この母親と息子が実際にやりとりしている場面を観察したところ，息子は極度に攻撃的というわけではなく，ちょっと乱暴に母親の身体に接触するなど，おそらく普通に自己主張しているだけであったが，母親はそれを攻撃性と解釈して自分を守ろうとし，子どもを拒絶したり攻撃し返したりしていたのである（Stern, 1995）。

　また，このような過去経験によってつくられた性格（行動傾向）だけでなく，現在，養育者が自身の**被養育体験**をどのようにとらえているかや，妊娠中に子どもをどのように表象しているかなどの心理的資源も養育行動を決定する要因と考えられている（遠藤, 2010）。しかしながら，こうした養育者の性格や心理的資源が直接養育行動の質を決定するわけではない。これらは，教育歴や経済状況なども含め，その家族が置かれた生態学的条件と複雑に絡み合う中で，養育行動に対して影響を及ぼすと考えられている（Berlin et al., 2008）。とくに，現在の安定した夫婦関係は重要である（Roisman et al., 2002）。養育者が自身の被養育体験について否定的に捉えている場合でも，結婚生活に満足している場合は，愛着表象（後述）が安定型に変容するという報告もある（Rholes et al., 2001）。

　このほか，一般的にアメリカの母親は子どもが活発に活動することをよいことだと考えるのに対し，日本の母親は子どもが静かで穏やかな状態でいることを望ましいと考えるといったように，各文化圏における子どもへの**社会的な期待**の違いも，養育者の子どもに対する見方に影響を与え，養育者の行動を決定する要因と考えられている（三宅, 1990）。カールソンとハーウッド（Carlson,

V. J., & Harwood, R. L., 2003) によれば、プエルトリコでは、欧米の母親よりも子どもを身体的にコントロールする方略をより多く用い、それが子どもとの安定した関係（安定型の愛着）と関連している。このように養育行動における明らかに異なった事例を提示する文化人類学的視点からの研究は、**養育行動における普遍的側面と文化差**について多くのことを教えてくれる（Otto & Keller, 2014）。

（4） 愛着の形成

養育者と子どもはこのようにそれぞれの個性を発揮しあいながらやりとりしている。そして毎日繰り返されるそうした情動交流の中から、やがて子どもは、養育者の行動の一般的傾向を認識し、それに適応してゆく。たとえば、どの程度の強さで泣くと抱き上げてくれるのか（ふんふん鼻をならすだけでよいのか、激しく泣かなければならないのか）、くすぐりや顔面の接近・身体接触といった養育者からのかかわりを拒否するためにはどの程度の強さで抵抗すればよいのか（目をそらすだけでよいのか、全身で暴れなければならないのか）など、およそ7～8カ月ごろまでには、乳児は特定の養育者との間で自らの欲求を満足させるための相互交渉スタイルを身につけると考えられている（数井, 2005）。このような特定の養育者との間に結ばれた情動的絆をもとに形成される相互交渉のスタイルを**愛着**（アタッチメント）という。

通常7～8カ月になると、いわゆる「人見知り」が多く見られるようになる（白石, 1994）。子どもは、はじめて会う人に対して顔を背けたり泣き出したりする。これは、いつも一緒にいる養育者との間に愛着が形成され、その人との間では行動の予測が可能で、また自らの欲求に応えてもらえるという確信を持てるが、それ以外の人に対してはそうした予測ができないので不安になるためであると考えられる。またこの時期以降、子どもは養育者から離れなければならない状況に置かれると、泣いて後追いをするなどの**分離不安**を示すようになる。特定の養育者との間に愛着が形成されたがゆえに、そうした関係から引き離されることに対して恐れが生まれるのである。

愛着は唯一の養育者との間でのみ形成されるものではなく，母親・父親・保育者など少数の身近な養育者それぞれに対して個別の愛着のタイプが形成される。たとえば，保育園の先生に対してはおとなしいけれども，お母さんに対しては甘えてぐずぐず言ったり身体接触を求めたりすることが多く，お父さんに対しては強く主張し激しいあそびを求めるといった具合である。これは，それぞれの養育者に行動的特徴の個人差があることを考えれば，当然のことだと言えよう。

　子どもは少数の特定の養育者との間に愛着関係を形成し，自分の要求に対して養育者から適切に対応してもらうことによって，緊張や不安などを軽減させ安全・安心感を得ることができる。一方，そのような安全・安心感を積み重ねることは，自分はそのように対応してもらえる価値のある存在であり，大切にされる，愛されるに足る存在である，という自己の感覚を子どもに発達させていく。このように，身近な養育者とのかかわりを通して自分を取り巻く社会を信頼し，また自分を信頼できるといった一般的感覚のことを**基本的信頼感**（Erikson & Erikson, 1997）という。

（5）愛着の分類

　子どもは，複数の養育者とのかかわりを一般化して基本的信頼感を形成する一方で，それぞれの養育者と実際にやりとりする際には，その養育者の行動的特徴に合わせて行動しようとする。つまり子どもは，毎日繰り返される情動交流を通じて，その人物が特定の場面でどの程度応答してくれるのか，利用可能なのかに関する自分なりの予見もしくは仮説である**内的作業モデル**（internal working model）をつくりあげ，それに基づいて実際の行動をとるのである。

　それぞれの養育者と子どもの間にどのような質の愛着が形成されているか，言い換えれば子どもがその養育者に対してどのような内的作業モデルを持っているのかは，**ストレンジ・シチュエーション法**（Ainsworth et al., 1978）という実験場面において測定することができる（図2-4）。これは，実験室というはじめての場所，見知らぬ人（ストレンジャー）と同室すること，養育者から

2章 乳児期②：人との関係のはじまり

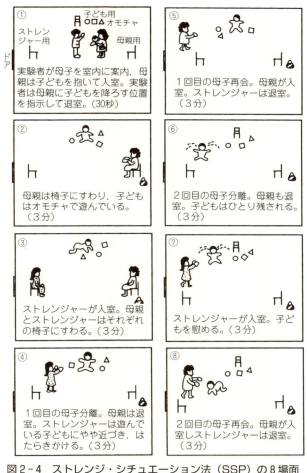

図2-4 ストレンジ・シチュエーション法（SSP）の8場面
（出所） Ainsworth et al., 1978を，繁多，1987が要約

の分離，はじめてひとりで部屋に残される，という一連のストレスを子どもに与えることによって，その養育者に対する子どもの愛着行動を引き出そうとするものである。

愛着行動とは，泣き・はいはいや歩行・養育者にしがみつくこと・微笑など，乳児が養育者との近接を確保するための行動である（Bowlby, 1988）。子ども

は，自分ではどうしようもない危機的状況に置かれたとき，愛着行動を示すことで周囲にいる大人から養育や保護を引き出し，自身の生存可能性を高めようとする。ストレンジ・シチュエーション法では，こうした子どもの愛着行動を観察することによって，養育者に近接し安心したいという自分の欲求を満たすために，その養育者に対してどのようにふるまえばよいと子ども自身が認識しているのかを見ることができる。

　このストレンジ・シチュエーション法において測定される**愛着のタイプ**は，大きく4つに分類することができる。それぞれの愛着の特徴は，日常の養育者の子どもに対するかかわり方，とくに子どもの欲求や子どもの発する信号に対する感受性と関連している。表2-1に見られるような養育者の特徴は，これまで述べてきたように，養育者自身の過去経験・子育ての環境・社会的な期待など，さまざまな要因が相互に影響しあう中でつくりだされたものである。これに対して子どもが適応していくことで，結果的にそれぞれのタイプの愛着が形成されると考えられる。

　「愛着」ということばは，一般的には愛情の絆とか心の結びつきというように理解されているが，こうした絆や結びつきのあり方は，文字通り愛情に満ちたあたたかいものばかりではない。たとえば，表2-1の回避型と分類された子どもの養育者は，子どもが泣いて近づくとそれを嫌がりますます離れていく傾向があるため，子どもの方はむしろ愛着行動を最小限に抑え込むことで，養育者との距離をある範囲にとどめておこうとする。一方，アンビバレント型の子どもの養育者は，子どもへの応じ方が一貫しないため，子どもからすれば，いつ・どのような形で応答してもらえるのか予想がつきにくい。そのため子どもは，最大限に愛着行動を示し続けることで，養育者の関心を自らに引きつけておこうとする。このタイプの子どもは，養育者との分離に激しい苦痛を示し，再会しても養育者の態度に安心しきれず，怒って抗議することでまた置き去り

➡ 1　生後1年前後に愛着の個人差が乳児の行動として顕著になるため（数井，2005），ストレンジ・シチュエーション法は1歳前後の子どもを対象に行われることが多い。

表2-1 子どもの愛着の個人差を生む養育特徴

子どもが発達させる愛着の特徴	養育における親の特徴
安定型（Secure） 親が部屋から出ていくときには，それを止めようとする。親がいない間は泣くあるいはぐずり，見知らぬ女性の慰めを少しは受け入れる。親が戻ってくると喜んで迎え，親に抱かれるか，あるいは接触を受けると落ち着く。そしてまたおもちゃで遊び出し親との相互作用をする。	子どもの欲求や状態の変化に敏感であり，子どもの行動を過剰にあるいは無理に統制しようとすることが少ない。また子どもとの相互作用は調和的であり，親の方もやりとりを楽しんでいることがうかがえる。遊びや身体接触も子どもに適した快適さでしている。
回避型（Avoidant） 親との分離に際して反抗したり泣いたりしない。親がいない間も泣くことがない。そして見知らぬ女性ともある程度の相互作用が起こる。また，親が戻ってきたときに親を喜んで迎えるという行動をとらず，ドアの方をちらっと見る程度でそのまま遊び続ける。	全般的に子どもの働きかけに対して拒否的にふるまうことが多いが，特にアタッチメント欲求を出してきたときにその傾向がある。子どもに微笑んだり身体的に接触したりすることが少ない。また，子どもの行動を強く統制しようとする関わりが相対的に多く見られる。
アンビバレント型（Ambivalent） 親が部屋から出ていくときには泣いて止めようとする。親がいない間も泣きが激しいので分離時間が短縮されて親はすぐに戻ってくる。親を迎えるが，親が抱き上げると怒って背中を反らし，下へおろせという表示をするが，おろすと抱けという表示をする。つまり，どちらともつかない行動を見せる。情動的な動揺はほとんど収まらないので，そのまま親に接触している状態が続く。	子どもの信号に対する応答性・感受性が相対的に低く，子どもの状態を適切に調整することが不得意である。応答するときもあるし応答しないときもある。子どもとの間で肯定的なやりとりができるときもあるが，それは子どもの欲求に応じたというよりも親の気分や都合に合わせたものであることが多い。結果として，応答がずれたり一貫性を欠いたりすることが多くなる。
無秩序・無方向型（Disorganaized） 上記3タイプに分類不能だとされる，養育者への近接に矛盾した不可解な行動を見せるタイプ。親が戻ってきた場面で後ずさる，床に腹這いになり動かない，突然のすくみ，場違いな行動，親に対する怯え，接近したいのか回避したいのかわからないどっちつかずの状態が長く遷延などの行動を示す。	養育者が子どもにとって理解不能な行動を突然とることがある。例えば，結果として子どもを虐待するような行為であったり，あるいは，わけのわからない何かに怯えているような行動であったりする。そのような子どもにとってわけのわからない親の行動や様子は，子どもに恐怖感をもたらす。そのため，子どもはなすすべがなく，どのように自分が行動をとっていいかわからなくなり混乱する。

（出所）数井，2005

にされることを未然に防ごうとする。また無秩序・無方向型では，養育者は抑うつ傾向が高かったり精神的に不安定なため，愛着自体が形成されないと考えられる。

このようにそれぞれの愛着のタイプは，養育者に対する子どもなりの必死の適応の結果だと言える。またこうした**愛着の形成過程**において，その子どもの

個性や性格が形づくられるとも言える。ここで読者の中には，子どもに対してこのような不適切な応答しかできないような養育者は子どもを育てるべきではないと考える方もいるかもしれない。しかしながら，その人が養育者としてどのような養育行動をとるのかは，現実に子育てを始めてみて，生まれてきたその子どもと実際にやりとりしてみてはじめてわかることなのである。また，子どもは唯一の養育者との関係の中でのみ育つわけではなく，通常は複数の養育者によって育てられる。母親との愛着関係が不安定であっても，父親や祖父母やその他の身近な養育者との間で安心できる関係がつくられれば，子どもは健全に育つことを多くの研究が示している（Howes et al., 1998；Oppenheim et al., 1988；van IJzendoorn et al., 1992）。また，子どもの行動に対する母親の敏感性を広げるような介入プログラムを実施することによって，母子の愛着関係が安定することを示す研究もある（Bakermans-Kranenburg et al., 2003）。日本においても，児童養護施設において被虐待児に対するアタッチメントに焦点化した発達支援プログラムが開発されるなど徐々に愛着理論に基づく介入の効果を検証する研究が広がってきている（遠藤，2010）。

3　コミュニケーションのはじまり

（1）　共同注視から共同注意へ

　上に述べたように，養育者は子どもの出生直後から無意識のうちに「顔を見る，見せるルーティン」（陳，2004）において子どもの世話をする。この「顔を見る，見せるルーティン」の中に，養育者は，子どもの快の情動をさらに引き出そうとして「対象物」を持ち込む。ここまで養育者と子どもの情動交流として，身体接触を主としたやりとりの例を挙げてきたが，乳児と遊ぶときには，ガラガラなどのおもちゃを用いることも多い。ただし生後2カ月くらいでは，乳児はまだ視覚的注意のコントロール機能が発達していないので（松澤，1999），対象が乳児の視線から逸れてしまうと，それ以上対象の動きを目で追うことができない。この段階では，子どもは受動的に対象を見せられているに

すぎず，養育者と子どもの注意状態は，ただたんに両者が同じ対象を見ている**「単純な注視」**のレベルである。

しかし生後3〜4カ月になると，視覚的注意のコントロール機能が発達してきて，子どもは積極的に視線を動かして周りの対象を見ようとする。またこの時期には首もすわり，自分で顔の向きを変えて対象の動きを追うこともできるようになるとともに，視覚的にとらえた対象へ随意的に手をのばす**目と手の協応**（Piaget, 1936）も可能になる。そうすると養育者は，子どもの興味をひくことができそうな対象をいろいろ見せるだけでなく，子どもがその対象に働きかけるよう対象を動かし子どもを誘う。視線方向だけでなく対象に手を伸ばすという行動がそこに加わることによって，子どもがその対象に興味を持っているのだ，ということがよりはっきりわかるため，養育者の方でも子どもの「思い」に合わせた行動がしやすくなる。この段階になると，養育者と子どもの間には，両者が互いに相手の動きに合わせて同じ対象を見る**共同注視**の状態が成立する。

一方，支え座りの姿勢が可能になった生後5〜6カ月の乳児は，前の時期よりもさらに積極的に周りの対象を見てその対象に手を伸ばし，つかんだり，なめたりして対象に働きかけるようになる。子どもはそうした行動を子ども自身の興味と関心に従って行うので，この時期になると養育者の誘いにはかならずしも反応してくれなくなる。母親がおもちゃに注意をひこうと思っているのに，子どもは母親の顔を見つめていたり，反対に母親が自分の方を見てもらおうと笑顔で声をかけても子どもは無視しておもちゃをいじっていたりするのである。しかし，このような養育者と子どもの間の行動のズレが，じつは両者の注意のレベルを次の段階へと押し上げる原動力になる（Tsuneda, 2005）。

養育者は子どもが自分の誘いに反応してくれなくなると，あそびを持続させるために，子どもが何を見ているのかをモニターし，子どもがそのとき興味を持っている対象を動かすことによって子どもの関心をひこうとする。養育者の方が乳児の注視方向に自分の注視方向を合わせるのである。そうすると子どもは，自分が注視を向けているおもちゃがおもしろい動きをするのでますます興

味を持ち，そのおもしろい動きをつくりだしている原因である母親の方を見る。母親は子どもに笑顔を返す。養育者と子どもは，養育者のモニタリングという**支持的行動**に支えられながら，同じ対象物に注視を向け，その対象物に関連した情動状態を共有し始めていると言える。

　生後9カ月ごろまでには，乳児は養育者との間に愛着関係を形成し，自分の行動に対して養育者がどのように反応するのかを予想し，養育者の次の行動を期待して行動するようになる。またこの時期には，座位が安定してくることで，対象物や養育者から少し距離を保ってそれらの動きの展開を眺めることができるようにもなる。その結果，自分が対象物に働きかけた後はだまって養育者が対象物に働きかける様子を見るというように，子どもの行動に"間"ができるようになる。

　このような中で，子どもは，対象物の操作から生まれる自分の内的情動状態と，やりとりの流れに沿って養育者の顔を見たときに示される表情から感じられる感覚とを結びつけることによって，自分と相手が同じ「気持ち」を共有していることを認識していくと考えられる。そして相手の心内状態を意識して行動し始めるようになる。生後10カ月すぎには，子どもは相手と心内状態を共有することだけを目的として，相手の注視を対象物に差し向けようと，指さしなどの身振りを使うようになる。たとえば，「あっ」と言って犬を指さし，養育者がその犬を見て「ワンワンいたね」と応えるだけで子どもは満足する，などである。この段階になると，養育者と子どもの間に，二者が同じ対象を見るだけでなく，その対象を介して心内状態を伝え合う**共同注意**が成立していると言える。このように養育者と子どもが間に対象物をはさみ，その対象物に注視を向け互いに気持ちを伝え合う関係を**三項関係**と呼ぶ（コラム参照）。

　一方，子どもはこのような共同注意のやりとり（三項関係）の中で，養育者がその対象物に対してどのような態度をとるのかを見ているとも言える。遠くから近づいてきた大型犬を見て養育者が表情をこわばらせ緊張すると，子どももその犬を見て緊張する。反対に子ども自身が犬を見て恐いと感じていても，養育者が笑顔でその犬に触れてみせると，子どももしばらくして犬に手を伸ば

コラム　ヒトの個体発達における養育者の役割

　私たちは他者とやりとりするとき，相手が何に注意を向けているのか，つねに相手の視点を捉えながら行動している。私たちは毎日の生活の中で，このような注意の共有を何気なく行っており，意識すらしないが，この能力も生まれながらにあるわけではない。

　常田（2007）は，母子の相互交渉場面を子どもが生後2〜9ヵ月の期間にわたって縦断的に観察し，そこで見られた母子の注視と情動表出のパターンを月齢ごとに比較するという手法を用いて，共同注意行動の発達について検討した。それによれば，二者が相手の身体の動きに合わせて互いに同じ対象を見る「共同注視」の状態は生後3ヵ月ごろから成立していた。一方，二者が同じ対象物を見るだけでなく，その対象へ視線を向けるタイミングや相手を見たときの情動表出の仕方から，その対象物にまつわる気持ちを互いに伝え合う「共同注意」の状態が達成されるのはおおむね7ヵ月後半からであった。乳児と養育者の間に成立する注意の質は，二者が環境内に存在する物理的対象への注視を共有するレベルから，興味や関心といった心的状態を含む対象への注意を共有するレベルへと変化すると言えよう。また，この2ヵ月から7ヵ月後半までの期間に，母親は子どものそのときの状態（どのような姿勢か，何を見ているか，情動状態など）に合わせて，子どもに対象物や自分の顔を見せるという支持的行動を行っていた。このような母親の支持的行動に支えられる中で子どもは相手と同じ対象を見て情動を共有するという経験を重ね，そのことが相互交渉における子どもの注視と情動表出のパターンを共同注視のレベルから共同注意のレベルへと変化させたと考えられるのである。

　相手が「あっ！」と驚きの声をあげたときにその人が見ているものを自分も見る。「ほら」と言って指さす。常田（2007）の結果は，このような相手の注意の焦点に自らの注意を合わせる，相手の注意をどこかに差し向けるという対面コミュニケーションのもっとも基礎的部分ですら，生後の養育者との関係の中からつくられていくことを示している。ヒトの個体発達において大人の果たす役割がいかに大きいかを示唆する例だとも言えよう。

してみるだろう。また，養育者からそのような行動を賞賛されることで，やがて怖がらずに犬をさわることができるようにもなるのである。このように相手の情動状態を読み取って，その対象に対する自分の行動を変化させることを**社会的参照**という。子どもは社会的参照を通じて対象物やさまざまな行為の社会

的な意味を学んでいくと言える。

（2） 共同注意の発達を支える二者関係

　コミュニケーションとは情報の相互伝達である。情報にはさまざまな形態があるが，いずれにしても二者間で何かが伝わり合うことがコミュニケーションの本質だと言える。つまり，それがコミュニケーションだと言えるためには，二者間に特定の対象が共有されていること，二者が相手も同じ対象に注意を向けていると互いに知っていることが必要なのである。何度も参照してきた生後8カ月ごろのくすぐりあそびの例では，養育者と子どもは両者とも相手の情動状態を読み取り，それに合わせた形で行動してはいるが，子ども自身は養育者が自分から何を読み取ったのかは知らないし，また養育者自身も子どもが自分の行動をどう感じたのかは知らない。これに対し，共同注意のやりとりにおいては，子どもは養育者が自分と同じように，同じ対象に対して注意を向けているということを理解している。その意味で，生後10カ月すぎからの共同注意は個体発達におけるコミュニケーションの最初の形態であると言える。

　発達早期の子どもは，間主観的な子どもへの「成り込み」という養育者の行為に支えられて，また身体を動かされることを通じて，自らの情動状態がある方向へ導かれるという経験を繰り返す。このときの養育者の「成り込み」は，子どもの状態を正確に反映しているわけではなくたんなる思いこみにすぎないかもしれない。しかし，そのような養育者の側の意図的な行動の読み取りと方向づけによってはじめて，子どもは不快な状態から脱することができる。このようにして形成された二者の愛着関係は，子ども自身の行動的傾向（愛着のタイプ）をつくりだすと同時に，共同注意の発達を支える基盤にもなっている。本当は恐ろしいと感じている犬に子どもがさわってみようとするのは，自分の信頼している養育者が「大丈夫」というメッセージを送ってくれるからである。そして，そもそも子どもが大人と同じ対象に注意を向けるのは，その大人自体に関心を持っているからである。子どもは，愛着関係をもとにして共同注意というコミュニケーション様式を獲得し，さらにその大人との共同注意を通じて

外の世界へと関心を広げていくのだと言えよう。

〈サマリー〉
　ヒト乳児の姿勢制御能力の低さは，必然的に養育者が子どもの身体を操作するという行動を生み出す。自力歩行が可能になる生後1年近くまで，ヒトの乳児は他者によって身体を動かされる経験を重ねる。このことは他の動物には見られないことである。このように他者に世話される経験を通じて，乳児は他者とともにいるとはどのようなことなのかを学ぶ。つまり乳児は，養育者が自分に何をしてくれ，そのことによって自分はどんな状態になることができるのか，他者の利用可能性を学ぶのである。ヒトは，他者を通じて自らの欲求を満たし，他者を通じて自らの情動を制御し，また外界のほとんどすべての事象に関する社会的意味を他者から学ぶ。こうした，他者とつながり合い他者を通じて世界を広げていくというヒトの種としての特徴に，発達早期の経験が重要な役割を果たしていると考えられる。

〈もっと詳しく知りたい人のための文献紹介〉

松本博雄・川田学・赤木和重・常田美穂　2012　0123発達と保育——年齢から読み解く子どもの世界　ミネルヴァ書房
　⇨本章で示した乳児と周囲の人々とのやりとりが，生活世界の中でどのように見えてくるのかを示した書。保育や家庭という養育実践の場において子どもを観察する視点が得られる。

明和政子　2006　心が芽ばえるとき——コミュニケーションの誕生と進化　NTT出版
　⇨ヒトとヒト以外の霊長類の比較研究の知見をもとに，心とは何か，ヒトらしさとは何かを考える書。ヒトの種としての特徴について理解することができるだけでなく，それがどのように進化してきたのかについても知ることができる。

〈文　献〉

Ainsworth, M. D. S., Blehar, M. C., Waters, E., & Wall, S. 1978 *Patterns of attachment*. Lawrence Erlbaum Associates.

Bakermans-Kranenburg, M. J., van IJzendoorn, M. H., & Juffer, F. 2003 Less is more: Meta-analysis of sensitivity and attachment interventions in early childhood. *Psychological Bulletin*, **129**, 195-215.

Berlin, L. J., Cassidy, J., & Appleyard, K. 2008 The influence of early attachments on other relationships. In J. Cassidy & P. R. Shaver (Eds.), *Handbook of attachment: Theory, research, and clinical applications: Anxiety and anger*, 2nd ed. Guilford Press. pp. 333-347.

Bowlby, J. 1988 *A secure base: Clinical applications of attachment theory*. Routledge.

Carlson, V. J., & Harwood, R. L. 2003 Attachment, culture, and the caregiving system: The cultural patterning of everyday experiences among Anglo and Puerto Rican mother-infant pairs. *Infant Mental Health Journal*, **24**, 53-73.

陳省仁　2004　行動発達における生成と転移のメカニズムを求めて　三宅和夫・陳省仁・氏家達夫（編）「個の理解」をめざす発達研究　有斐閣　pp. 139-163.

Cole, P. M., & Cole, S. 1989 *The development of children*. W. H. Freeman.

遠藤利彦　2010　アタッチメント理論の現在——生涯発達と臨床実践の視座からその行方を占う　教育心理学年報, **49**, 150-161.

Erikson, E. H., & Erikson, J. M. 1997 *The life cycle completed*, Expanded ed. W. W. Norton.（村瀬孝雄・近藤邦夫（訳）　2001　ライフサイクル，その完結　増補版　みすず書房）

Gartstein, M. A., & Rothbart, M. 2003 Studying infant temperament via the revised infant behavior questionnaire. *Infant Behavior & Development*, **26**, 64-86.

繁多進　1987　愛着の発達——母と子の心の結びつき　大日本図書

Howes, C., Hamilton, C. E., & Philipsen, L. C. 1998 Stability and continuity of child-caregiver and child-peer relationships. *Child Development*, **69**, 418-426.

数井みゆき　2005　「母子関係」を越えた親子・家族関係研究　遠藤利彦（編著）発達心理学の新しいかたち　誠信書房　pp. 189-214.

小林洋美・橋彌和秀　2005　コミュニケーション装置としての目——"グルーミング"する視線　遠藤利彦（編）読む目・読まれる目——視線理解の進化と発達の心理学　東京大学出版会　pp. 69-92.

Kobayashi, H., & Kohshima, S. 2001 Unique morphology of the human eye and its adaptive meaning: Comparative studies on external morphology of the primate eye. *Journal of Human Evolution*, **40**, 419-435.

鯨岡峻　1999　関係発達論の展開——初期「子ども―養育者」関係の発達的変容　ミネルヴァ書房

正高信男　1993　0歳児がことばを獲得するとき——行動学からのアプローチ　中公新書

松澤正子　1999　「注意」の発達　正高信男（編）　赤ちゃんの認識世界　ミネルヴァ書房　pp. 115-156.

三宅和夫　1990　子どもの個性——生後2年間を中心に　東京大学出版会

Oppenheim, D., Sagi, A., & Lamb, M. E. 1988 Infant-adult attachment in the Kibbutz and their relation to socioemotional development 4 years later. *Developmental Psychology*, **24**, 427-433.

Otto, H., & Keller, H. 2014 *Different faces of attachment : Cultural variations on a universal human need*. Cambridge University Press.

Piaget, J. 1936 *La naissance de l'intelligence chez l'enfant.*（谷村覚・浜田寿美男（訳）　1978　知能の誕生　ミネルヴァ書房）

Rholes, W. S., Simpson, J. A., Campbell, L., & Grich, J. 2001 Adult attachment and the transition to parenthood. *Journal of Personality and Social Psychology*, **81**(3), 421-435.

Roisman, G. L., Padrón, E., Sroufe, L. A., & Egeland, B. 2002 Earned-secure attachment status in retrospect and prospect. *Child Development*, **73**, 1204-1219.

Rothbart, M. K. 1981 Measurement of temperament in infancy. *Child Development*, **52**, 569-578.

西條剛央　2002　母子間の「横抱き」から「縦抱き」への移行に関する縦断的研究——ダイナミックシステムズアプローチの適用　発達心理学研究, **13**(2), 97-108.

白石正久　1994　発達の扉（上）——子どもの発達の道すじ　かもがわ出版

Stern, D. N. 1995 *The motherhood constellation : A unified view of parent-infant psychotherapy.* Basic Books.（馬場禮子・青木紀久代（訳）　2000　親―乳幼児心理療法——母性のコンステレーション　岩崎学術出版社）

田中昌人・田中杉恵　1981　子どもの発達と診断1　乳児期前半　大月書店

Thomas, A., Chess, S., Birch, H., Hertzig, M., & Korn., S. 1963 *Behavioral individuality in early childhood.* New York University Press.

Tsuneda, M. 2005 Significance of "Periods of difficulty in interaction" in the development of joint attention during infancy. Annual report. Research and clinical center for child development. No. 28. pp. 23-28.

常田美穂　2007　乳児期の共同注意の発達における母親の支持的行動の役割　発達心理学研究, **18**(2), 97-108.

van IJzendoorn, M. H., Sagi, A., & Lambermon, M. W. E. 1992 The multiple caretaker paradox : Data from Holland and Israel. *New Directions for Child Development*, **57**, 5-24.

3章　幼児期①：今・ここの世界からイメージとことばの世界へ

- どのように目の前にないものをイメージできるようになっていくのか？
- 自分／他人の心の理解とことばの発達やコミュニケーションはどのように関係するのか？

郷式　徹

　ことばを話し始める前の赤ちゃんは，今・ここにあるものについてしか考えることができません。乳児から幼児になると，今・ここにないものについて思い浮かべ，考えられるようになります。そして，ことばの発達もその過程にかかわっています。ことばは今・ここにないものを表現することができます。しかし，ことばで話すことだけが，幼児期の発達ではありません。人間にもっとも近い生き物であるチンパンジー，彼らは人間の3歳児にできるほとんどのことを行うことができます。にもかかわらず，人間が4歳にならないとできないことの多くがチンパンジーにはできません。3歳児はことばで話せますが，ことばで考えることができません。チンパンジーもことば（手話など）を学ぶことはできますが，ことばで考えることはできません。4歳以降の子どもに芽生えてくる能力は「ことばで考える」能力です。
　この章では，私たちがどのようにして「今・ここ」という限界を超えて世界を，他者を，そして自己を理解することができるようになっていくのかを見ていきます。

1　表象の獲得としての幼児期の知能・認知の発達

（1）ピアジェの発達段階と表象

　幼児期とは1歳半もしくは2歳ごろから小学校入学までをさすが，この時期

表3-1 発達段階によって異なる表象と知能のパターン

時期・年齢	ピアジェの発達段階	知能のパターン
乳児期 （誕生～1歳半もしくは2歳）	感覚・運動期	外界の刺激 ↓ 運動出力（反応）
幼児期前半 （1歳半もしくは2歳～4歳）	前操作期（前概念的思考段階）	外界の刺激 ↓ 表象 ↓ 運動出力（反応）
幼児期後半 （4歳～就学）	前操作期（直観的思考段階）	外界の刺激＊ ↓ 表象1と表象2を同時に処理 ↓ 運動出力（反応） 外界の刺激＊ ↓ 表象1と表象2の関係について表象 ↓ 運動出力（反応）

＊この段階では「外界の刺激」がなくても，表象から運動出力（反応）を行うことも多い。

には身体，運動，身辺自立，コミュニケーション能力などさまざまな面に加えて，知能・認知の面でも大きな変化・発達が見られる。ピアジェ（Piaget, J.）はその発達段階説（ピアジェ，1972；ピアジェ・イネルデ，1969）において，誕生～2歳ごろを感覚・運動期，2～7歳（就学）を前操作期，就学～思春期ごろを具体的操作期，それ以降を形式的操作期と呼んだ。彼はそれぞれの発達段階における知能の使い方，言い換えると，思考の方法の違いによってこうした区分を行った（表3-1）。

(2) 感覚・運動的な知能

感覚・運動期には，外界からの刺激に対する運動出力のつながりのパターンが数多く作られていく。たとえば，積み木はぎゅっとつかんでも平気だが，クッキーはそっとつままないと崩れてしまう。対象（外界からの刺激）に応じて，運動の強度や方法（握る，つまむ，（手のひらに）のせるなど）を変えるこ

とを身につけていく。

　人間や一部の霊長類を除き，多くの動物（生き物）は外界からの刺激に対する運動出力のつながり，すなわち，刺激（入力）→運動（出力）というパターンのみで知能を構成している。たとえば，ユクスキュル（Uexkull, J.）はある蛾を紹介している（ユクスキュル・クリサート，2005）。この蛾は蝙蝠の発するような特定の高い波長の超音波を受けると全身の運動を停止するシステムを持つ。超音波を受けると，その蛾は木の葉のようにひらひらと舞い落ち始める。蝙蝠にはその動きは予測しがたく，取り逃がしてしまう。しばらくすると蛾は再起動し，再び自力で飛び始める。蛾は蝙蝠の接近を認識し，運動の停止を決断し，実行に移しているわけではない。運動の停止は自動的に無意識に（蛾にはそもそも意識はないだろうが）生じる。人間の知能とは複雑さに違いはあるものの，動物の行動の大部分がこうした「感覚・運動的」知能で構成されており，十分にうまくいっている。

　しかし，この感覚・運動的な知能には限界がある。それは今，目の前にあるもの（刺激）にしか対応（出力）することができないことである。

（3）　表象の獲得と知能の発達

　乳児期後半（1歳前）になると，子どもは目の前にないものを思い浮かべることができるようになり始める。目の前にない，思い浮かべたそのもの（さきほど散歩中に見た「犬」）を**表象**と呼ぶ。表象は英語では representation と表記される。presentation は present の名詞で，present は「在る・存在する」，接頭辞の re は「再び・新たに」という意味なので，representation は「再び存在するもの」である。何が再び存在するのかというと，（さっきはあそこにあったが）今，ここにないものが心の中に「再び存在する」のである。「再び存在する」とはいっても，当然，物理的に存在するわけではない。散歩中に見た「犬」の表象は心の中に浮かぶもので，現実の犬もしくはその知覚像ではない。

　感覚・運動期に獲得するのが，刺激（入力）→運動（出力）というつながり

であるのに対して，**前操作期**には，子どもは刺激（入力）→ 表象 → 運動（出力）というつながりで行動するようになる。感覚・運動的知能のみでは，行動はつねに今・ここにしばられている。しかし，表象する，すなわち，目の前にないものを思い浮かべることが可能になると，刺激の入力がなくても表象→運動（出力）が可能になり，行動は時間や空間に制限されなくなる。

ただし，前操作期（幼児期）の表象は完全に今・ここから自由なわけではない。それは感覚や知覚の影響を受けやすい。また，今・ここの文脈に依存しなければ表象の構成が難しい。そのため，目の前にいる人と直接会話する場合には問題ないが，電話や手紙など空間的・時間的に離れたところにいる相手に情報を伝えることは難しい。

具体的操作期，形式的操作期には，（言語的な）概念を用いた思考ができるようになるが，それは今・ここから完全に分離した表象を構成し，（心の中で）扱うことができるようになったことを示している（5章参照）。

（4） 表象とは

経験された対象や出来事が，もとの対象や出来事と時間的にも空間的にも切り離されて置き換えられたイメージ，記号，ことばなどが**表象**である（加藤，2007）。人間の認知にとって表象の重要な点は，表象（正確には心的表象）[1]は指示対象を代理する（指示対象と置き換えられる）が，その置き換えは指示対象と表象が質的にまったく異なるものであっても成り立つ点である。その結果，私たちは現実の刺激（対象）や出来事を直接扱うのではなく，その模型やモデルである表象を扱うことによってさまざまなものごとを考えることができるようになる。

➡ 1 表象とは外界の対象や出来事が脳の中で再現された情報（符号）もしくはその再現過程をさす。心理学の分野では，一般的に「表象」は心理的な情報（符号）をさす。しかし，より広義には写真（写された対象を再現している）のように物理的な表象（物的表象）も含む。そのため，心理的な（脳の中の）表象については「心的表象」と限定することもある。

3章　幼児期①：今・ここの世界からイメージとことばの世界へ

　たとえば，私たちは1個の分子を直接見ることはできない。しかし，プラスチックでできた部品を組み合わせた分子模型や H_2O といった分子の構造を表記する方法（モデル）などによってその構造を理解することができる。模型やモデル（すなわち，表象）によって考えることの利点は，思考の焦点となっている刺激（対象）や出来事を知覚，または，今・ここの文脈に影響されずに扱えることである。

（5）　ことばと表象

　子どもが表象を構成するということは，現実の刺激（指示対象）から表象を分離できるようになることである。そして，それをもっとも顕著に示すのが，**ことば**の発達である。子どもが大人のことばを理解し始め，また，自らことばを話し始めるようになる。すると，それまでは目の前に生じた（もしくは空腹や眠気など内的な）刺激によって変化し，大人の目からはその理由やいつ生じるのかがわかりにくかった子どもの行動が，意味のある，了解可能なものへと変化してくる。とはいえ，子どもが意味の不明確な，順序も切れ目もない行動をしている存在から，意味の明確な，構造的な行動をするようになると考えるのは単純すぎる。私たち大人は，通常は，順序も切れ目もない生の現実を認識しているのではない。そうした現実を，簡単に，わかりやすく秩序づけた表象による認識（心的世界）を持ち，そうした表象やことばによって作られた世界を"現実"として認識している。つまり，生の現実を認識できなくなっている。そのため，簡単に，わかりやすく秩序づけられた意味の体系に従わない子ども（乳児）の行為を理解できないだけかもしれない。

　都会の幹線道路に牛が迷い込んだ状況を想像してみよう。牛はただ餌を探して歩いているだけだとしても，交通ルールに従わないその行動は混乱を引き起こすだろう。「牛が交通ルールを理解していない」というのは人間の視点に立った解釈で，本当は（牛が）歩いていける地面が存在するという「現実」があり，牛はこの「現実」を知覚することしかできない。それに対して，人間が認識しているのは（牛が）歩いていける地面という「現実」ではなく，（規則

51

に従って）車が走る「道路」である。このギャップに注目すると，子どもの行動が理解できないのは，子どもが大人より劣った認識しかできないからではなく，たんに両者の認識の違いによるとも言える。

　とはいえ，（人間の）子どもは，現実の刺激（指示対象）から表象を分離し，表象による秩序の体系としての認識（心的世界）を作り上げていくことにより，物事のとらえ方（認知）を発達させていく。

　表象は指示対象を代理するが，指示対象と表象が質的に異なるものであるために，表象は指示対象にとらわれないことが可能である。そのため，仮に子どもが独自に（周りの人とコミュニケーションすることなく）自らの心的世界を作り上げたならば，他者と共通する認識を持つことは困難だろう。しかし実際には，当然，周りの人との**コミュニケーション**を通して，他者と共通する（互いに了解可能な）表象による秩序の体系（心的世界）が構成されていくことは想像に難くない。一方で，コミュニケーションはお互いの表象による秩序の体系が相当程度共通していないと困難になる。そのため，ことばが表象の体系であるとともに，コミュニケーションの道具（媒体）であることが重要になってくる。

（6）　幼児期前半と後半

　幼児期とは1歳半もしくは2歳ごろから小学校入学までをさすが，知能・認知発達の点からは大きく前半と後半に分けて考えることができるだろう。大雑把には4歳までが前半，それ以降が後半と考えるとわかりやすい。ピアジェの発達段階でも前操作期について4歳ごろまでを**前概念的思考段階**，それ以降を**直観的思考段階**と2つの下位段階に分けている。幼児期をその前の乳児期（感覚・運動期）とそのあとの児童期（具体的操作期）とに挟まれた時期として捉えると，幼児期前半は乳児期からの離脱が生じる時期であり，幼児期後半は児童期に向けての準備の期間といえよう。次の節では，幼児期前半を乳児期からの離脱と捉え，表象を持ち，コミュニケーションの道具としてのことばを獲得し始める様子を見ていこう。

2 幼児期前半——感覚・知覚からの表象の分離が始まる

（1） 表象とふり

　乳児期の終わりごろには子どもは（心的）表象を持ち始める。そして，表象を構成，すなわち，現実の刺激（指示対象）から表象を分離することができるようになってくる。すると，子ども（2歳児）はバナナを顔の横に持って「もしもし」と電話の**ふり**をする，といった遊びを行ったりする（Leslie, 1987）。これはバナナという現実の刺激とは分離して，電話という表象に基づいて電話をかける（ふり）という行為をしているのである。今，目の前にあるバナナという知覚を抑制して，電話の表象にもとづき（バナナの知覚ではなく，電話の表象を優先させ），行為を組み立てているとも言えよう（加藤，2007）。

　乳児期からの離脱の時期である幼児期前半では，現実の刺激（指示対象）から表象を分離することが可能になる。しかし，この時期には，まだ知覚が表象に優先されることも多い。バナナによる電話のふりの例でも，バナナの見た目（知覚）ではなく，電話の表象を優先させていると解釈できる一方で，バナナが顔に当てるのに適切な形状と重さであるという知覚的特徴を持つがゆえにこの「ふり」が生じたとも言える。これは幼児期前半の表象がまだ，知覚的経験とある種の連続的，同質的関係を必要としていることを意味している。

（2） ことばの発達

　子どもは1歳ごろに最初のことばを話し始める。話し始めてからしばらくは，たとえば「マンマ」という一語が「ご飯を食べたい」だったり，「ご飯があるよ」だったりと，場面によってさまざまな意味に用いられ，文章の役割を果たす一語文の時期である。たしかに「マンマ」という表象が現実のご飯を置き換えているかもしれないが，コミュニケーションにおいて「マンマ」という子どものことばを理解するためには，その場の状況（文脈）＝今，目の前の現実によって推し量らざるをえない。すなわち，ことばを獲得し始めた当初のコミュ

ニケーションは会話をしている2人の人がそれぞれに持っている表象による秩序の体系に基づくというよりは，その場の状況（文脈）に基づくと言えよう。

1歳半から2歳ごろには**二語発話**（二語文）が出現する。日本語の場合，「イヤイヤッテ」「ミークンノ」といった自立語（名詞や動詞）に付属語（助詞）がついた発話が出現した後に，「オサンポ，イク」「ジュース，ノム」といった自立語＋自立語の二語発話が出現する。二語発話の出現は，文法能力が獲得され始めた目印であり，文法という単語と単語の関係の規則を獲得することは，表象と表象を結びつける複雑な表象の体系が構築され始めたことも示している。

また，1歳半ごろから2，3歳にかけて，急速な語彙の拡大が起こる。この時期の子どもは何を見ても「これは何？」と尋ねる。そうした大人とのコミュニケーションを通して，心的世界を拡大させていく。

幼児期前半のことば（ことばを用いたコミュニケーション）は，目の前の現実から完全に分離したものではないが，次第に表象としての自立性を強めていく。ただし，その過程は大人とのコミュニケーションを通してである。また，4歳ごろまでには日常生活に困らないくらいの文法能力と語彙を獲得し，コミュニケーションの手段として洗練されていく。

ところで，表象による秩序の体系（心的世界）の大きな利点は，現実に対して試行錯誤することなく，心的世界内でのシミュレーションによりもっとも適切な行為（出力）を計画できることである。大人の場合，多くはこうしたシミュレーション（プランニング）は自分の心のうち（脳内）でことばを用いて行っている（自己内対話＝内言）が，幼児期前半の子どもはこうしたことばを用いた思考を行うことは難しい。

3　幼児期後半——表象と表象の関係を表象し始める

（1）内言の獲得

幼児期前半と後半の子どもの認知面での大きな違いのひとつは，前者が言語

的な思考を行わないのに対して、後者はそれを行うようになることである。ヴィゴツキー（Vygotsky, L. S.）は、他者とのコミュニケーションの道具として獲得された言語が思考のための道具として、自分自身とのコミュニケーションを展開し、次第に内在化されていく過程について述べた（ヴィゴツキー，2001）。

　音声言語を伴い他者とのコミュニケーションの道具となっている言語を**外言**，音声言語を伴わず思考のための自分自身とのコミュニケーションの道具となっている言語を**内言**と呼ぶ。発達的には外言を獲得し，のちに外言が内在化されることによって内言が生じるが，外言から内言が生じる過程で**自己中心的言語**（集団的独語）が見られる。たとえば、砂場で何人かの幼児が遊んでいるときに、ひとりの子は「富士山より高いお山だよー」と言いながら山を作り、他の子は「おいしいプリンができたー」と言いながらプラスチックカップに砂を入れ、といったように（音声を伴っているが）誰に向けられたわけでもない発話が観察される。こうした発話が自己中心的言語である。このような社会的コミュニケーションを意図しない独り言は外言が内化する（内言になっていく）過程で生じていると考えられる。そして、内言の発達により、幼児期後半の子どもたちはことばで考えることができるようになってくる。

　幼児期後半には、しりとりのようなことば遊びができるようになる。これは、ことばが表象として置き換えている意味（現実のものの意味）から離れて、表象の形式的な側面にのみ注意を向け、扱うことができるということを意味している。そして、幼児期後半（児童期直前）には多くの子どもがことば（表象）の形式的な側面のみを扱えるようになり、文字の読み書きを習得する準備が整う。

　ただし、ピアジェは前操作期（の後半）には自己以外の視点に立って話したり、考えたりすることができないと考え、そうした幼児の特徴を**自己中心性**と呼んだ（ピアジェ，1954）。そのため、文字の読み書きの習得は可能だが（まとまった）文章の読み書きはまだ難しい。文章の読み書きを行うためには自己中心性からの脱却としての**脱中心化**や、二者間ではなく不特定多数の聞き手に向かって話す、もしくは不特定多数の聞き手のひとりとして話を聞くといった二

次的ことばの発達など，児童期に獲得する能力がさらに必要である（5章参照）。

（2） 心の理論

幼児期前半の表象能力の発達は，現実の刺激（指示対象）からの表象の分離が中心であった。幼児期後半の表象能力の発達は，複数の表象を同時に操作できるようになることである。前節でも少しだけふれたが，人間の認知にとって表象が重要なのは，表象と指示対象が質的にまったく異なるものであるがゆえに，表象は指示対象に影響されることなく，自由に扱うことができるという点にある。しかし，幼児期前半の表象は指示対象からの分離が十分ではない面があった。しかし，幼児期後半には表象はその表象の持ち主（主体）が自由に扱えるようになってくる（無論まだ完全ではない）。さらに幼児期後半には，表象を指示対象とした表象を持つことができるようになる。

表象を指示対象とした表象はメタ表象と呼ばれる。メタ表象を持つことができると，他の人の考えていることを推測したり，現在自分が考えていることと食い違う過去の自分の考えを振り返ったりすることができるようになる。

図3-1のような場面を考えてみよう。ビー玉の所在に対するサリーの表象は「（ビー玉は）かごの中」である。ただし，私たちは他の人の心の中（の表象）を直接知覚することはできない。「サリーがビー玉を探すのは，どこでしょう？」という問いに正しく回答するためには，「サリーは『（ビー玉は）かごの中』だと思っている（＝「サリーは『（ビー玉は）かごの中』という表象を持っている」）」という表象を持つ必要がある。このように他の人の心中を推測することはつねに，他者の心中の表象について表象することである。図3-1のような課題を**誤信念課題**（図3-1は誤信念課題のひとつで「サリーとアンの課題」（Baron-Cohen et al., 1985））と呼ぶが，4歳から7歳にかけて，子どもたちはこの課題に正答できるようになる。一方，4歳未満（幼児期前半）の子どもは，「サリーがビー玉を探すのは，どこでしょう？」という問いに，「箱の中」と答えてしまう。4歳未満（幼児期前半）の子どもはビー玉が見えなく

3章　幼児期①：今・ここの世界からイメージとことばの世界へ

図3-1　サリーとアンの課題

(出所)　フリス，1991

なったときに「ビー玉は箱の中」という表象を持つことはできるが，サリー（他者）の表象を表象することはできない。そのためサリー（他者）の表象にもとづいた回答ではなく，自分自身の表象（「ビー玉は箱の中」という知識）にもとづいた回答をしてしまう。

　言い換えると，幼児期後半に入ると子どもたちは，自分自身の持つ表象と他者の持つ表象を区別し，かつ，同時に両方の表象を扱うことができるようになっていく。また，自分と他者だけではなく，自分自身に関しても，現在自分が考えていること（表象）と現在の自分の考えとは食い違う過去の自分の考え（表象）を比較したりすることができるようになっていく。

　ところで，駅の改札に向かって走っていく人を見たら，私たちは，その人が電車に乗りたいと「思って」おり，電車に乗り遅れそうだと「思って」いると考えるだろう。私たちは，人は心を持っており，心はある状態にあること，そしてある行動は，その人の信じたり，望んだりといった心の状態によって説明されることを知っており，つねにそうした説明を行っている。霊長類研究者のプリマックとウッドラフ（Premack, D., & Woodruff, G., 1978）は，チンパンジーが他の仲間の心を推測した上で行動しているように見える状況を観察した。チンパンジーが本当に仲間の心を推測しているならば，心の状態は直接には観察できないため，心（の状態）と行動の間の規則性の理解や使用が必要だと考えられる。そして，こうした規則の集まりは「理論」とみなすことができるということから，**心の理論**（theory of mind）」と名づけられた。

　人が行動を心という概念を用いて説明するための知識と体系として「心の理論」が必要である。「心の理論」の発達は，表象を表象したり，2つの表象を同時に扱うことができるようになることによって成し遂げられる。とくに誤信念課題はある人（個体）が「心の理論」を持っているかどうかを調べることができる課題であると考えられている。

　また，表象を表象したり，2つの表象を同時に扱ったりすることができるようになると「心の理論」だけではなく，ゲームのルールの理解やプランを立てての行動が可能になる。一方で幼児期後半には，表象を表象したり，2つの表

象を同時に扱うといった能力が現れ始めたにすぎず，知覚的な特徴や自分の知識に影響されやすい不安定さを示す。また，一時的な記憶容量も大人や児童期の子どもに比べて少ないために，扱える表象の数や複雑さにも制限がある。

標準的な誤信念課題については4歳以降に正答しはじめ，7歳ころまでにはほとんどの子どもができるようになると考えられてきた（たとえば，Wellman et al., 2001）。しかし，3歳児は誤信念課題の中で質問に正しく答えられないにもかかわらず，（誤った）回答をする前に正しい場所に視線を向ける（Clements & Perner, 1994）。また，ベイラージョンら（Onishi, K., & Baillargeon, R., 2005）は生後15カ月で他者の誤信念を（潜在的には）理解すると主張している。そのため，4歳未満の子どもでも潜在的には他者の意図や（誤）信念に反応できるのかもしれない，と考えられはじめている。一方で，幼い子どもたちは他者の意図や（誤）信念に気づいたり，それに合わせて自分自身の行動を制御したりすることは難しいために標準的な誤信念課題で誤ってしまうのかもしれない。とくにそうした制御にかかわるのが次節で取り上げる抑制や実行機能である。

4 不適切な反応に対する抑制能力の発達

（1）抑　　制

ここまで表象（能力）の発達という観点から，幼児期の発達を見てきた。ところで，視点を変えると幼児期の発達は**抑制**の発達とも言える。

幼児期前半は表象を知覚（外界からの刺激）から分離するために，知覚を抑えるといった種類の抑制が発達する時期である。一方，幼児期後半は複数の表象のうち，優勢だが不適切な表象を抑制し，優勢ではないが適切な表象に従った反応をする，といった能力が発達する。たとえば，サリーとアンの課題（図3-1）では「ビー玉は箱の中」という現実と一致した自分自身の表象が優勢な表象である。この優勢な表象を抑制し，優勢ではないが適切な表象である「ビー玉はかごの中」というサリーの表象に従って回答する，といった反応が

可能になる。

　また,「あっちむいてホイ」をすると幼児期前半の子どもは簡単に相手の指し示す方向を向く（優勢だが不適切な反応）ため，ゲームが成立しない。しかし，幼児期後半にはしだいにこうした優勢だが不適切な反応を抑制することができるようになるため,「あっちむいてホイ」を楽しめるようになる。

　こうした優勢だが不適切な反応の抑制は脳の前のほう（前頭葉と呼ばれる）の働きのひとつと考えられている（前頭葉の働きは**実行機能**（executive function；EF）とも呼ばれる）。前頭葉の成熟が始まるのは4歳前後で，幼児期後半から児童期を通して，ゆっくりと成熟が進む。

（2）　抑制と言語の発達

　抑制能力は幼児期後半に始まる前頭葉の成熟によってもたらされるため，素朴に考えると，社会的な影響よりも生物学的な側面が強いように思えるかもしれない。たしかに抑制能力そのものは脳の成熟による生物学的な側面が強いが，どのような内容を抑制するのか，言い換えると，どの表象を優勢だが不適切なものとし，どの表象を優勢ではないが適切なものとするのかは日常生活の中での社会的な学習による。抑制の機能は生物学的な発達によるが，抑制する内容は社会的な影響，周囲の人々からの学習による。

　ルリヤ（Luria, A. R.）はルリヤ・テクニックと呼ばれる課題を考案した（ルリヤ，1966，1976）。この課題では，赤いランプが点灯したらゴム球を押し，緑のランプが点灯したらゴム球を押さないようにと指示される。この課題に対して，5歳～5歳半ごろには指示通りに反応できるようになるが，4歳児は緑のランプに対してもゴム球を押してしまうという行動の抑制の困難を見せる。さらに，ルリヤの研究で重要なのは行動をコントロールすることばの役割と発達を明らかにしたことである（近藤，1989）。赤いランプがついたら「押せ」，緑のランプがついたら「押すな」と大人が声をかけると3歳児でも正確にボタンを押し分けることができた。しかし，子ども自身に赤いランプがついたら「押せ」，緑のランプがついたら「押すな」と言いながら，課題を行うように

求めると，3歳児では「押せ」と言いながら（声を出すのに気をとられて）ボタンを押さなかったり，「押すな」と言いながらボタンを押したりというように発語と行為が一致しない。一方，4歳前半の子どもは自分で声を出しながら反応すると正確にボタンを押し分けることができた。さらに，4歳後半から5歳前半の子どもは声を出したときのほうが，かえって正しく反応できなくなった。この年齢の子どもたちは声を出す外言よりも，自分の頭の中でだまって自分の行動を考える内言のほうが容易に行動を制御できるようである。このことから外言から内言へ行動の制御が移っていくのは4歳代であると考えることができる（近藤，1989）。

　大人にとって，ことばは思考と切り離すことはできず，表象の多くは言語的なものである。そして，活動の計画（プランニング）や見通しは言語的な思考，すなわち，自己との対話である内言を通してなされる。また，行動の抑制に関しても，内言による制御は大きな部分を占めている。ルリヤ・テクニックの結果は，そうしたことばの機能を身につける前段階として幼児期にはすでに言語の機能は他者の行動を制御するための機能（子どもにとっては大人から制御される，とも言えるが……）から自己の行動を制御するための機能へと拡張されることを示している。

5　社会的知能の拡大としての表象能力

（1）　進化と社会的知能：進化心理学

　現在，地球上で人間にもっとも近い生き物はチンパンジーである。なにしろ，チンパンジーと人間の遺伝子は約1.2％しか違わない。約700万年前の私たちの祖先も現代のチンパンジーとほぼ同等の能力を持っていたと考えられる。たとえば，集団内の各個体の順位や，誰と誰は仲が良く，誰と誰は仲が悪いかといった社会的知識を用いて集団を維持したり，他者を出し抜いたりする**社会的知能**については，チンパンジーも人間に劣らない（ハンフリー，2004）。しかし，現代の人間とチンパンジーの認知能力には大きな違いが存在する。一言でまと

めると，人間の3歳半の子どもができないことはチンパンジーにもできない（プリマック，2004），ということである。表象の操作能力の観点からすると，チンパンジーは目の前の刺激から分離した表象を持つことはできる。しかし，複数の表象を自由に操作すること，表象を表象することはできないようである。

　実際，チンパンジーは他者が見ていない間に何かをするといった欺き行動を行うことはできる。これはチンパンジーが，他者が見ているものや知っていることを表象できることを示している。また，チンパンジーをはじめとした類人猿（ゴリラ，オランウータンなど）だけでなく，霊長類全般（ニホンザルやヒヒなどを含む）においても，視界をさえぎることで他の個体から物を隠す，他の個体の注意を引かないように静かに行動する，もしくは他の個体の注意を現在向けられているところから他へそらすような発声や（注意をそらしたい他の場所への）注視を行ったりする。したがって，他者に見えるものはその個体の視線によって変わること，他者の知識はその個体の知覚に依存していること，そして，他者の知覚と知識は自分の知覚と知識とは異なっていることがあることは理解しているらしい。これらはチンパンジーをはじめ霊長類が目の前の刺激から分離した表象を持つことができることを示している。一方で，人間では4歳以降に正答できるようになる誤信念課題（たとえば，サリーとアンの課題）にチンパンジーが正答できるという明確な証拠はない（もちろん，課題はチンパンジーにも可能なように言語を用いない形のものに改修されている）。これは目の前の刺激から分離した表象を持つことができるチンパンジーにとっても，目の前にない状況（対象）について自分自身の知識（表象）と他者の知識（表象）を比較するといった複数の表象の操作や他者の知識（表象）について表象する――「他者Aが『X』と考えている」と考える――ことが困難であることを示している。

　一般的に，霊長類と他の哺乳類の違いは高い社会的知能とともに，高い学習能力である。霊長類の中でも類人猿（チンパンジー，ボノボ，ゴリラ，オランウータン）はとくに高い学習能力を持つ。にもかかわらず，そうした高い学習能力を持つ類人猿においても野生の状態ではすでに獲得した知識や技術を組み

3章　幼児期①：今・ここの世界からイメージとことばの世界へ

コラム　知能と認知スタイル

　「知能」ということばは，知能の研究者の間でさえ定義できていない。そこで，暫定的に「知能とは知能検査で測られたもの」ということにしてある。ところで，多くの知能検査はある課題にどれだけ速く，正確に反応できるかを測定している。しかし，たとえば，あるテストで10分間で90問答えたが60問正解だった人と60問しか答えなかったが全問正解した人が同じだと言えるだろうか？　前者は素早いが不正確，後者は遅いが正確な反応をするタイプである。こうした違いは認知スタイル（の違い）と呼ばれ，各個人に固有なものであると考えられている。認知スタイルは，例に挙げたような「衝動型―熟慮型」以外に「継次処理型（ものごとを順番に処理するのが得意）―同時処理型（ものごとの間の関係を処理するのが得意）」「場独立型（文脈に影響されずに部分としてものごとをとらえるのが得意）―場依存型（文脈・全体としてものごとをとらえるのが得意）」などが提案されている。

　ところで，「衝動型―熟慮型」の場合，衝動型の人は決断力・行動力がある反面，思慮に欠ける，一方，熟慮型の人は思慮深いが，決断力・行動力に欠けるという面がある。認知スタイルでは，基本的にはどちらの型（タイプ）のほうが良いということはなく，それぞれ長所と短所がある。このように正反対の認知スタイルの人がいるのは，そうした多様性の存在が人類という種族が発達（進化）してくる上で有効だったからである。しかし，現在の社会は「素早く正確な」反応ができることを求めすぎているのではないだろうか？　また，現在の学校では，ミスや不注意な行動が多いこと，反対にのんびりした行動が問題やいじめられる原因になったりすることもある。各個人が自身の認知スタイルに合わせた学習や教育によって，それぞれの長所を伸ばしたほうが，人類という種族が地球上で生き残っていくためには適応的だと思うのだが……。

合わせて新たな活動を行うといった創造性はほとんど見られない（ハンフリー，2004）。また，飼育下で見られるような，物を使用することによる知的活動は，野生状態ではほとんど観察されない（ジョリー，2004）。

　飼育環境下の類人猿による物を用いた創造的活動は，自分の周りの人間が物を使用している様子を観察し，学習した結果として現れた可能性が高い（もちろん，人工的な道具の存在や他の種族（人間）とのコミュニケーションが必要とさ

れるなど，自然環境とは異なる状況が通常とは異なる活動を創造する圧力となった可能性も否定できない）。

　少なくとも類人猿は一定の表象能力を持つが，人間のように言語による思考をはじめとする複数の表象の自由な操作や表象の表象（メタ表象）化は困難なように思える。一方で，他者の考えていることを推測するといった「表象を表象する」ことによる高度な表象能力を持たないにもかかわらず，欺き行動など非常に高い社会的知能を示す。現在，人間の高い知能，とくに高度な表象能力は，類人猿の持つ高い社会的知能から発展してきたものであるという主張が示されている（バーン・ホワイトゥン，2004）。すなわち，他者を欺いたり，出し抜いたりするために，たんにその場での相手の知覚的な表象を理解できるだけでなく，より複雑な表象操作が必要とされた。そのため，私たち人類の祖先は社会的知能の拡大として（すなわち，より巧みに他者を出し抜くために）高度な表象能力を獲得してきた。しかし，そうして獲得した高度な表象能力は社会的な場面以外でも役に立つものであった。自然現象や物理現象の理解，抽象的な思考，さらには既存の知識や技術を組み合わせることによる創造的な活動に転用することも可能であったため，そうした利用がなされるようになったということである。

　自然現象の理解に社会的知能を用いている証拠が数多くある。古来（そして現在でも），すべての文化で人間は雨乞いなどの儀式的信仰によって自然現象とのコミュニケーションを図ったが，これは自然現象に人間的な意図やコミュニケーションの可能性を付与したためである（ハンフリー，2004）。そして，現代においても車のエンジンがかかりにくいと「最近，ご機嫌が悪いな」とつぶやいたりする……。このように，私たちはさまざまな自然現象や道具・機械のような人工物にも人格や意図を付与する。たとえば，アメリカではハリケーンに人名をつける習慣があるし，多くの船やスペースシャトルにも名前がついている（なぜ，たんに1号，2号ではないのか？）。こうしたことが生じるのは，人間の知能（高度な表象能力）が社会的知能をベースに発展してきたものであるため，対象が自然現象や機械であっても，意図や欲求などの志向的な表象を

持つものとして解釈（表象）したほうが理解しやすいためかもしれない。

（2） 自己意識

　人間の高度な表象能力が，より巧みに他者を出し抜くための社会的知能の拡大であったとしよう。他者の行動の観察からのみ構成された他者の心的表象（他者の「意図」についての推測）だけでなく，自分自身の心（心的表象）を観察することが可能であれば，よりうまく他者の行為を推測し，予測する他者の心的表象を構成することができるだろう。「自分ならこのような場合『〇〇』と考える。同様に，他者も『〇〇』と考えるだろう」という方法（シミュレーション）を使って他者の心的状態を推測できるので，より巧みに他者を出し抜くことにつながる。

　ところで，人間の発達を考えた場合，自身の心の理解（認識）と他者の心の理解（推測）とでは，いずれが先に発達するのだろうか（郷式，2005）。

　通常，私たちは自分のことは自分が一番よくわかっていると考えがちである。しかし，自分がどのような顔や姿をしているのかという知覚的な自己認識に関してすら，自明なものではない。というのは，鏡に映った自分の姿を自分であると認識できるようになるのは2歳前後であるからだ。なお，高い社会的知能を持つ霊長類においても（知覚的な）自己認識ですら難しい。地球上の生物で鏡に映った自分の姿を認識できるのは（2歳以降の）人間以外ではチンパンジーなどの一部の類人猿だけである。

　人間の子どもは2歳以降には鏡に映った自分を認識できるようになるが，ビデオに映った姿については4歳以降になるまで難しいことが知られている（木下，2001）（4章参照）。鏡映像では，鏡に映った像と自分自身の動き（身体的な感覚）がシンクロしていることが，その理解の手がかりになっているのだろう。一方，ビデオ画像のように過去の自画像の場合，身体的感覚の手がかりが利用できない。自分自身とは分離した鏡映像という表象の理解は幼児期前半には始まるが，ビデオ画像のように現在の目の前の知覚から完全に分離した表象は幼児期後半にならなければ理解できない。

表象を表象する能力や自己認識といった私たち人類の高度な表象能力はより巧みに他者を出し抜くために拡大してきた結果にすぎないかもしれない。しかし，その到達点として，私たちはたんに他者を出し抜いて自分だけが有利になるのは一時的なものにすぎないことを理解するようになった。そして，お互いに助け合い，分かち合う関係のほうが最終的な利得は大きいことを理解できるようになった。その結果，私たち人類は他者を出し抜くためだけではなく，他者を理解し，自分を理解してもらうことにその表象能力を使い始めている（とはいえ，この理解が十分ではないため，世界に争いはなくならない）。また，自己を認識できるようになることは，他者を出し抜くために有効であったかもしれないが，現在の私たちにとっては——とくに青年期の発達段階にある人たちにとっては——自己の存在ゆえに深い苦悩がもたらされることも多い（7，8章参照）。

〈サマリー〉
　乳児期の知能は，外界の刺激に対して反応する（刺激入力→運動出力）というつながりによって構成されている。一方，幼児期前半には，目の前にないものについて表象する能力を発達させる。言い換えると，感覚・知覚からの表象の分離が始まると言える。しかし，まだ複数の表象を自由に操作することはできない。また，幼児期前半を通して，日常生活に困らない会話能力を発達させる。しかし，思考のためにことばを用いることはできない。幼児期後半には，複数の表象の操作や表象を表象することが可能になり，ことばで考えることができるようになる。別の視点からは，幼児期前半には表象の構成のために感覚・知覚を抑制する能力が発達し，幼児期後半には複数の表象のうち特定の表象を任意に抑制する能力が発達するとも言える。なお，幼児期の知能・認知能力の発達はおもに生物学的な制約を受けるように見えるが，その発達には社会的コミュニケーションが欠かせず，また，そもそも人間の高度な表象能力が社会的知能の進化により生じてきた可能性が近年主張されている。

〈もっと詳しく知りたい人のための文献紹介〉

子安増生（編） 2016 よくわかる認知発達とその支援［第2版］ ミネルヴァ書房
⇨認知発達と発達支援に関する100項目について見開き2ページで簡潔に最新の知見が解説されている。本章で出てきた用語の多くについても取り上げられている。教師，保育士，公認心理師，臨床発達心理士など教育や発達支援関連の領域の専門職を目指す学生にとって通常の学習だけでなく，試験対策にも役立つ一冊である。

子安増生（編著） 2016 「心の理論」から学ぶ発達の基礎――教育・保育・自閉症理解への道 ミネルヴァ書房
⇨過去30年にわたり発達心理学の中心的なテーマであった「心の理論」を軸として，認知発達，教育・保育の現場，自閉症と関連させて多様な子どもや発達の姿を18の章で取り上げている。「心の理論」の観点から発達心理学の基本を学べるだけではなく，教育や保育での実践や自閉症理解のためにも役立つ一冊である。

〈文　献〉

Baron-Cohen, S., Leslie, A., & Frith, U. 1985 Does the autistic child have a "theory of mind"? *Cognition*, **21**, 37-46.

バーン，R. W.・ホワイトゥン，A.（編） 藤田和生・山下博志・友永雅己（監訳） 2004 マキャベリ的知性と心の理論の進化論――ヒトはなぜ賢くなったか　ナカニシヤ出版

Clements, W. A., & Perner, J. 1994 Implicit understanding of belief. *Cognitive Development*, **9**, 377-395.

フリス，U.　冨田真紀・清水康夫（訳）　1991　自閉症の謎を解き明かす　東京書籍

郷式徹　2005　幼児期の自己理解の発達――3歳児はなぜ自分の誤った信念を思い出せないのか？　ナカニシヤ出版

ハンフリー，N. K.　2004　知の社会的機能　バーン，R. W.・ホワイトゥン，A.（編）　藤田和生・山下博志・友永雅己（監訳）　2004　マキャベリ的知性と心の理論の進化論――ヒトはなぜ賢くなったか　ナカニシヤ出版　pp. 12-28.

ジョリー，A.　2004　キツネザルの社会的行動と霊長類の知性　バーン，R. W.・ホワイトゥン，A.（編）　藤田和生・山下博志・友永雅己（監訳）　2004　マ

キャベリ的知性と心の理論の進化論——ヒトはなぜ賢くなったか　ナカニシヤ出版　pp. 29-37.

加藤義信　2007　発達の連続性 vs. 非連続性の議論からみた表象発生問題——アンリ・ワロンとフランス心理学に学ぶ　心理科学, **27**(2), 43-58.

木下孝司　2001　遅延提示された自己映像に関する幼児の理解——自己認知・時間的視点・「心の理論」の関連　発達心理学研究, **12**, 185-194.

近藤文里　1989　プランする子ども　青木書店

Leslie, A. M. 1987 Pretense and representation in infancy: The origins of 'theory of mind'. *Psychological Review*, **94**, 412-426.

ルリヤ，A. R.　松野豊・関口昇（訳）　1966　言語と精神発達　明治図書

ルリヤ，A. R.　松野豊（訳）　1976　人間の脳と心理過程　金子書房

Onishi, K., & Baillargeon, R. 2005 Do 15-month-old infants understand false beliefs? *Science*, **308**, 255-258.

ピアジェ，J.　大伴茂（訳）　1954　児童の自己中心性　同文書院

ピアジェ，J.　滝沢武久（訳）　1972　発生的認識論　白水社

ピアジェ，J.・イネルデ，B.　波多野完治・須賀哲夫・周郷博（訳）　1969　新しい児童心理学　白水社

プリマック，D.　2004　「チンパンジーは心の理論を持つか？」再考　バーン，R. W.・ホワイトゥン，A.（編）　藤田和生・山下博志・友永雅己（監訳）　2004　マキャベリ的知性と心の理論の進化論——ヒトはなぜ賢くなったか　ナカニシヤ出版　pp. 176-201.

Premack, D., & Woodruff, G. 1978 Does the chimpanzee have a theory of mind? *The Behavioral and Brain Sciences*, **1**, 515-526.

ユクスキュル，T.・クリサート，G.　日高敏隆・羽田節子（訳）　2005　生物から見た世界　岩波書店

ヴィゴツキー，L. S.　柴田義松（訳）　2001　新訳版　思考と言語　新読書社

Wellman, H. M., Cross, D., & Watson, J. 2001 Meta-analysis of theory-of-mind development: The truth about false belief. *Child Development*, **72**, 655-684.

4章　幼児期②：自己の育ちと他者との関係

- 自分への気づきはどのように現れるのか？
- 他者とかかわる中で育つ子どもの自己はどのようなものか？

小松孝至

> 　私たちは，日常的に「コーヒーが飲みたい」「これから本を読もう」など，自分の欲求や意図を意識し行動しますが，一方で，自分の希望する行動であっても，それが他人を傷つけたり，ルールを破ったりすることであれば，その行動をおさえようとします。その意味で，私たちの意図や行動は，周囲の人々との関係と切り離せないものです。では，私たちはいつごろから，自分の「意図」を持ったり，自分の行動を調整したりするようになるのでしょう。
> 　また，私たちが持つ，自分自身の過去に関する記憶は，他人と共有できない独特の感覚を持ったものです。私たちは，いつ，どのようにしてこうした自分の経験についての記憶を持ちはじめるのでしょう。
> 　日常的にあらためて意識することは少ないですが，このように，他者との関係の中で浮かび上がる私たちの「自己」のさまざまな側面について，その成り立ちと発達を考えることは，発達心理学の研究の視点のひとつです。ここでは，幼児期の発達をこの視点から考えます。

1　子どもの「意図」の明確化と自分への気づき

（1）子どもの意図のあらわれ

　私たちは，生まれて間もない新生児（生後4週未満の赤ちゃん）であっても，

子どもが泣いている様子をみると，空腹でミルクがほしいのか，室温を調節してほしいのか，などと，それを何かを伝達しようとする意図にもとづく「訴え」として考えることが少なくない。また，生後3カ月ころから始まる，こちらからの働きかけに対して笑う様子を見て，「赤ちゃんとやりとりができた」と感じたりする。つまり，大人は，子どもの誕生後かなり早くから，子どもの発信するさまざまなふるまいを，子ども自身の意図にもとづくものとして読み取り，それに応じたやりとりをしているところがある。こうした読み取りにもとづく働きかけは，子どもたちの健康を守り，成長を促すために必要なものであるが，生後間もない子どもは，自らの意図や欲求を明確に意識して（「〜しよう」と考えて）行動しているわけではない。それは，むしろ近くで見ている私たちの解釈によって感じ取られ，形をなす側面が強い。

　しかし，誕生後1年間の身体的・認知的成長（1，2章参照）の中で，子どもは，たとえば興味を持ったものに積極的に手を伸ばすなど，ことばでの表現はないが，その欲求や意図を明確に見て取れる行動を次第に示すようになる。また，自分の行動と，それに対する他者の行動の関係を認識した，コミュニケーションの萌芽のような行動も見られるようになる。たとえば，足を上下させてドスンドスンと音を立てると，周囲の大人からそれにあわせた声をかけてもらえることを認識し，その行動を繰り返す（麻生，1992）といったやりとりをその例として考えることができる。

　こうした変化の中で，目標（求めている「結果」）とそのための手段を意識した，行為の主体としての子どもの姿が次第に明確になっていく。また，子どもも，周囲の他者の行為に対する理解を深める。そして，2章で説明された「共同注意」や「三項関係」が成り立ち，それと結びついた形で子どもはことばを発するようになる。ことばや，その原型となる発声は，自分の意図や欲求を伝えようとするコミュニケーションの中でしばしば用いられるものでもある。つまり，子どもがそれまで少しずつはっきりさせてきた，行為の主体としての自己をさらに明確化することと密接に関連してあらわれるものと言える。

(2) 自分自身への気づき

このように，子ども自身の意図を反映する，ことばを介したコミュニケーションがあらわれ，増えていく1歳代は，子ども自身にとって「自分自身」の存在が少しずつ明確になる時期でもある。その変化は，たとえば自分の名前についての理解などにあらわれる。保育所での生活の中で，名前への反応を観察してみると，自分以外の誰の名前に対しても返事をする時期，つまり，自分の名前を他の名前と識別していないと思われる時期を経て，1歳代の半ば過ぎになると，自他の名前を区別して返事をしたり，名前を呼ばれて自分を指し示したりするようになる（植村，1979）。

さらに，この1歳代の後半の時期に，子どもの自分自身の認識に大きな変化があることがわかっている。この認識の変化を見るための実験として，鏡に映った自分自身の像（**自己鏡映像**）に対する子どもの反応を見る実験がある。1歳代前半までの子どもは，鏡に映った自分の姿に対して，それが他人であるかのようにふるまったり，その裏を探ったりする。しかし，1歳代の後半からは，それが自分自身の像であることに気づいていく（3章参照）。

このような気づきの様子を見るために，子どもに気づかれないように，鼻のあたまなどに口紅のようなものでしるしをつけてから，鏡に映った自分の像を見た際の子どもの反応を観察する方法がある（その内容から「ルージュ・テスト」などと呼ばれる）(Lewis & Brooks-Gunn, 1979)。こうして鏡を見せた後，自分の鼻をさわろうとするなどの反応の有無から，子どもの自己像の理解を推測するのであるが，この手法を使った研究では，おおよそ2歳前後に，客体としての自己像に関する子どもの理解が安定したものになると考えられている。

(3) 自己・他者の内面の理解と「自己主張」

こうして，1歳代から2歳にかけて，自分の身体など観察可能な自己像や，自分の持ち物，自分の名前などに関する理解の変化が見られるが，これに平行して，外からは観察したりふれたりできない自分や他者の内面についての理解も深まっていく。たとえば木下（2008）の観察記録では，1歳代後半に「いた

い」（1歳7カ月），「ほしい」（1歳10カ月）などの発話がみられ，2歳代では「おもしろい」（2歳3カ月），「しってる」（2歳9カ月）などの表現がみられている。これらは自分や他者の心理的な側面を意識しはじめたことを示している。このように，子どもは他人と異なる自分という独自の存在に，少しずつ，さまざまな側面から気づいていき，さらに，これらの自分への気づきとあいまって，ほめられた際の「照れ」のような反応や，自分の行動がうまくいったときにそれを誇示するような様子も示すようになる（岩田，1998）。

さて，こうして子どもが「他人とは違う自分」という意識をはっきり持ち，行為の主体としての意図・欲求をより明確に示すようになってくると，それが，周囲の他者の意図とぶつかることも増えてくる。2歳代の子どもは，着替えや食事などについて，親のことば（指示）を拒むこと（「食べなさい」と言われても「食べない」と返事するなど）や，手伝いを「じぶんでする」と言ってうけつけないことが増える。親が危険を感じた場合などに，子どもの行動をやめさせようとすると，「いや」といって拒否することも多い。

親からは「反抗」にみえるこの行動は，子どもの身体や認知の発達を反映すると同時に，これまで述べてきた，行為の主体としての子どもの発達，自己像の明確化の延長線上にある変化ということもできる。この時期の子どもは，母親など養育者の意図に従って動く，いわば心理的な共生状態とも言えるそれまでの関係から，自分なりの（養育者とは異なる）独自な「わたし」の内的世界を持つようになり，その自分なりの思いや考えを主張し貫き通そうとすることが，こうした行動となって現れるのだ（岩田，1998）。

2　友だちとのかかわりと自己の行動のコントロール

（1）　家庭の外での対人関係のはじまり

1節では，新生児から2歳代までの子どもの発達を，行為の主体としての発達に焦点を当てて考えてきた。そこで取り上げた子どもと他者との関係は，おもに親や家族など，養育者との関係であった。

しかし，子どもは，早い場合には乳児期から，家庭外（保育所や認定こども園など）での生活を経験しはじめる。こうした場所に通わない子どもたちも，地域での活動（親子教室や近所の同年齢の友だちとの遊び），幼稚園入園前の教室などに参加し，家庭外の同年齢の子どもたちと接する機会を持つようになる。家庭の育児方針や地域によるちがいは大きいが，このように家庭の外で，自分以外の多くの友だちと，**遊び**などを通してかかわることは，幼児期にある程度共通して起こる，発達の重要な一側面ということができる。

子どもは，少なくとも生後6カ月のころから，同年齢の子ども（乳児）に対して微笑みかける，さわる，声を出すなどの行動を見せる。それに対して，相手がいわば「返事」のように行動することもあるという（Vandell et al., 1980）。つまり，乳児期のうちから，子どもは自分に近い（似た）相手に関心を持って働きかけ，そこには子どもどうしのやりとりの萌芽が見られると考えられている。

その後，1節で述べた自己像の理解などと平行して，他者のさまざまな側面に対する理解も深まっていく。また，1歳代の半ば以降，1節で述べたように，子ども自身の意図がはっきりすると同時に，ことばでの表現や，表象能力，いわばイメージの力も豊かになり（3章参照），周囲の他者の「まね」，そして「**ふり遊び**」（自分自身や周囲のものをさまざまなものに**見立て**て遊ぶこと）もみられるようになる。しかし，この時期には，いわゆる**ひとり遊び**であったり，母親などにリードしてもらったりすることが多く，同年齢の子どもどうしで「やりとりをしながら一緒に遊ぶ」関係は成り立ちにくい。

（2） 集団生活と遊び

3歳の誕生日を過ぎると，かなりの子どもが幼稚園に通うようになり，保育所や認定こども園でも，2歳までのクラスと3歳以降では，保育者と子どもの比率が変わる。つまり，子どもは，より多くの子どもとの集団生活をするようになる。年齢の近い子どもたちが，ときに見立てを行い，やりとりをしながら遊ぶことも，この時期から次第に増えていく。

大人から見れば，テーマをつくって**ごっこ遊び**をすることはさほど難しいこととは思われない。しかし，こうした遊びを始めた子どもたちにとっては，さまざまな力が求められる活動である。たとえば，さまざまな「見立て」（泥水をコーヒーに見立てるなど，モノの見立て，自分や友だちを，ごっこ遊びの登場人物に見立てることなど）を共有して，そこで起こる出来事をうまくつくりながら遊んでいくためには，生活上の知識も必要となるし，一緒に遊ぶ他の子どもとある程度考えやイメージを共有することが必要になる。出来事を筋立てて「ストーリー」にしていく力や，円滑なコミュニケーションの維持なども重要な要素となる。

　子どもたちの遊びは，はじめはイメージの共有や，役の分担がうまくいかないなど（例：複数の子どもが同じ役をする）スムーズでなかったり，単純なやりとりを繰り返したりすることも多い。砂場での遊びでも，めいめいが砂とかかわっていて，やりとりが見られないこと，一緒に砂山を作っていても，それを何に見立てているのか，これからどう作っていくかなどのイメージが共有されないこともある。しかし，4・5歳児になると，プランを共有して役割分担をするなど，協同性の高い遊び方も見られるようになる。表4-1の事例は，プランを共有した遊びが始まる場面の例である。

　もっとも，多くの遊びは，計画的に進行するものというより，小さなきっかけから突然始まり，突然終わったり変化したりする不安定な部分を持っている。また，年長の子どもでも，いつでもイメージを共有して，スムーズに遊ぶわけではない（表4-1の事例でも，話が現在の遊びと関連しない「ブロッコリー」にとんだりする様子がみられる）。さらに，個々の子どもの好みや，遊びの性質によっては，ひとりで取り組むことも大切な経験となる。子どもの遊びが発達とともにすべて協同的なものへと変化するわけではなく，むしろ，非常に多様であるところにその特徴があると言える。

（3）　自己の行動の制御
　こうした多様な遊びの中で生じる，子どもたちどうしの**いざこざ**も，他者と

表4-1 遊びにおけるアイディアの共有化

　日頃からよく遊んでいる5歳7ヶ月（K）と5歳3ヶ月（M）の女児が，高度な協同性を発揮した遊び場面のうち，アイディアの共有化がなされている始めの部分。

K：作ろう，あたし。（四角い積み木を箱から出し，横に並べる。）
M：公園作る。（三角の二つの積み木を出したり入れたりしている。）
K：あたし，公園の柵作る。
M：じゃ，私，公園の中作るよ。
K：これが入り口だから，これちょっと開けるよ。（四角の積み木が二つ並んだ物が二つ直角に置かれている。その角をちょっと開ける。その後，四角い積み木をつなげて，全体を大きな四角にしていく。）
M：これ。
K：えっ？
　　えーとね，私，二ついり，あのね，入り口作る。
M：トランポリン。（四角い積み木を二つ組み合わせる。）
K：え？　トランポリン。
M：トランポリン，ピョーン，ピョーン。（両手で跳ねる真似。）
K：私，持ってるわよ。（四角い平たい積み木を出す。）
M：トランポリン。
K：こうしてね，ブロッコリー，ブロッコリー。
M：トランポリンの反対，なんだ。
K：トランポリン，なんだ，知らない。
　　（四角の積み木をつなげて，柵を作り続けている。）
M：知らない，私も知らないの。
K：階段作ろう。（四角い積み木を重ねた柵をくっつけて階段にする。）
K：階段？
M：うん。
K：こうやってよ。
M：こういう風にして。
K：あら，四角いのが足りないぞ。あった。これでいいや。こうやっとこ。この中に作んのよ，みわちゃん。
M：（階段をKの作った柵の中に入れる。）

（出所）　無藤，1997

の関係の中での子どもの発達と結びついている。いざこざは，ネガティブな感情をもたらす経験ではあるが，子どもが他者との関係を学ぶ場でもある。たとえば，自分の欲求や意図を主張するばかりでなく，周囲の他者にあわせて調整すること，友人の感情を理解すること，「順番」「じゃんけん」などを用いて，他者と主張を調整すること，謝罪の必要性やその手順（「ごめんね」「いいよ」）

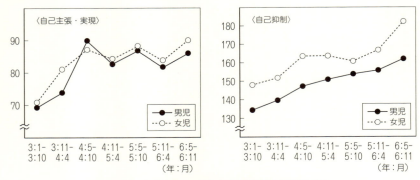

図4-1　自己主張・実現と自己抑制の発達的変化
（出所）　柏木，1988より作図

などを経験する機会として考えることができる。

　さて，遊びの中で，子どもたちに求められるのは，自分の欲求をじょうずに主張したり，相手に合わせて抑えたりすることであるが，これらは行動の**自己制御機能**と呼ばれている。柏木（1988）は，こうした行動の制御について「**自己主張・実現**」（入りたい遊びに自分から"入れて"と言える・他の子に自分の考えやアイディアを話す，など25項目）と「**自己抑制**」（（ブランコやすべり台など）遊びの中で自分の順番を待てる・叩かれても，すぐ叩き返さない，など46項目）の2領域の質問項目をつくり，個々の子どもについて保育者から回答を得た上で，子どもの年齢による得点の変化を分析した（図4-1）。3歳から，それぞれ得点が上昇し，自己抑制については，6歳まで点数が増加している。その後行われた同様の調査でも，自己主張と自己抑制の双方が，3歳児クラスから5歳児クラスにかけて上昇する結果がみられている（松永，2008）。

　この変化は，この時期の子どもに，自分自身の考えを明確に主張する力と，自分の行動を必要に応じて抑える働きが並行して育っていくことを示している。そして，子どもたちの集団生活は，このような「自己」の働きが育つ場としての役割を持つと考えられる。

3　子どもの「個性」のなりたち

(1)　乳児期から見られる行動の個人差

　1・2節では，子どもの発達過程として，多くの子どもに共通する変化を考えてきた。しかし，この時期の子どもの生活を考えると，個々の子どもの行動の特徴（**個人差**）もはっきり見られる。たとえば，幼稚園で子どもたちの自由遊びの場面を観察してみると，活発で，遊びのリーダーになることの多い子どもも，遊びに加わらずに周囲で見ていることが多い子どもなどがいることに気づく。また，多くの友だちと，うまくあわせてスムーズに遊ぶ子どももいれば，かんしゃくを起こしたり，友だちを叩いたりといった行動をみせる子どもに出会うこともある。鯨岡・鯨岡（2001）は，私たちがはじめて出会ったときの個々の子どもの印象の違いをもたらすような，子どもたちそれぞれの「人となり」「世界に対する構え方」を「自己性のありよう」ということばで表現している。個々の子どものふるまいの特徴も，子どもが行為の主体として周囲の世界とかかわる中で明確になる，「自己」の発達の一側面として考えられるのである。

　さて，人間はすでに新生児のうちから，遺伝的ないし神経・生理学的な要因にもとづくと思われる行動の個人差を持つと考えられており，この乳児期の個人差は**気質**と呼ばれる。具体的にどのような観点から気質を考えるかについては，研究者の間でも議論があるが，たとえば，笑う・微笑むなどポジティブな情動を表出する傾向の強弱，今まで経験したことのない場面で怖れなどの反応を示す傾向の強弱，「いらだちやすさ」と表現されるような感情の感じやすさの強弱などの個人差が考えられている（Caspi & Shiner, 2006）。

　しかし，この気質だけで幼児期の子どもたちの行動の個人差が決まるわけではない。これまで見てきたように，子どもは成長の中でさまざまな他者とコミュニケーションを持ち，その中で行動を変えていくためだ。では，具体的にどのような要因が関連するのだろうか。

（2） 家庭での相互作用が持つ意味

　幼児期の子どもの行動の個人差をめぐる，こうした複雑な要因の絡み合いの中で，家庭は重要な役割を果たしていると考えられる。たとえば，少々乱暴なところがあっても，元気がよいことが一番だと考える親は，活動的な行動をほめたり促したりするであろうし，周囲の他者の気持ちや意図を理解することを重視する親は，子どもが他人への優しさをみせたときなどにそれをほめるだろう。こうした働きかけは，子どもの行動を方向づけることになる。また，子ども自身が親や年長のきょうだいなどの行動を**観察**し，その行動を身につけることも，子どもの個性を形作るもののひとつと言える。2節で紹介した，行動の自己抑制に関するデータでも，子どもの性別による差（女児のほうが高い）が見られるが，このことも，性別によって社会から期待されるものが異なるため，親がそれに基づいて働きかけたり，子どもが自分の性別に応じて，社会的に受けいれられるモデルを観察し，行動を身につけることが理由のひとつとして考えられる。

　子どもの行動の特徴に関連する親の特徴は，こうした直接的な働きかけだけではない。子どもを支える両親の心理的な状態も，子どもの行動に関連すると考えられている。多くの研究がなされているのは，親（とくに母親）のうつの症状（気分が沈む・無力感が強くなるなど）との関連であり，たとえば，親のこうした精神的な症状が，子どもの攻撃的行動や，人とうまくかかわれないなどの問題と関連しているとする研究結果がある（Cummings et al., 2005）。どのようなプロセスでこうした関連がみられるのかについては，さまざまな考え方ができるが，親が子どもに対して支援的でなかったりすることのほか，親のうつの傾向が両親の不和と結びつき，それに子どもがふれることの悪影響なども考えられている。

　子どもの，養育者に対する愛着の個人差（2章参照）も，他者に対する子どもの行動の特徴を説明するもののひとつである。愛着理論では，子どもは愛着対象との関係をもとにしながら「**内的作業モデル**」をつくり，それを用いてその後出会う他者とかかわっていくと考えられている。乳児期の愛着が，幼児期の行動に絶対的な影響力を持つ，つまり，乳児期の関係の質によってその後の

他者との関係が決まってしまうとは考えにくいものの，諸研究からは，幼児期・児童期の子どものさまざまな社会情緒的な発達に，その時点や近い過去の，親子の愛着の質が反映される可能性があると考えられている（園田ほか，2005）。

（3） 子どもの個性のなりたちを考えることの難しさ

このように，子どもの気質，子どもが家庭で接する養育者の特徴や，養育者との関係の質は，幼稚園や保育所，認定こども園などでみられる，子どもの行動の個人差との関連が指摘できる。しかし，繰り返しとなるが，子どもの行動の特徴は，遺伝的な要因も含むさまざまな要因が複雑に絡み合って生じてくる。加えて，この節で挙げた研究を含む多くの心理学研究は，多数の親子についての調査結果を総合して結論を出しているため，個別の親子にそのまま適用できるわけではない。たとえば，親がうつの症状を示すと，子どもがかならず特定の行動傾向を示すわけではないし，子どもの行動の問題が，すべて親子関係に原因をもつわけではない。つまり「どんな育て方をすると，どんな子どもが育つのか」「うちの子の性格は，いったいどのようにしてできあがったのか」という，多くの親にとって気になる問いは，関連する要因が多くかつ複雑で，残念ながらそう単純に答えられる問いではないのだ。

さらに，子どもの行動の特徴や親の子どもとのかかわりは，経済的な環境や，周囲の他者からのさまざまな**支援**（夫婦の相互の支援，祖父母からの支援，友人や地域の人々からの支援など）が得られるかどうかとも関連している（Campbell, 2002）。たとえばアメリカでは，子育てや発達の環境要因として，家庭の経済的背景の重要性について研究が積み重ねられ明らかにされており（Aber et al., 2012），日本でも児童虐待や学力と貧困との関連が指摘されるようになっている（藤田，2012）。

これらを考えると，子どもが集団の中で友だちとうまくかかわれないときなどに，その原因を家庭や親（とくに母親）にすべて求める考え方は，少々短絡的と言える。子育ての環境が十分でない親の責任を指摘して，子どもとのやりとりを変えるよう求めても，その実現は難しいし，そうした働きかけは受け入

れてもらえないことも少なくない。たとえ、親子のかかわりに気になるところがあっても、子どもと親を支え、変化を促すための人間関係のネットワークづくりや、社会からの支援をあわせて考えることが必要である。

4　経験をことばにすることの意味

(1)　自伝的記憶のなりたち

　ここまで、子どもが行為の主体としての自分自身を明確化する様子、子どもの生活世界が家庭から幼稚園や保育所、認定こども園などへと広がり、その中で子どもがさまざまな他者と関係をつくる様子、その中での子どものふるまいを、子どもの「自己」の発達に関連づけて考えてきた。

　ところで、私たちが自己─自分自身─について考える内容には、こうした「行為者」の側面や行動の個人差だけでなく、自分にとって大切な過去の経験なども含まれるだろう。このような、自分の経験したエピソードについての記憶（とくに個人的な重要性・意味づけを伴うもの）は「**自伝的記憶**」と呼ばれる。その一方で、私たちは、誕生後3～4年の間については、はっきりした記憶を持たない（この現象は「**幼児期健忘**」と呼ばれる）。ここでは、このような自分の経験に関する明確な記憶を持つようになる過程と関連づけながら、子どもが自分自身と周囲の他者、そして、自分が生きる世界を、ことばを用いて理解する様子を考えてみる。

　子どもは、0歳代のうちから基礎的な記憶の力を持っていると考えられている。しかし、こうした記憶は、ことばで表現され、「昔こんなことがあった」と思いだすようなものではなく、むしろ身体の動きなどに関するものである。子どもが自分の経験をことばで表現し始めるのは、2歳代に入り、自己の客観的な姿の理解を持ち、自己のさまざまな側面について言語表現がみられるようになる（1節参照）時期である。最初のうちは、周囲の親などが多くの内容を話し、親の「～したんだよね？」などの問いかけに、子どもが「うん」と答えるような形で会話に参加することから始まる。そして、次第に子ども自身が自

分の経験を表現するようになる（Eisenberg, 1985）。

もっとも，子どもがこのように過去の経験について話をし始める2〜3歳の時期，子どもにとって「過去の自分」は，私たちと同じように意識されるわけではないらしいことも分かっている。このことは，1節で紹介した「ルージュ・テスト」を発展させた実験から示される。この実験では，子どもが遊んでいる様子をビデオに撮りながら，気づかれないように頭にステッカーを張る。数分後にそのビデオを子どもに見せるのだが，それを見て子どもがステッカーをはがそうとしたりするのは，4歳前後からで，3歳ではあまりみられないという（Povinelli et al., 1996）。つまり，この時期に，子どもにとっての「過去の自分」が，より明確に今の自分につながってくると考えられる。こうして，過去から現在（そして，未来）へ続く自己像がはっきりする中で，過去の経験が，子ども自身にとっての重要性を持つ「自伝的記憶」となっていくのである（Nelson & Fivush, 2004）。

（2） 経験を物語ることを通した自己の理解

ところで，子どもたちはもちろん私たちも，（ビデオを撮りためるように）自分の経験をすべて，逐一覚えているわけではない。むしろ，私たちは出来事の中で重要と思われる内容（たとえば印象的な部分やそのときの自分の感情など）を選択し，それを因果関係や時間的な経過がはっきりした，筋立てた形で理解している。こうした形（「**物語**」と呼ばれる）での理解は，私たちが社会の中での経験や社会と自分自身との関係，言い換えれば「社会の中の自己」を統合するために持つシステム（フォークサイコロジーと呼ばれる）の中で重要性を持つと言われる（ブルーナー, 1999）。

子どもは，日常的な会話の中で，自分の経験について話し，また，親をはじめとした周囲の他者からの質問に答えたり，他者から新しい情報を得たりする。そこでは，時間的な順序（例：〜をして，次に〜をした）や因果関係（例：〜だったから，〜した）などを表すことばも用いられる。つまり，そこで表現される内容は「物語」の形に沿ったものとなるのである。そして，こうした会話

表 4-2　母子の会話の例

> 保育所の 4 歳児クラスに通う女児（みな）と母親の保育所からの帰宅時の会話。運動会の 1 カ月ほど前のやりとり。
>
> 母：ほいくえん たのしかった？
> 子：うん
> 母：よかった
> 子：きょう おそとで あそんだんだよ（うん） かけあしね いちばんなの
> 母：おお すごーい
> 子：なんにも ぷれぜんと もらえなかった
> 母：（笑）きょうはね でも うんどうかい
> 子：うんどうかいのときは みなが いちばんだよ だって おそいひと いっぱいなんだもん
> 　　（中略：下はかけあしに関する話題の続き）
> 子：うんと ねえ きょうは さなえ さなえちゃん おやすみだから （競争は）さんにんだったんだ
> 母：うん みな あさ おきた ときに（うん）ちょっと おきて ちょっと したときに おとうさんと ほら いちに いちにって あしの たいそう したじゃない（ん？）けさ（こうやって？）うん（あるよ）あれが よかったのかな
> 子：あれって？
> 母：たいそうが きゅ きゅ きゅ きゅって だから いちばんに なれたかな
> 子：うんどうかいのとき れんしゅうしなくても みな いちばんに なれるよ
> 母：だめだよ れんしゅう しないと ほかの おともだちは れんしゅうしてるんだもん おいこされちゃう

（出所）　小松，2009

の中で，経験の記憶がまとめられ，日常のルーティンや印象深い出来事についての，筋の通った理解となっていく（Nelson, 1996）。

このように会話の中で子どもの経験を物語ることは，行動の規範などを基準に，過去の子どもの行動を評価することでもあり，子どもが社会の一員として成長する過程と関連する。ミラーら（Miller, P.J. et al., 1997）は，台湾の中流階層の家庭と，シカゴの中流階層の家庭で，それぞれ子どもの過去の行動が取り上げられた会話を分析し，シカゴ近郊では，子どもの過去の行動が，楽しい話（娯楽）としての側面から語られる傾向があるのに対し，儒教道徳の影響力の強い台湾においては，逸脱を取り上げていわば教訓として語られることが多いという比較をしている。自分のどんな行為が，会話の中でどのように意味づ

けられ，評価されるかによって，自己像や従うべき規範などについての考え方も異なってくるだろう。こうした働きは，私たちの日常的な子どもとの会話についても指摘できる。表4-2の母子の会話の事例は，子どもの「かけあし」についてのものであるが，練習で子どもが1位だったことをうけて，母親がその結果と朝の体操を関係づけ，練習することの重要性を意味づけている例と言える（下線部）。

5 自己の発達とコミュニケーションの重要性

　この章では，子どもの自己の発達に関連づけながら，他者との関係の中の発達を考えてきた。発達心理学の中で，自己という概念はひとつに定義されて決まるものではない。子どもと周囲の世界とのかかわりの中で見られる，子どもの意図や欲求のあらわれ，集団生活の中でのふるまいやその個人差，過去の自分の経験の記憶などを，「自己のあらわれ」「自己の発達」として解釈していると言える。つまり，「自己」は，子どもと周囲の他者とのコミュニケーションから見出され，明らかになるものと言える。
　こうした子どもの発達的変化は，子どもの身体的・認知的な成熟によるところも大きいが，周囲のさまざまな他者とのコミュニケーションを繰り返す中で発達する側面もある。たとえば，乳児期の子どもたちが発するさまざまなメッセージ（発声や身体の動き）に「返事」をしながら，大人がコミュニケーションをうまくつなぎ，それを繰り返すことは，子どもが行為主体として発達することと結びついている。また，年齢の近い子どもたちと生活する中で，友だちとの協同的な遊びやいざこざを経験することは，自分の行動を制御しながら他者とかかわれるようになることと密接に関連している。家族の思い出や，子どもが生活の中で経験したことについて，親子の会話を楽しむことも，子どもの他者の理解や，社会の中の自分自身の理解をより深いものにする可能性を持っている。
　「自己」ということばは，それが私たちひとりひとりの中に独立して存在す

☕ **コラム　経験を話すことの意味と親からの働きかけ**

　子どもたちがことばにする経験は，とりたてて大きな「思い出」ばかりではない。たとえば，幼児期の子どもたちはしばしば，保育の中で経験したことを，帰宅後（あるいは帰宅中）に家族と話す。2節で考えたように，幼稚園や保育所，認定こども園は，多くの友だちとかかわる，家庭と異なる環境である。こうした環境での経験を，子どもがことばで表現することは，子どもが保育場面でのふるまい，そして，さまざまな友だちとの関係やその中の自分の存在について理解することと結びついたものと考えられる。筆者は，この考えをもとに，「保育での経験に関する母子の会話」に着目して研究を行ってきた（表4-2はそこで得られた会話の一例である）。

　さて，欧米の研究では，親子の会話の中で，親が経験を詳しく尋ねたり新しい情報を加えたりしながら筋立てることが，子どもの細部にわたる記憶や心の理解の促進などと結びついた，重要なことと考えられている（Fivush et al., 2006）。では，こうした日常会話では，とにかく子どもにいろいろなことを問いかけ，新たな情報を伝えてゆけばよいのだろうか？

　おそらく，会話の意味はそう単純なものではない。筆者らが実施したインタビュー調査の中で，ある母親は，幼稚園での子どもの経験は気になるが，実際には子どもが詳しく経験を教えてくれないことについて，子どもが「僕の幼稚園」という意識を持っているためではないかと答えている。また，別の母親は，知りたい気持ちは強いが，知り過ぎることは「(子どもの)世界をつぶすような感じがしちゃう」と答えている（小松・野口，2001）。

　これらの母親のことばにあるような「子どもの世界」は，親が持つ「世界」とは異なっていて，同じものにはなりえない。そうした「世界の違い」がはっきりすることも，こうした会話の意義と言えるだろう。そう考えると，子どもと会話を交わす大人にとって大切なことは，子どもの経験を明確にすることだけでなく，どんな話題でも，まずはそれを受け止められる余裕であり，そして，自分とは違う「子どもの世界」を想像できる力であるだろう。

るものであるかのような響きを持つ。しかし，これらを考えれば，自己は他者との関係の中で明らかになり，育っていくものであり，逆にいえば，子どもと他者との関係の特徴は，その子どもの「自己」のありようを反映している。そ

4章　幼児期②：自己の育ちと他者との関係

して，子どもと周囲の他者は，一体のシステムとして変化・成長するのである。

〈サマリー〉

　私たちは，乳児期のうちから行動を通して自分の意図を徐々に示し始める。そして，1～2歳代には，それを表現することばを獲得したり，他者と異なる独自の存在である自分自身をさまざまな側面で理解したりしながら，行為の主体として発達する。一方，他者とかかわる上では，自己の意図や欲求を主張することだけでなく，やりとりの中でそれを調整していくことも必要となる。こうした子どもの自己制御は，3歳以降に同年齢の子どもたちとのかかわりが増えていく中でも重要となる。さらに，子どもどうしの関係・相互作用の中では，家庭での養育者との関係をはじめとしたさまざまな要因にもとづく，子どもの個性も明確になる。この時期の子どもは，こうして行為の主体として発達するとともに，親などとの会話を通して自分の経験をことばで表現することで，自分自身や周囲の他者などを理解し，自分にとって重要性を持つ自伝的な記憶を持つようになる。これらの発達過程では，いずれも子どもと周囲の他者とのコミュニケーションが重要な意味を持ち，「自己」はそうしたコミュニケーションをもとに明確になるものである。

〈もっと詳しく知りたい人のための文献紹介〉

岩田純一　2001　〈わたし〉の発達――乳幼児が語る〈わたし〉の世界　ミネルヴァ書房
　⇨本章で取り扱ってきた子どもの自己の発達をめぐる問題が，豊富なエピソードを駆使しながら論じられている。とくに，幼稚園や保育所での子どもの行動について，心理学的に考えを深めることができる。

シャファー，H.R.　無藤隆・佐藤恵理子（訳）　2001　子どもの養育に心理学がいえること――発達と家族環境　新曜社
　⇨「子どもには両性の親が必要か」「家族の貧困は心理発達に影響するか」など，子どもの発達にかかわる20の問いについて，心理学の研究がどこまで明らかにしているかを解説している。本章で紹介した，親のうつと子どもの行動の関連に関する内容も含まれる。

〈文献〉

Aber, L., Morris, P., & Raver, C. 2012 Children, families and poverty : Definitions, trends, emerging science and implications for policy. *Social Policy Report*, **26**(3), 1-19.

麻生武　1992　身ぶりからことばへ——赤ちゃんにみる私たちの起源　新曜社

ブルーナー，J.　1999　岡本夏木・仲渡一美・吉村啓子（訳）　意味の復権——フォークサイコロジーに向けて　ミネルヴァ書房

Campbell, S. B. 2002 *Behavior problems in preschool children : Clinical and developmental issues*, 2nd ed. Guilford Press.

Caspi, A., & Shiner, R. L. 2006 Personality development. In N. Eisenberg (Ed.), *Handbook of child psychology*, 6th ed., Vol. 3.——*Social, emotional, and personality development*. John Wiley & Sons. pp. 300-365.

Cummings, E. M., Keller, P. S., & Davies, P. T. 2005 Towards a family process model of maternal and paternal depressive symptoms : Exploring multiple relations with child and family functioning. *Journal of Child Psychology and Psychiatry*, **46**, 479-489.

Eisenberg, A. R. 1985 Learning to describe past experiences in conversation. *Discourse Processes*, **8**, 177-204.

Fivush, R., Haden, C. A., & Reese, E. 2006 Elaborating on elaborations : Role of maternal reminiscing style in cognitive and socioemotional development. *Child Development*, **77**, 1568-1588.

藤田英典　2012　現代の貧困と子どもの発達・教育　発達心理学研究, **23**, 439-449.

岩田純一　1998　〈わたし〉の世界の成り立ち　金子書房

柏木惠子　1988　幼児期における「自己」の発達——行動の自己制御機能を中心に　東京大学出版会

木下孝司　2008　乳幼児期における自己と「心の理解」の発達　ナカニシヤ出版

小松孝至　2009　幼児期の親子関係・家族関係　無藤隆・岩立京子（編著）　乳幼児心理学　北大路書房　pp. 121-132.

小松孝至・野口隆子　2001　幼稚園での経験に関する3歳児と母親の会話——その意義と機能に関する考察と検討　大阪教育大学紀要　第Ⅳ部門　教育科学, **50**, 61-78.

鯨岡峻・鯨岡和子　2001　保育を支える発達心理学——関係発達保育論入門　ミネ

ルヴァ書房

Lewis, M., & Brooks-Gunn, J. 1979 *Social cognition and the acquisition of self*. Plenum Press.

松永あけみ 2008 幼児期における自己制御機能（自己主張・自己抑制）の発達——親および教師による評定の縦断データの分析を通して 群馬大学教育学部紀要 人文・社会科学編, **57**, 169-181.

Miller, P. J., Wiley, A. R., Fung, H., & Liang, C. 1997 Personal storytelling as a medium of socialization in Chinese and American families. *Child Development*, **68**, 557-568.

無藤隆 1997 協同するからだとことば——幼児の相互交渉の質的分析 金子書房

Nelson, K. 1996 *Language in cognitive development: The emergence of the mediated mind*. Cambridge University Press.

Nelson, K., & Fivush, R. 2004 The emergence of autobiographical memory: A social cultural developmental theory. *Psychological Review*, **111**, 486-511.

Povinelli, D. J., Landau, K. R., & Perilloux, H. K. 1996 Self-recognition in young children using delayed versus live feedback: Evidence of a developmental asynchrony. *Child Development*, **67**, 1540-1554.

園田菜摘・北村琴美・遠藤利彦 2005 乳幼児期・児童期におけるアタッチメントの広がりと連続性 数井みゆき・遠藤利彦（編著） アタッチメント——生涯にわたる絆 ミネルヴァ書房 pp. 80-113.

植村美民 1979 乳幼児期におけるエゴ（ego）の発達について 心理学評論, **22**, 28-44.

Vandell, D. L., Wilson, K. S., & Buchanan, N. R. 1980 Peer interaction in the first year of life: An examination of its structure, content, and sensitivity to toys. *Child Development*, **51**, 481-488.

5章 児童期①：思考の深まり

- 子どもの考え方とおとなの考え方はどのように異なるのか？
- 勉強がわからなくなりはじめるのはいつか？ それはなぜか？

藤村宣之

> おとなには自分がこれまでに経験したことではありながら，忘れてしまっていることがあります。小学校段階にあたる児童期に，子どもは物事の考え方を飛躍的に深めていきます。それはおとなに向かってたんに知識の量を増やしていくという変化ではなく，子どもの時期に固有の物の見方を豊かにさせていく質的変化であるととらえるところに発達の視点があります。おとなに比べれば知識の量は少ないかもしれませんが，小学生はその限られた知識を自分なりに工夫して組み合わせながら，思考や理解を深めていくのです。小学校に入学すると体系的な教育がはじまりますが，子どもの思考は学校での学習だけを通じてつくられるものではなく，子ども自身が周りの世界とかかわりながら，その年齢の特質を生かして発達させていくものです。小学校の低学年から中学年，高学年にかけて，子どもがどのように思考を発達させていくか，またそこに教育はどのようにかかわるのかについて考えてみましょう。

児童期の発達的特徴は，児童期を一体として，また児童期前期と児童期後期（前青年期）といった区分で説明されることが多かった。一方で，「**9歳の壁**」ということばに示されるように，9，10歳という小学校中学年の時期を発達のひとつの節目ととらえる視点も，聴覚障害児を対象とする教育現場からの指摘をもとに提起されてきた。児童期の発達に関する理論的研究や実証的研究を検討すると，児童期を，小学校低学年（7，8歳），中学年（9，10歳），高学年（11，12歳）の年齢段階に区分して，その発達的特質を把握することが可能で

ある。また、児童期の発達のメカニズムとそれに応じた教育を考えるうえでも、そのように区分してとらえることが有効であろう。

そこで、本章では、児童期の認知領域（思考や言語、概念など）の発達に関して、小学校低学年、中学年、高学年の発達的特質をそれぞれ明らかにする（1～3節）。そして、おとなとは異なる児童期の発達的特質をふまえたうえで、発達と教育の関係に関する理論的・実証的研究を検討し、現実の教育実践をめぐる問題とその解決策について発達心理学の視点から考察する（4節）。

1 論理的思考のはじまり（小学校低学年：7, 8歳）

小学校低学年（7, 8歳）は、具体的な対象に関する**論理的思考**がはじまり、ことばが不特定多数の聞き手に対して意識的に用いられはじめる時期である。

（1） 見かけに左右されない思考と数の概念

認知の発達に関して、小学校低学年（7, 8歳）の時期は、ピアジェ（Piaget, J.）の発達理論では**具体的操作期**の前半の時期（第一段階）と位置づけられている（Piaget, 1970）。前操作期（2～6歳）には、子どもの思考は物の見かけ（直観）に左右されていたのに対し、この時期になると物事の本質を論理でとらえることが可能になる。その一例を**保存課題**と呼ばれる実験課題に対する子どもの反応から見てみよう。

数の保存課題（Piaget & Szeminska, 1941）では、6個の青いおはじきが一列に等間隔に並べられ、6個の赤いおはじきがそれと平行に両端をそろえて等間隔に置かれる。青いおはじきと赤いおはじきが同じだけあることを子どもに確認した後、青いおはじきの間隔を広げて列を長くし、「同じだけある？」と子どもに尋ねる。この問いに対して、7歳より前の前操作期にあたる幼児の多くは、違いが顕著な列の長さに着目して「青いおはじきの方が多い」と答えたり、逆に列のつまりぐあいに着目して「赤いおはじきの方が多い」と答えたりする（非保存反応）。これに対して、具体的操作期に入った小学校低学年の児童の

多くは「どちらも同じ」と答える（保存反応）。また，その理由づけは，「取ったり増やしたりしていないから」「広げても元に戻したら同じになるから」「こっちは長くなっているけれど，すきまがあいている」のように，論理にもとづくものになる。とくに，増やすと減らす，広げると狭めるといったように，関係を逆転させてとらえる考え方（可逆的思考）に**具体的操作**の特徴がみられる。

児童期（7歳以降）に論理的思考としての保存が成立するというピアジェの主張に対して，課題の与え方に文脈を付与したり，質問の様式を変えたりすることによって6歳以前の幼児期にも保存反応がみられるというような**文脈効果**を主張する研究もみられる（上野ほか，1986など）。たとえば，二組の同じ数のお菓子の一方を入れ物に入れるという場面で，「入れ物に入れた自分のお菓子の方が他方より少ないのでずるい」と主張する登場人物と「お菓子の数は同じなのでずるくない」と主張する登場人物に対して，幼児でも後者の主張の方が正しいことが指摘できるとされている。一方で，ピアジェが用いたオリジナルな保存課題にみられるように，列の長さには一見して差があるといった直観的判断を論理的思考で乗り越えて物事の質（物質量の保存）を正しく推理できるという点は，小学校低学年の特徴と考えることもできるであろう。

小学校低学年では，保存以外の論理的思考もみられるようになる。たとえば，長さの異なる10本の棒を，最初に一番短い棒を選び，次に残った棒の中から一番短い棒を選ぶといった一貫した方法で，長さの順に並べることができるようになる（**操作的系列化**）。また，12本からなる花束があり，そのうちの6本がサクラソウである場合に，花とサクラソウでは花の方が多いということを，部分─全体関係の理解をもとに正しく判断できるようになる（**操作的分類**）。

数の概念について，ピアジェは数の順序にかかわる系列化と数の大きさにかかわる分類とが統合されることで，7，8歳ごろに出現するとした（Piaget, 1970）。一方で数に関する個々の問題に対する子どもの解決方略を分析すると，さまざまな方略の利用頻度が連続的に変化することがシーグラー（Siegler, R. S.）などによる以後の研究から明らかになっている。たとえば，6＋9のようなたし算の問題に対する方略は，6歳から8歳にかけて，1からの計数方略

(6＋9を1，2，……，6；1，2，……9；1，2，……，15とすべて数えて答えを出す方略）が減少する一方，最小方略（6＋9を9＋6と逆転させ，9から順に10，11，12，13，14，15と6回数える効率的な方略）や検索（6＋9の答えを暗記しており，それを引き出す方略）などが増加することが示されている（Siegler, 1987)。また，同じ学年内で子どもによって方略が異なるだけではなく，ひとりの子どもが，易しい問題には検索を，難しい問題では他の方略を用いるなど難易度に応じて多様な方略を使い分けること（方略の**多様性**と**適応的選択**）も報告されている（Siegler, 1996)。このように，子どものどのような思考過程をどのような課題や手続きで測るかによって，発達のプロセスが非連続的変化（質的変化）ととらえられることも，連続的変化（量的変化）ととらえられることもある。

(2) 一次的ことばから二次的ことばへ

　小学校では読み書きの一貫した指導が行われることから，小学校低学年は，話しことばから書きことばへの移行期ととらえられてきた。これに対して，図5-1に示されるように，幼児期から児童期への移行を一次的ことばから二次的ことばへの変化ととらえる枠組みが提案されている。

　一次的ことばとは，具体的な事柄について，状況の文脈に頼りながら，親しい人との一対一の直接対話で展開される言語行動である（岡本，1985）。これに対して，**二次的ことば**は，ことばの文脈だけに頼って，自分と直接交渉のない不特定多数の人たちや抽象化された聞き手一般に向けて，一方向的伝達として行われる言語行動である。そして，小学校低学年は，幼児期に充実した一次的ことばが二次的ことばへと発展していく移行期ととらえられる（岡本，1995）。

　二次的ことばには話しことばに加えて書きことばが含まれる。また，一次的ことばは二次的ことばへの移行によって消失するのではなく，二次的ことばの影響も受けて一次的ことば自体が深まりをみせる。このように，小学校低学年は，深まりをみせる一次的ことばとしての話しことば，新たに獲得される二次的ことばとしての話しことばと書きことばの三者が重層的に展開していく時期

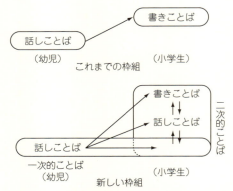

図 5-1　幼児期から児童期にかけてのことばの展開
（出所）岡本, 1985

ととらえられる。

　二次的ことばの形成は，小学校において集団で学習活動をはじめるための，小学校低学年の発達課題と考えられるが，一方で（1）で示した論理的思考のはじまりは，子どもの側でも自分の考えを論理立てて話すための**レディネス**（準備状態）が形成されてきていることを示している。また，二次的ことばが獲得される前提としては，内田（1990）が指摘するように，幼児期において，**ごっこ遊び**などを通じて一次的ことばとしての話しことばが親しい友人との間で内容的に充実することも重要であろう。さらに，一次的ことばから二次的ことばへの重層的移行は，言語や認知の発達に限定された問題ではない。自分と経験を異にする多くの人たちに少しでもよくわかるようにことばの文脈を組み立てることは，自分が聞き手の視点に立つことによって可能になることであり（岡本，1995），そこには社会的視点取得や他者理解といった社会性の発達もかかわってくるであろう。

2　具体的事象の概念化と思考の計画性（小学校中学年：9, 10歳）

　小学校中学年（9, 10歳）は，ピアジェの発達理論によれば，**具体的操作期**

の第二段階にあたる（Piaget, 1970）。第一段階（7, 8歳）では，適用範囲が限定的であった論理操作が，さまざまな具体的事象に広く適用されるようになる。この時期はまた，自分自身の認知プロセスについての認知（**メタ認知**）や，二次的ことばとしての諸概念が発達する時期でもある。

(1) 空間の構造化

具体的操作の発達は，小学校中学年ではとくに空間認知の側面で顕著になる。

ピアジェが用いた「**3つの山問題**」（Piaget & Inhelder, 1948）についてみてみよう。これは図5-2のような山の模型を子ども（図のAの位置に座っている）に示し，別の場所（図のB, C, D）の位置に置いた人形からどのように見えるかについて尋ねる課題である。6歳以前の幼児では視点が自己に中心化されており（**自己中心性**），自分の視点と他者（人形）の視点の区別が不十分である。7, 8歳では見る位置によって左右・前後の関係が変わることには気づくが，その把握はまだ部分的である。そして小学校中学年にあたる9, 10歳になると自分の視点と他者の視点を関連づけることが可能になり（**脱中心化**：decentralization），この問題に対して適切に答えられるようになる。

以上のことから，前後，左右，重なりといった要因が含まれるような複雑な空間の構造化に関して，9, 10歳ごろに発達の質的転換期が想定される。また，この年齢段階になると，線路や並木道を遠近法を用いて描けるようになる（Piaget & Inhelder, 1948）。遠近法を用いた描画には一定のスキルが必要であるが，一方で空間を構造的に把握することも不可欠であり，「3つの山」問題と同様に，空間認知の発達の一側面を示していると考えられる。

小学校中学年における，以上のような空間認知の発達は，美術教育の分野では，知的リアリズムから視覚的リアリズムへの移行としてとらえられてきた（Freeman & Janikoun, 1972；菅沼，1991など）。**知的リアリズム**とは，自分がすでに知っているもののように描く姿勢のことであり，9歳ごろを境にして，視覚でとらえたように描く**視覚的リアリズム**へと変化する。視覚的リアリズムによる表現が出現する背景には，空間認知の発達とともに，現実をリアルに表

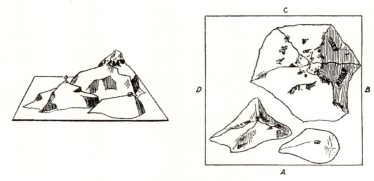

図5-2 「3つの山」問題

(出所) Piaget & Inhelder, 1948

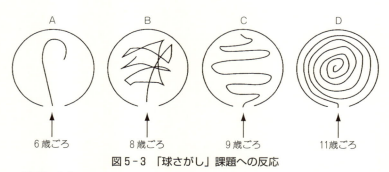

図5-3 「球さがし」課題への反応

(出所) 加藤, 1987

現しようとする意欲や,思考の計画性の発達がうかがえる。

(2) 思考の計画性とメタ認知

描画にみられるような**思考の計画性**の発達は,知能検査における「球さがし」課題に対する反応の変化にもみられる。この課題は,図5-3のように,草の生えた運動場を想像させ,そこに落としたボールを探し出すにはどのように歩いたらよいかを問うものである。この課題の通過率(図5-3のCやDのような反応を示す人数の割合)は,9歳で37%,10歳で54%であり(生沢,1976),図5-3に示すように,9歳をすぎると探索にかなりの計画性がみられるよう

になる（加藤，1987）。なお，同種の発達検査（新版K式発達検査2001）でも，「球さがし」に類似した「財布探し」の50％通過年齢は，9-10歳となっている（新版K式発達検査研究会，2008）。これらの結果は，思考過程の意識化や，効率的な**プランニング**といった**メタ認知**が9, 10歳ごろに可能になることを示している。

　小学校中学年になると，図形記憶課題で，複雑な図形を「2つの四角を線でつないでいる」のように一般化，法則化して記憶することも可能になる。また，物を水の中に沈めたり，浮かべたりしても全体としての重さが変わらないという「重さの保存」が成立するのも10歳ごろである（Piaget, 1970）。これらのことから，長島・寺田（1977）は，10歳ごろに**発達の質的転換期**があることを提起した。10歳の質的転換期に子どもが獲得するのは，「具体的事物，事象に関連しながら，しかも具体物からは直接的には導かれない，より高いレベルでの一般化，概念化された思考」である。こうした思考（**具体的事象の概念化**）は次に述べる，二次的ことばの獲得と密接にかかわっている。

（3）　二次的ことばの獲得

　小学校低学年にはじまる一次的ことばから二次的ことばへの重層的移行は，中学年ごろに二次的ことばの獲得にいたる。それによって，さまざまな具体的事象をことばによって概念化することが可能になる。以下にその現れをみてみよう。

　二次的ことばの獲得は，語が文脈を離れて語彙として独立することを意味する。それは，語と結びつく表象どうしの関係に構造化をもたらし，言語表象による知識体系の構築へと向かう（岡本，1995）。

　幼児から小学校4年生を対象にした調査（国立国語研究所，1982）では，たとえば「鳥とは何ですか（どんなものかな）」といった質問がなされ，それに対して子どもが述べた内容から，語の意味構造の発達的変化が検討された。その結果，「飛ぶ」「鳴く」などの機能に言及する割合は各年齢で高いのに対して，上位概念語（動物，生き物）による定義は2年生で18％に増加し，さらに4年

生で29％に達した。また，鳥の身体部分（羽根，くちばし，翼など）に言及する反応は3年生までは10％程度にとどまっていたのに対して，4年生では53％と大きく増加した。さらに，体温（変温，恒温）について述べる反応も4年生になってはじめて出現した。このように，3年生から4年生にかけて，対象の機能に加えて，概念の階層構造や身体器官の構造，（温度のように視覚ではとらえられない）潜在的属性を組み込んだ，ことばの意味体系が構造化されるようになることが示されている。

語彙の発達については，「島」などの語彙の本質的特徴の理解も検討されている（Keil & Batterman, 1984）。たとえば，「この場所は，指のように突き出た陸である。ココナッツやヤシの木が生えていて，女性は髪に花をかざしており，常夏である。一方の側を除いてすべて海に面している。これは島と呼べますか」という質問と，「ここにはアパートの建物や雪があり，緑の草木は何もない。この土地は四方を海に囲まれている。これは島と呼べますか」という質問が，幼児・児童に対して実施された。その結果，幼児や小学校2年生では語彙に関する特定の事例をイメージして，前者の質問に対して島と判断する場合が多かったが，小学校4年生になると，ほとんどの場合，語彙の本質的特徴にもとづいて，後者の質問に対して島と判断するようになった。こうした結果は，先の研究と同様に，4年生ごろに語の意味体系が確立することを示している。

二次的ことばの獲得は，**内言**（inner speech）の成立とも密接に関連する（3章参照）。二次的ことばは，不特定の一般他者に向けての言語であり，相手からの直接的なフィードバックが得られないため，子どもは自らの中に聞き手を想定し，その聞き手の立場から自己の発話を計画，調整して，話の文脈を構成していかなければならない。岡本（1995）は，一次的ことばにおける話し相手が自分の中に取り入れられるとともに，それが自己を分化させ，自分の中で話し合う，もうひとりの自分を形成していくのではないかとしている。このように二次的ことばの獲得にかかわる内言の成立は，他者との対話を起源とし，自己の内面への気づきとも関係する点で，児童期の社会性の発達ともかかわるであろう（6章参照）。

3 現実を超えた思考のはじまり（小学校高学年：11, 12歳）

小学校高学年（11, 12歳）は，ピアジェの発達理論では，**形式的操作**のはじまりの時期にあたる（Piaget, 1970）。具体的操作期における論理的思考の対象が現実に存在する事象に限られていたのに対して，**形式的操作期**（11歳～）に入ると，現実を可能性のうちのひとつととらえた上で，潜在的な可能性を考慮し，仮定にもとづいた論理的思考（形式的操作）を行えるようになる。

（1） 仮定にもとづく推理や潜在的な可能性の推測

たとえば，目の前にある3本の棒を順番に並べること（系列化）は具体的操作期に入った7歳の児童にも可能であるが，「エディスはスザンヌよりも髪の色が明るい。エディスはリリーよりも髪の色が濃い。では，3人のうちで誰の髪の色が一番明るいでしょう」といった，**仮定にもとづく推理**は，形式的操作期に入って適切に行えるようになる（Piaget, 1952）。

形式的操作を必要とする課題として，イネルデとピアジェ（Inhelder, B., & Piaget, J., 1955）は，組み合わせや比例，要因発見などに関する課題を考案した。組み合わせの課題の一例として，「化学薬品の混合の問題」を考えてみよう。

これは，図5-4のように，4種類の液体の**組み合わせについての推理**を測る課題である。1, 2, 3, 4は無色無臭の液体であり，子どもには区別がつかない。まず1と3の混合液と液体2にそれぞれ試薬gを加え，前者のみ色が黄色に変わることを観察させる。次に1～4の液体と試薬gを使って，どのような組み合わせの場合に色が黄色に変わるかを考えさせる。具体的操作期に対応する児童は，1とg, 2とgなど，組み合わせの一部を考えるにすぎず，色が変わる組み合わせを偶然発見しても，それ以外の可能性を考えようとしない。それに対して，形式的操作期に入った12歳の児童は，（1, 2, 3, 4の液体を1つ，2つ，3つ，または4つ用いる）15の組み合わせをすべて考慮し，色が変わるかどうかを系統的に調べることができた。また，「もし4が水だとす

図5-4 化学薬品の混合の問題
（出所） Inhelder & Piaget, 1955

れば，1と3の混合液に4を加えても黄色は変わらないだろう。（でも黄色が消えたので）4は水ではない」のように，自分自身で仮説を生成し，それにもとづく推理を行うこともできた。

比例の理解に関しては，たとえば，天秤の左右のいずれかの位置に重さの異なる重りをつるしてつりあわせる課題が実施された。具体的操作期の第二段階（9，10歳）では，「重りが重いほど支点に近づけるとつりあう」のように，重さの変化の方向性と支点からの距離の変化の方向性とを対応づける推理（定性的な対応づけ）を行うにとどまっていた。それに対して，形式的操作期（11，12歳〜）になると，「支点からの距離の比が1：1/4のときには，重りを1：4にすればつりあう」のように，支点からの距離の比と重さの比とを量的に関連づける推理（定量的な推理）が出現することが示された。

以上のように，ピアジェは，形式的操作期にあたる11，12歳以降では，仮説にもとづく推理，組み合わせや比例に関する推理などの形式的操作が全般的に可能になること（思考の**領域一般性**）を主張した。この主張に対しては，比例概念の中でも，天秤，写影，確率などの内容によって理解の成立時期に差があるといった**領域固有性**に関する主張（Siegler, 1981）や，形式的操作の出現に

は文化的背景により差があるといった批判がなされてきた。形式的操作をピアジェが示したように理数的な内容に限定するとその成立時期に領域による差もみられるであろう。一方で，比例的なものの考え方，何らかの仮定を含んだ推論のように形式的操作の解釈を拡大してとらえれば，それが11，12歳以後に実現される領域は個人の知識や関心，生活圏の文化などによって異なると考えることもできるだろう。

(2) 言語による論理的思考の展開とメタ認知の発達

　形式的操作期に対応する年齢になると，言語を用いた**論理的思考**もさまざまな分野で展開されるようになる。たとえば，新版K式発達検査2001における「反対語」や「閉ざされた箱」などは，11，12歳で通過率が50％を超える課題である（新版K式発達検査研究会，2008）。

　「反対語」の課題では，「暖かい―涼しい」「高い―安い」「南―北」「甘い―辛い」「嬉しい―悲しい」といった反対語を口頭で示し，「この二つの言葉は互いに反対の意味があります。しかし，どこか似たところもあります。その似たところを言ってください」と質問がなされる。これらの課題に対しては，気温，価格，方角などをそれぞれ答えられると正答になる（5課題中4課題が正答という基準での50％通過推定年齢は，11歳11カ月であった）。この結果は，反対語の関係をとらえた上で，それを包括する共通次元を見つけるという抽象的思考が高学年になると幅広く可能になることを示している。

　また，「閉ざされた箱」の課題では，大きな箱の中に小さな箱が<u>2つ</u>，その小さな箱の中にもっと小さな箱が<u>1つ</u>ずつ入っているときに箱は全部でいくつあるかが問われる（下線部の数値を変えた課題が合計4課題，実施される）。この場合の正答は5個であり，4課題中3課題が正答という基準での50％通過推定年齢は，12歳2カ月であった。このように高学年になると，ことばをもとに表象を操作し，再帰的思考（入れ子構造の理解）などの高度な抽象的思考も行えるようになる。

　小学校中学年から高学年にかけての言語の側面の変化は，**文章理解**のモニタ

リングといったメタ認知の側面にもみられる。マークマン (Markman, E. M., 1979) は，小学校3年生（8歳）と6年生（12歳）に矛盾を含む説明文を提示し，その矛盾に気づくかどうかを検討した。たとえば魚に関する文章では，「海底にはまったく光がない。海底に住む魚の中には色で食物かどうかがわかるものがいる。その魚は赤いコケだけを食べるだろう」という文章が示され，「説明文にはおかしいところやわからないところがあるので，どこに問題があるかを知らせてほしい」という質問がなされた。これに対して，3年生はほとんど矛盾を指摘できなかったが，6年生では多数の児童が矛盾を指摘できた。このことは，小学校高学年になると自分自身で意味表象を構成しながらモニタリングを行えるようになることや，「おかしいところを知らせてほしい」といった教示にみられるような，他者に意図を伝えるという相互作用的な状況の設定が，モニタリングを促進することを示している。

4　児童期における発達と教育のかかわり

(1)　「9歳の壁」と学力の問題

　小学校では，学年の進行とともに授業についていけない子どもの数が増加することが報告されている（黒田・香川，1992など）。とくに小学校中学年（9, 10歳）ごろに学力の個人差が拡大し，その学年に期待される学力を形成できていない子どもの数が増加する現象は，教育現場で「**9歳の壁**」と呼ばれてきた。

　「9歳の壁」に関する指摘がはじめてなされたのは，**聴覚障害児**に対する教育の分野である。1960年代の半ばに，知的能力の面では障害のない聴覚障害児が，ことばによる抽象的思考を要する内容を多く含む小学校中学年以上の教材に困難を示すことが「9歳レベルの峠」として表現され，その困難を克服させる指導の必要性が主張された（岡本，1987）。1970年代後半には，障害のない小学生でも中学年でつまずきが増加することが教育現場で指摘され，広く子どもの学力全般の問題をさして「9歳の壁」と表現されるようになった。

　図5-5は，国立教育研究所（現，国立教育政策研究所）が1982年に小学校1

5章　児童期①：思考の深まり

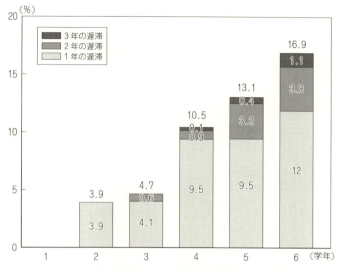

図5-5　各学年における算数の学習遅滞児の割合
(出所)　天野・黒須, 1992

〜6年生約5,000名を対象として実施した国語・算数の学力調査のうち，各学年における算数の**学習遅滞児**の割合を示している（天野・黒須, 1992）。この調査では，各学年で期待される国語と算数の学力を反映するように作成されたテストが全対象児に対して実施され，ある児童の得点が1学年下の児童の平均得点を下回ったときに1年遅滞した状態，2学年下の児童の平均得点を下回ったときに2年遅滞した状態とされた。図5-5にみられるように，とくに3年生（9歳）から4年生（10歳）にかけて学習遅滞児の増加が顕著であり，3年生以降の学習内容が定着していない場合が多いことがうかがえる。

　国際教育到達度評価学会（IEA）によって4年おきに実施されている**算数・理科学力の国際比較調査**（**TIMSS**）では，日本の小学校4年生（10歳）は国際的に上位に位置してきている（2015年調査では，算数が49の国または地域のうち5位，理科が47の国または地域のうち3位）。しかしながら，問題別に分析を行うと，学校で直接学習する計算や，解法がひとつに定まる文章題の解決のような手続き的知識やスキルを適用した**定型問題**（解き方などがひとつに定まる問

101

題）の解決（できる学力）に関する水準は国際平均よりも高い一方で，**概念的理解**や**因果的説明**（因果関係や根拠の説明）を必要とする**非定型問題**（多様な考えが可能な問題）の解決（わかる学力）の水準は国際平均レベルにとどまることが多い（藤村，2012など）。たとえば，2011年理科調査で，かさ（体積）の大きいものから順に並べられた発泡スチロール，レンガ，リンゴの絵を見て，「かさが大きいものほど重い」という考えに同意するかどうかを選択し，その理由を説明する課題（正答例は，「いいえ」を選択し「大玉ころがしでつかう大玉よりも鉄球がおもいように，小さくても中がつまっていたり，金ぞくであればおもいから」のように記述する解答）に対する日本の子どもの正答率は45％（国際平均は42％）である一方，台湾，オーストリア，フィンランドのように正答率が7割前後の国や地域もみられた（国立教育政策研究所，2013）。体積，質量，密度を区別して判断し，日常的事象などに関連づけて説明する概念的理解の不十分さが示唆される。日本の子どもの概念的理解や因果的説明の不十分さ（「わかる学力」の相対的な低さ）は，2000年以降の TIMSS や **PISA**（OECD による「生徒の学習到達度調査」）にみられる国際比較調査や，2007年以降に日本国内で実施されている**全国学力・学習状況調査**（とくに学校で学習した知識や技能の活用を問うB問題）の分析を行った場合にも一貫してみられる傾向である。

「9歳の壁」をめぐっては，ひとつに教育内容上の問題ととらえる立場がある（岡本，1987）。小学校中学年以降の教科内容をみると，国語では，ことばの内容や意味を別のことばで説明するような「ことばのことば化」が，算数では，分数や比例のように2つの記号（数）の間の関係を別の記号（数）として表現するような「記号の記号化」が含まれており，それらの教科内容の抽象化が理解の不十分さをもたらしているとも考えられる。一方で，「9歳の壁」を発達論の枠組みでとらえる立場もみられる（加藤ほか，1978）。2節で紹介した，10歳ごろを発達の質的転換期と考え，その特徴を具体的事象の概念化として説明する研究（長島・寺田，1977）も，その立場に立っている。9，10歳ごろの子どもに発達的に可能になってくる具体的事象の概念化を豊かに展開させる契機として小学校中学年の教育内容や教育方法のあり方を考えるといった，上記

の2つの立場を統合した，発達と教育に関する相互作用的なアプローチが，一人ひとりの子どもの概念的理解や因果的説明を高めるために必要であろう。

（2） 発達の質的変化のメカニズム

　9，10歳の年齢段階は，ピアジェの**発生的認識論**（Piaget, 1970）では，具体的操作の第二段階にあたり（2節参照），空間の構造化や重さの保存が可能になるなど，7，8歳ごろにはじまる，具体的事象に関する**論理的思考**が，具体的操作という枠組みの範囲内で最大限に発達する。一方で，この年齢段階の思考は，次段階の形式的操作の内容である，仮定にもとづく推理や組み合わせや比例の定量的理解（3節参照）には至らない。この点から，小学校中学年（9，10歳）を，既有の認知的枠組みが充実すると同時にその限界が認識される移行期ととらえることができる。ピアジェの理論によれば，その限界の認識は，問題を解決したいが現在の枠組みでは解決できないアンバランスな状態（**認知的不均衡**）を内的に生じさせ，その結果，11，12歳以降に新たな均衡状態である形式的操作に至るとされている。

　発達の質的変化に関して，**概念変化**（conceptual change）に関する初期の研究は，おもに理科教育の分野において，上記の均衡化の理論を背景に，子どもが行う予測と実験・観察の結果との矛盾を認識させ，認知的葛藤を生じさせることで子どものもつ概念（日常経験を通して形成された**素朴概念**）の質的変化を促そうとした（Posner et al., 1982など）。しかしながら，そのアプローチではかならずしも子どもの概念変化につながらないことが，その後の研究で指摘されている（Smith et al., 1993；Siegler, 1996など）。

　それに対して，子どものもつ考えの肯定的な側面に着目することで概念の質的変化を促そうとする研究も2000年以降に現れている（Clement, 2013など）。この考え方は発達の質的変化のメカニズムの解明にも応用可能である。すなわち，具体的操作期の第二段階に対応する小学校中学年でも，領域や場面を限定すれば比例に関する推理や，単位あたりへの着目は部分的に可能であり（藤村，1995；Singer et al., 1997），**形式的操作**の萌芽（先駆的要素）は小学校中学年の

コラム　子どもは商品の値段のしくみをどのように推測するか？

　子どもは商品の値段のしくみについて，どのように考えているのだろうか。

　商品の値段に関する事柄を需要や供給とのかかわりで学習するのは中学校の社会科であるが，それ以前に商品の購買などの日常経験を通じて，子どもなりの考えが発達してきていると考えられる。最近の認知発達研究では，身近な生き物，人の心，物の運動などについて，子ども自身が日常経験をもとに一貫した思考の枠組み（**素朴理論**）を各領域で形成してきていることが明らかにされてきている。商品の値段など経済にかかわる事柄についても，子ども自身が日常経験や関連する知識をもとに因果関係を推理できるのではないだろうか。

　そこで，藤村（2002）では，小学校4年生から6年生を対象に個別インタビューを実施した。たとえば，5月のイチゴは1パック300円，12月のイチゴは1パック600円で値段が違うのはどうしてかを絵カードを使って質問した。また，因果関係の推理を詳細に明らかにするために，たとえば，「12月はあまりとれないから高い」と答えた子どもには，「どうしてあまりとれないと高くなるのか」を質問した。

　表5-1は，子どもの回答に多くみられた推理をルールとして取り出し，それらが用いられた割合（適用率）を学年ごとに示したものである。小学校中学年（4年生）から，買い手の要因（利用価値や需要）だけでなく，売り手の要因（供給量）にも着目できること，また，高学年になるにつれて，売り手側の媒介要因（コストや利益）を組み込んだ2段階のルールが増加し（推理の系列化），全体として用いられるルール数も増加すること（推理の多様化）が明らかになった。日常的な事象に関して，絵カードや補足質問を手がかりにして，経済の本質に迫る推理が小学生にも可能であり，さらに小学校中学年から高学年にかけて，その推理が高度になっていくことがうかがえる。

表5-1　イチゴ課題における推理の発達的変化（各ルールの適用率：％）

ルール名	ルールの特徴	4年生	5年生	6年生
1. 需要	クリスマスでケーキに使う→高い	36	21	25
2. 供給	あまりとれない→高い	44	42	38
3. 供給＋価値	あまりとれない→珍しい→高い	4	21	13
4. 供給＋コスト	あまりとれない→手間がかかる→高い	16	6 ＜ 33
5. 供給＋利益	あまりとれない→安いと儲からない→高くする	4	12 ＜ 42
6. 品質（無関連）	おいしい→高い	24	21	21
7. その他		4	9	21
平均適用ルール数		1.32	1.33 ＜ 1.92

（注）＜は，学年間の差が統計的に有意であることを示している。

認知的枠組みの中に生成されていると考えられる。また，それらの先駆的要素を組み込んだ活動（具体物やモデルを用いた予測や操作）に小学校4年生に取り組ませることで先駆的要素の意識化や般化（generalization）が進み，形式的操作に対応する単位あたり量（**内包量**）概念の理解が促進されることも示されている（藤村，1992；Fujimura, 2001）。9，10歳の年齢段階に最高水準に達する**具体的操作**の中に形式的操作の先駆的要素を見出し，それをベースとして子ども自身に自らの知識構造を精緻化・再構造化させていくことを通じて具体的操作の限界を自ら乗り越えさせていくことにより，この年齢段階に顕在化する諸概念の理解の難しさを克服できるのではないかと考えられる。実際に小学校5年生の算数の授業では，「倍」や「半分」に依拠した推理といった先駆的要素を用いながら各児童が個別に課題を解決し，その課題に対する多様な解法の差異や共通点をクラス全体で話し合うことを通じて多様な知識が関連づけられ，各児童の内包量の概念的理解が促進されることが示されている（藤村・太田，2002）。そして，そのようなメカニズムに依拠して概念的理解や因果的説明を高める学習が「**協同的探究学習**」として一般化され，成果が示されてきている（藤村，2012；藤村ほか，2018）。

（3） 教育による発達の促進可能性

　教育による発達の促進可能性を考える上で重要な概念のひとつに，ヴィゴツキー（Vygotsky, L. S.）が提起した**最近接発達領域**（zone of proximal development）の概念がある（Vygotsky, 1934）（12章参照）。ヴィゴツキーによれば，子どもの発達には，独力でやり遂げることのできる現下の発達水準と，おとなや仲間が，教示，誘導質問，解答のヒントなどを与えることを通じて**協同**で達成できる潜在的発達可能水準があり，それらの水準の間にある領域が最近接発達領域である。教育によって子どもの最近接発達領域に働きかけることにより，協同で達成可能な発達可能水準は，次の時点では独力で遂行可能な水準になる。

　この概念は，児童期の発達に関して仲間や教師の果たす一定の役割を明確にしている点で重要である。一方で，その主張を，教育場面での他者との協同の

取り組みが個人の発達をどこまでも促進すると解釈することは妥当ではない。ヴィゴツキー自身が，2人の子どもの現下の発達水準が同じ場合でも最近接発達領域には差があると述べているように，発達が促進される幅には，年齢によっても，また同一年齢でも個人によって差があると考えられる。

一方で，仲間との協同に関しては，（2）で述べたように，多様な考えを互いに提供し（水平方向で）関連づけることで本質的特徴が見出され，概念的理解が高まるというプロセスも想定される。（2）では発達の質的変化のメカニズムに関して，次段階の先駆的要素が前段階において潜在的に生成してきていることを述べた。そのような潜在的・長期的に進行する各個人の発達のプロセスについても考慮することが，とくに多様な知識を関連づけることを通じた各個人の概念的理解や因果的説明の高まりを考える上では重要であろう。

〈サマリー〉

児童期における認知的側面の発達は，小学校低学年，中学年，高学年に区分してとらえることができる。小学校低学年では，具体的事象にかかわる論理的思考がはじまり，物事の見かけに左右されない思考ができるようになるとともに，一般的な他者を想定した言語を使いはじめる。小学校中学年になると論理的思考の範囲がさまざまな具体的事象に広がり，空間を構造的にとらえること，ことばを用いて具体的事象を概念化すること，思考過程を意識化することが可能になる。そして小学校高学年では，中学年までに発達させてきた，具体的事象にかかわる論理的思考をベースとして，現実を可能性のひとつとしてとらえるという，それまでとは質の異なる論理的思考がはじまる。それによって，仮定にもとづく推理，潜在的な要因や関係の推理，言語を用いた抽象的な思考，自分の思考過程のモニタリングと制御などが可能になる。

小学校の教育はそれぞれの時期の発達を豊かにするとともに，個別の探究過程や他者との協同過程を通じて，発達主体としての子どもに質的変化の契機を与えるものとなることが望まれる。

〈もっと詳しく知りたい人のための文献紹介〉

子安増生(編) 2016 よくわかる認知発達とその支援[第2版] ミネルヴァ書房
⇨乳児期から老年期にかけての認知的側面の発達が100項目のキーワードで紹介されている。本章でふれた「メタ認知」や「最近接発達領域」、本章の内容に関係する「具体的操作」「形式的操作」「リテラシー」「ニュメラシー」などの概念についてもわかりやすく説明されている。

ピアジェ、J. 滝沢武久(訳) 1972 発生的認識論 白水社クセジュ文庫
⇨ピアジェ後期の著作で、それまでにピアジェが行った膨大な実験研究の結果が理論として集約されている。具体的操作期の特徴が第一段階と第二段階に区分して示されている点で、小学校低・中・高学年の特徴を把握するために役立つ。

〈文　献〉

天野清・黒須俊夫　1992　小学生の国語・算数の学力　秋山書店

Clement, J. J. 2013 Roles for explanatory models and analogies in conceptual change. In S. Vosniadou (Ed.), *International handbook of research on conceptual change*, 2nd edition. Routledge. pp. 412-446.

Freeman, N. H., & Janikoun, R. 1972 Intellectual realism in children's drawings of a familiar object with distinctive features. *Child Development*, **43**, 1116-1121.

藤村宣之　1992　児童の比例的推理に関する発達的研究　教育心理学研究, **40**, 276-286.

藤村宣之　1995　児童の比例的推理に関する発達的研究Ⅱ——定性推理と定量推理に関して　教育心理学研究, **43**, 315-325.

Fujimura, N. 2001 Facilitating children's proportional reasoning: A model of reasoning processes and effects of intervention on strategy change. *Journal of Educational Psychology*, **93**, 589-603.

藤村宣之　2002　児童の経済学的思考の発達——商品価格の決定因に関する推理　発達心理学研究, **13**, 20-29.

藤村宣之　2012　数学的・科学的リテラシーの心理学——子どもの学力はどう高まるか　有斐閣

藤村宣之・太田慶司　2002　算数授業は児童の方略をどのように変化させるか——数学的概念に関する方略変化のプロセス　教育心理学研究, **50**, 33-42.

藤村宣之・橘春菜・名古屋大学教育学部附属中・高等学校（編著）　2018　協同的探究学習で育む「わかる学力」──豊かな学びと育ちを支えるために　ミネルヴァ書房

生沢雅夫　1976　知能発達の基本構造　風間書房

Inhelder, B., & Piaget, J. 1955 *De la logique de l'enfant à la logique de l'adolescent.* Presses Universitaires de France. (A. Parsons & S. Milgram (Trans.) 1958 *The growth of logical thinking from childhood to adolescence.* Basic Books.)

加藤直樹　1987　少年期の壁をこえる──九，十歳の節を大切に　新日本出版社

加藤直樹・川崎広和・森原都　1978　9，10歳頃の発達と教育に関する研究　障害者問題研究, **14**, 22-34.

Keil, F. C., & Batterman, N. 1984 A characteristic-to-defining shift in the development of word meaning. *Journal of Verbal Learning and Verbal Behavior*, **23**, 221-236.

国立国語研究所　1982　幼児・児童の概念形成と言語　東京書籍

国立教育政策研究所（編）　2013　TIMSS2011 理科教育の国際比較──国際数学・理科教育動向調査の2011年調査報告書　明石書店

黒田直美・香川京子　1992　学習障害児と学業不振児　香川大学教育学部研究報告 II, **42**, 19-45.

Markman, E. M. 1979 Realizing that you don't understand: Elementary school children's awareness of inconsistencies. *Child Development*, **50**, 643-655.

長島瑞穂・寺田ひろ子　1977　子どもの発達段階　秋葉英則ほか　小・中学生の発達と教育　創元社　pp. 37-122.

岡本夏木　1985　ことばと発達　岩波書店

岡本夏木　1987　9歳の峠　東洋ほか（編）　教育の方法2　学ぶことと子どもの発達　岩波書店

岡本夏木　1995　小学生になる前後［新版］　岩波書店

Piaget, J. 1952 *La psychologie de l'intelligence.* Librairie Armand Colin.（波多野完治・滝沢武久（訳）　1967　知能の心理学　みすず書房）

Piaget, J. 1970 *L'épistémologie génétique.* Presses Universitaires de France.（滝沢武久（訳）　1972　発生的認識論　白水社）

Piaget, J., & Inhelder, B. 1948 *La representation de l'espace chez l'enfant.* Presses Universitaires de France. (F. J. Langdon & J. L. Lunzer (Trans.) 1956 *The child's conception of space.* Routledge & Kegan Paul.)

Piaget, J., & Szeminska, A. 1941 *La genèse du nombre chez l'enfant.* Delachaux et Niestlé.（遠山啓・銀林浩・滝沢武久（訳） 1962 数の発達心理学 国土社）

Posner, G. J., Strike, K. A., Hewson, P. W., & Gertzog, W. A. 1982 Accommodation of a scientific conception: Towards a theory of conceptual change. *Science Education*, **66**, 211-227.

新版K式発達検査研究会 2008 新版K式発達検査法2001年版標準化資料と実施法 ナカニシヤ出版

Siegler, R. S. 1981 Developmental sequences within and between concepts. *Monographs of the Society for Research in Child Development*, **189**.

Siegler, R. S. 1987 The perils of averaging data over strategies: An example from children's addition. *Journal of Experimental Psychology: General*, **116**, 250-264.

Siegler, R. S. 1996 *Emerging minds: The processes of change in children's thinking.* Oxford University Press.

Singer, J. A., Kohn, A. S., & Resnick, L. B. 1997 Knowing about proportions in different contexts. In T. Nunes & P. Bryant (Eds.), *Learning and teaching mathematics: An international perspective.* Psychology Press. pp. 115-132.

Smith, J. P., diSessa, A. A., & Roschelle, J. 1993 Misconceptions reconceived: A constructivist analysis of knowledge in transition. *The Journal of the Learning Sciences*, **3**, 115-163.

菅沼嘉弘 1991 中学年の発達と美的能力の獲得 美術教育を進める会（編） 人格の形成と美術教育2 小学生の美術教育 あゆみ出版 pp. 83-96.

上野直樹・塚野弘明・横山信文 1986 変形に意味のある文脈における幼児の数の保存概念 教育心理学研究, **34**, 94-103.

内田伸子 1990 子どもの文章——書くこと・考えること 東京大学出版会

Vygotsky, L. S. 1934 Мышление и Речь （柴田義松（訳） 2001 新訳版 思考と言語 新読書社）

6章　児童期②：集団の中で育まれる社会性

- 友だちとの関係はどのように変化していくのか？
- 集団生活の中で何を学んでいくのか？

清水由紀

　子どもは，義務教育の開始とともに，家庭や幼稚園・保育所・認定こども園から学校への大きな環境の変化を経験します。集団生活が開始し，社会的なきまりを習得することが求められるようになります。また，大人とのタテの関係に加えて，仲間とのヨコの関係が急速に広がっていきます。子どもは，学校での集団の中で何を学んでいくのでしょうか？　友だちとの関係はどのように変化していくのでしょうか？

　集団の中で仲間とともに過ごすことは，子どもにさまざまな影響を及ぼします。この章では，まず児童期に子どもが集団生活の中で，自己概念や友人関係をどのように発達させていくのかを見ていきます。そして，他者の立場に立って物事を考えられるようになる過程や，集団の中で次第に道徳性や向社会的行動などの社会性が育まれていく過程について追っていきます。

1　集団生活のはじまりと自己概念の発達

（1）環境移行と学校文化への適応

　子どもは小学校入学時に，**環境移行**（environmental transition）を経験する。環境移行とは，人生の節目となるような大きな環境の変化のことをいう。人が実際に経験する環境移行には，自分自身の事故や身内の死など突発的に起こるものもあれば，入学や就職など社会的にあらかじめ組み込まれているものもあ

る。このうち，家庭や幼稚園・保育所・認定こども園から小学校への移行は，後者に含まれる。そのため，いかに環境移行を子どもにとってスムーズにするかということは，教育において大きな課題となる。

　環境移行に伴って子どもが経験する変化は，大人が想像する以上に大きい。学校の校舎，通学路，そして新しい担任の教師やクラスの仲間。「もう小学生なんだから」という周囲の大人たちからの期待。幼稚園や保育所・認定こども園では活動の時間や場所は自分で決めることが多かったけれど，小学校では時間割や座席によって時間的・空間的な区切りがあらかじめ決められている。仲間との共同作業には，授業や行事などに組み込まれた目的を持った集団活動が加わってくる。集団活動にはルールが伴ってくるため，さまざまな社会的ルールにも適応していかなければならない。すなわち，子どもは義務教育の開始とともに，属する文化の価値観を反映した**学校文化**という新しい社会的文脈の中で，ある一定のやり方で学習すること，社会的にやりとりすることが望まれるようになるのである。

（2）　社会的比較と自己概念

　集団生活を経験する中で，子どもの**自己概念**は大きく変化する。幼児期には，自身を身体的な属性（e.g.,「青い目を持っている」），身体的能力（e.g.,「速く走ることができる」），社会的関係（e.g.,「太郎という弟がいる」）など，具体的で目に見える特徴によってとらえる（Damon & Hart, 1988；Harter, 1999）。加えて幼児は，自己評価が非現実的にポジティブであり，自分がなりたいと思っている姿に非常に近いと思う傾向がある。

　しかし，児童期が進むにつれ，集団の中で**社会的比較**，すなわち自己を類似した他者と比較することにより，次第に自己概念は現実的で複雑になっていく。たとえば，テストの得点のような客観的な基準に基づいて，他者と自身を比較するようになる（Ruble & Flett, 1988）。その過程で，たとえば，自分は級友よりも走るのが速いけれど算数の計算は苦手な方だ，というように，ある側面で自分よりも優れていたり劣っていたりする他者がいること，努力をしてもかな

わないことがあることなどを知っていく。そして他者よりも低い評価を受けたり，他者からネガティブに見られたりすることにより，**劣等感**を持ち自尊心が低くなることがある。また児童期の終わりには，自己の行動特徴を統合し，高次の人物表象としての自己概念を持つようになる。たとえば，「人気のある」ことを「他の人にやさしい」「運動神経がいい」のようないくつかの行動に関連づけることができるようになる。

(3) 内集団への同化

　児童期における自己概念の発達のもうひとつの特徴は，次第に仲間との関係性の観点から自己を評価するようになることである。児童期中期ごろになると，同性の3〜9人ほどのメンバーからなる仲間集団を自発的に形成するようになる（e.g., Chen et al., 2003）。そして11歳ごろまでに，閉鎖的な仲間集団の中で多くの時間を過ごすようになる（Rubin et al., 2006）。集団の一員でありその仲間から受け入れられていると思えることは，子どもにとってポジティブな自己概念を形成し自尊心を維持するために非常に重要となる（Bennett & Sani, 2008）。そのため子どもは，自分が所属している**内集団**（in-group）のメンバーと自己を同化するようになる。たとえば，向社会的行動であれ反社会的行動であれ，内集団のメンバーの行動を真似することを好む（Wilks et al., 2018）。また，所属する集団の外の**外集団**（out-group）のメンバーよりも内集団のメンバーの方がよりよい特性を持っていると思ったり，外集団のメンバーを嫌うなどの態度を見せたりする（Nesdale, 2013）。一方で，児童期において仲間集団から排斥された経験を持つ子どもは，高い不安を示し，自尊心が低下し，反社会的行動を示すことがある。

　しかし児童期終わりころまでに子どもは，社会には多くの集団が存在し，それぞれが独自の考えや態度を持っており，自分の属する内集団はそれらのうちのひとつにすぎないことに次第に気づくようになる。そして青年期になると，内集団の考えと自身の考えを同化させるのではなく，重要な判断は自らの考えで行う必要があることを理解するようになる。

このように，子どもは集団生活を経験し，自分と似た他者と自分を比べたり深いつながりを持つことにより，客観的に自身を見つめ，「自分とは何者か」というアイデンティティの核を形づくっていくのである。

（4） 自尊心を高める周囲のサポートとは

自尊心とは，自分自身について誇りを感じたり価値ある存在だと思ったりするなどの，ポジティブな自己評価をさす（Rosenberg, 1965）。自尊心は，他者が自分をどう評価するかということと直接的に関連する。そのため周囲の大人は，褒めことばを頻繁に伝えることにより，子どもの自尊心を高めようとするかもしれない。しかし，とくに児童期後期において，低い自尊心を持つ子どもに対して「あなたは本当はすごいのよ！」というような大げさな誉めことばを投げかけ続けると，その子どもの自尊心がより低くなる可能性があることが報告されている（Eddie & Sander, 2017）。

それでは私たちは，自尊心が低下した子どもにどのようなサポートをすればよいのであろうか。近年の研究は，直接的な褒めことばよりも，子どもと温かい関係を築くなどの間接的なサポートが有効であることを示している。たとえばハリスら（Harris, M. A. et al., 2017）は，5〜13歳の子どもと親の相互作用を縦断的に観察し，とくにネガティブな情動について親が因果的に意味づけること（例「親友があなたと遊びたがらなかったから，傷ついたんだね」）が親との安定した愛着関係を促進し，その結果として子どもの自尊心が高まることを報告している。子どもが自分の経験した出来事を客観的にとらえることを助けたり，周囲から理解されているという感覚を抱かせたりすることが，低い自尊心を持つ子どもにとって重要なサポートとなる。

2　友人関係のひろがり

（1）　友人関係の持つ機能

児童期になると，大人とのタテの関係に加えて，仲間とのヨコの関係が急速

に拡大していく。仲間とのヨコの関係は，子どもの認知発達や**社会的スキル**の発達にとって重要な役割を果たす。ピアジェ（Piaget, J., 1932/1965）によると，子どもは大人によるルールは「罰せられたくないから」という理由で受け入れるのに対し，対等な関係である仲間とは，自発的に互いの意見を批判しあったり，理解しあったりすることによりルールを獲得していく。またヴィゴツキー（Vygotsky, L., 1978）は，仲間との**協同**（cooperation）の重要性を挙げている。子どもは仲間と一緒に同じ作業をすることにより，文化によって価値づけられた知識やスキルを獲得していくのである。

友人関係は，児童期の子どもの情動面での支えとなる（Sullivan, 1953）。とくに児童期後期から青年期初期にかけて形成する，同性の友人との親密な関係は，子どもの幸福感（well-being）を増大させる。実際に，親密な友人を持つ子どもは，そうでない子どもよりも孤独を感じにくい（Parker & Asher, 1993）。そして児童期後期から青年期の始まりにかけて，次第に友人は親よりも「相談相手」として選ばれやすくなり，**重要な他者**（significant other）となっていく（8章参照）。

（2） 友人関係の変化

児童期の友人関係は，幼児期までの関係とどのように異なるのだろうか。まず友人となるきっかけが変化する。幼児期においては，「近接性」がもっとも重要な要因であり，家が近いなど物理的に近接している仲間と友人になりやすい。近接性は，児童期初期においても友人選択の一要因であるが，加齢に伴い次第にその重要性が小さくなっていく（e.g., Clarke-McLean, 1996）。そして代わりに，同性であることや，興味や行動が類似していることが重要となってくる。とくに児童期中期には，遊び，勉強への動機づけ，協調性や内気さなどの特性，クラスでの人気度などにおいて類似している人と友人になりやすい（e.g., Rubin et al., 2015）。

友情の理解の仕方も，児童期において大きく変化する。セルマン（Selman, R. L., 1981）は，子どもの友情理解は**視点取得**（対象を他者の視点に立って見る

6章　児童期②：集団の中で育まれる社会性

表6-1　子どもの友情理解と視点取得能力

段　　階	友 情 理 解 の 内 容
ステージ0（約3〜7歳）	一時的で物理的な遊び仲間。友人とは近くにいて，そのとき一緒に遊んでいる人である。感情的な葛藤よりもむしろ，遊びの中でのおもちゃや空間の取り合いによって，嫉妬や他者の侵入が起きたりする。
ステージ1（約4〜9歳）	一方向の援助。自分がやりたいことを完遂するのを助けてくれるのが友だちである。そのとき友だちは規範的な行動をとらなければならない。
ステージ2（約6〜12歳）	都合の良いときだけの協同。互恵性に気づくようになる。互いの好みによって調整する，二方向の友人関係。しかしその関係は一時的なものである。
ステージ3（約9〜15歳）	親密で相互に共有した関係。関係の継続性と情動的な結びつきが現れる。友人とは個人的な問題を共有する。友人との葛藤が起きてもそれは関係への疑いを意味しない。しかし二者の関係を強調しすぎたり独占欲が見られたりする。
ステージ4（約12歳〜成人）	自立した相互依存的関係。相手の独立と依存の感情を統合しながら友情は継続し発展していく。独立とは，互いに他の人との関係も形成したいという要求を受け入れることを意味する。依存とは，自分らしさの感覚を得るため，互いに心理的に援助することを意味する。

（出所）　Selman, 1981

こと）の能力と関連するとし，表6-1のような5段階のモデルを提唱している。児童期を通じて，ステージ0・1の自分の欲求を満たしてくれる存在であるという一方向的な見方から，ステージ2・3の互いの欲求を調整する互恵的な見方へと，友人関係のとらえ方が変化していく。そして児童期の終わりまでに「親友」ができるようになり，より深い友人関係を形成するようになる。

（3）インターネットと友人関係

今日の若者はしばしば「デジタルネイティブ」と称されるが，実際にインターネットの使用は，小学生においてすでに一般的になっている。内閣府の調査によると，小学4〜6年生におけるスマートフォン・携帯電話の所有率は55.5%であり，パソコンやゲーム機を含むインターネット接続機器を利用している子どもの割合は86.3%である（内閣府，2018）。ただし，インターネットへの依存傾向は，小学生ではまだそれほど高くない。

近年，インターネットの使用と孤独感の関係について，活発に議論されている。たとえば，インターネットの頻繁な利用は，直接的なコミュニケーションを避け，表面的なインターネット上のみの関係を形成することを促すため，孤独感を増加させる可能性が指摘されている（Turkle, 2012）。ただしこの傾向は青年期以降に限られるようだ。児童期の子どもは，新しい友だちを開拓するためではなく，すでに友人関係にある相手とやりとりするためにオンラインのコミュニケーションをとりやすい。そのため，インターネットの使用と孤独感の関連は，この時期には見られにくい（Nowland et al., 2018）。

　一方で，ネット利用が多い子どもほど，オンライン上やSNS上でのネットいじめ（cyberbullying）に遭うリスクが高まることがわかっている（Juvonen & Gross, 2008）。昨今，多くのネットいじめが学校の外で起こることを考えると，大人の目の届かないところで友人関係がこじれ，それを子どもが一人で抱え込むケースがあることに留意する必要がある。

3　コミュニケーションを支える他者理解の発達

(1)　パーソナリティの理解

　「意地悪」「親切」「うそつき」「積極的」「神経質」などのパーソナリティ特性は，場面や状況を超えて安定・一貫した行動や心的な属性を表している。このような「その人らしさ」を理解することは，他者のさまざまな行動の原因についての一貫した説明をしたり，未来の行動を予測したりすることを可能にするため，安定した対人的コミュニケーションにおいて役立つ。

　リバスリーとブロムリー（Livesley, W. J., & Bromley, D. B., 1973）は，7〜15歳の子ども320人を対象に，被験者自身や好きな他児，嫌いな他児などについて，「どのような人ですか」という質問を行い，自由に記述してもらった。その結果，たとえば次のような記述が得られた。

　　　　この女の子は，私と同じ学年ではなく，私と同じ地区に住んでいるだけ

です。彼女はとてもおとなしくて，よく知っている人にだけしか話をしません。彼女はとても控えめですが，いったん知り合いになると，彼女はその正反対の性格です。彼女が授業を休むことはめったにありません。私たちみんなの気持ちがふらつくことがあっても，彼女の気持ちは絶対にそうなることはないでしょう。私が彼女のことで感心することのひとつは，彼女はとてもきれい好きだということです。（女子，14歳1カ月）

リバスリーらは，このように得られた記述のうち，たとえば「おとなしい」「きれい好き」などのパーソナリティ特性語がどれくらいの割合を占めるかを調べた。その結果，8歳以下の子どもは約4％にとどまっていたのに対し，9歳から15歳にかけて10％から15％へと増加することが示された。他者の行動を説明するときに，表面的な特徴ではなく，より安定したパーソナリティの観点から考えるようになるのである。

我々大人はしばしば，他者とのコミュニケーションの中で，このようなパーソナリティ特性の推論を，意図せず瞬時に行っている（e.g., Shimizu et al., 2017）。このような**自発的特性推論**は，児童期後期までに発達する。たとえば5年生の児童は，他者の行動を短時間見ただけで，「この人はどんな人だと思う？」などの質問をされなくても，自発的かつ瞬時に特性推論を行う（Shimizu, 2012）。このような他者についての自動的な認知は，集団の中での複雑な対人関係に対応するための基盤となる。

（2） 表出ルールの理解

嘘の発達は，社会性の発達と大きくかかわっている。子どもは4・5歳から，意図的に嘘をつけるようになる（Talwar & Crossman, 2012）。これは，心の理論がこのころに発達することによる（3章参照）。児童期にはさらに，他者の心の理解が深まるにつれて，状況に応じた，いわゆる「空気を読んだ嘘」をつけるようになる。たとえば，相手から気の進まないことを頼まれたときや，好きではないプレゼントをもらったときに，不満や落胆の感情を外に出さないよ

うに表情をコントロールする。なぜなら，相手から怒られるという状況を回避したり，相手の気分を害さないようにして相手との関係を良好に保ちたいからである。このように，他者の感情を推測して自分自身の感情の表出や行動をコントロールすることを，**表出ルール**（display rule）という。

このような「空気を読んだ嘘」をつくことは，ときには他者との関係維持のために必要とされる。子どもはいつから表出ルールを用いることができるのだろうか。コール（Cole, P. M., 1986）は，3・4歳児，小学1年生，3年生の子どもに作業をしてもらった後，期待はずれのがっかりするようなプレゼントを渡し，子どもが包みを開けるときにどんな表情をするかを観察することにより，表出ルールの使用の発達を検討した。その結果，どの年齢においても，子どもが部屋に一人だけいる状況ではがっかりした表情をしたが，プレゼントの贈り主が目の前にいる場合は，表情をコントロールしてポジティブな表情を示した。つまり，3・4歳児でも，他者の目を気にして表出ルールを使用したのである。

では他者の表出ルールの使用は，いつから理解できるのだろうか。ネップら（Gnepp, J., & Hess, D. L. R., 1986）は，相手の気持ちを害さないという向社会的動機による場合（例：嫌いなプレゼントをもらっても微笑む）と，相手からのネガティブな反応を回避する，自尊心を維持するという自己防衛的動機による場合（例：転んでも笑われないように微笑んでみせる）では，他者の表出ルールの使用の理解が異なるかどうかを調べた。小学1年生，3年生，5年生，高校1年生（10年生）を対象として，他者が向社会的動機によって表出ルールを使用する場面と，自己防衛的動機によって使用する場面を呈示し，「主人公は何て言ったと思う？」（言語質問），「どのような表情をしたと思う？」（表情質問）などと尋ねた。その結果，いずれの理解も1年生から5年生にかけて発達するが，向社会的動機による表出ルールの使用の方が早く理解されることが示された。そして5年生になると高校1年生と同じ程度理解できることが明らかになった（図6-1）。

相手のためにつく嘘は「ホワイト・ライ」と呼ばれるが，これは相手の気持ちを深く察する能力や，社会的慣習を理解する能力とともに発達していく。こ

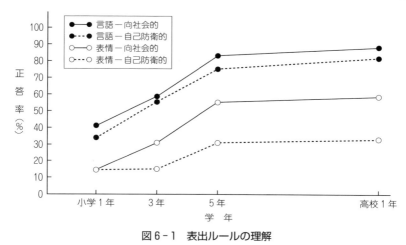

図6-1 表出ルールの理解
(出所) Gnepp & Hess, 1986（澤田, 2004より転載）

のように相手の立場に立ち相手の内面を推測することができるようになることは，仲間や友人との親密な関係を築き円滑な相互作用を行っていく基礎となる。

4 道徳性と思いやりの発達

(1) 道徳性の発達
①結果論から動機論への移行

　他者が「いい人」か「悪い人」か，という道徳的判断は，生後1・2年目の乳児期からその萌芽が見られるが（Hamlin et al., 2007；Shimizu et al., 2018），児童期において顕著に発達する。ピアジェは，**道徳性**の発達を，**他律から自律へ**という変化でとらえた。7・8歳までの子どもは，正義とは大人，ルール，法律などの「権威」から与えられるものであり，それと一致していれば「よいこと」，一致していなければ「悪いこと」と考える。そして行いがいいか悪いかは，動機や意図ではなく，行為の結果によって決まると考えている。たとえば，わざとではなく不注意だとしても，多くの数のコップを割ってしまったから悪い，というような結果論的な判断をする。その後11・12歳ごろまでに，

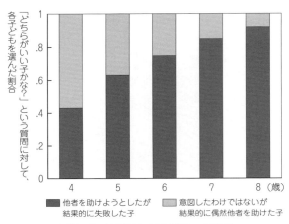

図 6-2 結果論から動機論への移行

(出所) Margoni & Surian, 2017

ルールとは社会的な相互作用や合意の上で生み出されるものだと理解し，公平や平等がルールを作る上でもっとも重要だと考えるようになる。そして大人による罰は必ずしも公正なものではないと考え，行いを評価する上で動機や意図を考慮する。たとえば，不注意で15個のコップを割ってしまった場合よりも，つまみ食いするために1個のコップを割ってしまった場合の方が悪い，というような動機論的判断をする。

しかし結果論から動機論への移行は，ピアジェが想定していたよりも発達的に早い段階で見られるようである。マルゴーニとスリアン（Margoni, F., & Surian, L. 2017）は，4歳から8歳の子どもに，「他者を助けようとしたが，結果的に失敗した子」と，「意図したわけではないが，結果的に偶然他者を助けた子」のどちらの方がいい子であるかを判断してもらった。その結果，前者の子どもの方が「いい子」であると判断した割合は，5歳児で半数以上にのぼり，7・8歳になると80％以上を占めた（図6-2）。また清水（2000，2005）は，動機と結果が不一致のときに，相手の反応などの目に見える明白な結果を無視して動機を考慮した道徳判断ができるようになるのは，小学2年生（7・8歳）ころであることを報告している（コラム参照）。これらのことから，幼児でも

コラム　年少の子どもは「結果主義」？

　「悪気はなかった」ということばがある。相手によかれと思ってしたことでも，結果的に相手にとってよくない結果になる。このようなときに，私たち大人は，行為者のことを「悪い人」だとは判断しない。行為の「動機」と「結果」を切り離して考えることができるからである。それでは，子どもがこのような場合に，相手のことを「いい人」と「悪い人」のどちらだと判断するのだろうか？

　この点について清水（2000, 2005）は，幼稚園の年少クラス（3～4歳）から小学2年生までの計152人の子どもを対象に，個別面接により調べた。まず2人の登場人物からなる次のような物語を提示した（図6-3参照）。

　1）動機呈示「まもるくんは，けいこちゃんのつくったシャボン玉を割ろうと思っています。どうしてかっていうと，けいこちゃんが『上手に割れたね』と喜ぶと思ったからです」　2）行動呈示「まもるくんは，けいこちゃんのつくったシャボン玉を割りました」　3）結果呈示「するとけいこちゃんは，『勝手に割っちゃった』って悲しみました」。このような動機と結果が不一致の物語を呈示した後に「まもるくんってどんな子？」というようにパーソナリティ特性の推論を求めた。その結果，年少クラスと年中クラスでは「悪い子」という回答が多く，年長クラスと1年生では「悪い子」と「いい子」が約半数ずつ，2年生になると「いい子」という回答が多かった。つまり年少の子どもほど，他者の特性を推論するときに「結果主義」であり，小学校入学後に次第に内的な動機に目を向けるようになったのである。

　年少の子どもほど，自分自身や他者の内的状態をはっきりとは理解できない。普段から親や教師などの大人が，その子自身や他の子どもがどういうつもりでその行動を行おうとしたのか，という「つもり」を大切にし，明示化する手助けをすれば，子どもは次第に他者を理解するときに「動機」を考慮に入れることができるようになると考えられる。

図6-3　パーソナリティ特性の推論を，動機と結果のどちらに基づいて行うか？
（出所）　清水，2000

表6-2　コールバーグによる道徳性の発達段階

水準と段階		概要
第1水準	慣習以前の水準	
第1段階	罰と服従への指向	物理的な結果によって行為の善悪を判断する。褒められれば良い行為で、罰せられれば悪い行為と考える。
第2段階	道具主義的な相対主義指向	正しい行為とは、自分の欲求や場合によっては他者の欲求を満たすための手段と考える。
第2水準	慣習的水準	
第3段階	対人的同調、「良い子」指向	他者の意図を考慮し、他者を喜ばせたり助けたりすることが良い行為と判断する。
第4段階	「法と秩序」指向	社会的秩序を維持したり、自分の義務を遂行することを良いことだと考える。
第3水準	慣習的水準以降	
第5段階	社会契約的な法律指向	正しい行為とは、社会全体によって吟味され一致された基準によって定められる。一方で、法律は絶対的なものではなく、合理的考察によって変更できると考える。
第6段階	普遍的な倫理的原理の指向	正しさは、倫理的包括性、普遍性、一貫性に基づいて自分自身で選択した「倫理的原則」にしたがう良心によって定められる。

（出所）　Kohlberg, 1971

道徳判断における動機の重要性に気づき始めているが、児童期初期に明確に動機論に移行していくと言える。

②道徳性の発達段階

　コールバーグ（Kohlberg, L.）は、道徳的な葛藤場面を考案し、子どもの反応を分類することにより表6-2のような道徳性の発達段階を提唱した。子どもに提示した葛藤場面とは、次のような「ハインツのジレンマ」という話である（Kohlberg, 1971）。

　　ある女性が特殊なガンのため死にかけていた。その特効薬が開発されたが、薬屋では製造コストの10倍の値段がつけられている。夫のハインツはあらゆるところからお金を借りるが、半分のお金しか集まらなかった。薬屋は値引きや後払いの交渉にも応じてくれない。そこでハインツは妻のために、薬屋に薬を盗みに入った。

　このような仮想状況を提示した後、子どもにハインツはこのようにすべき

だったか，そしてなぜそう思うのかを尋ねた。コールバーグは子どもの賛成か反対かという判断ではなく，理由づけによって，表6-2のような3水準6段階の道徳的判断の発達段階に分類した。第1水準の「慣習以前の水準」は，褒められることや罰を避けることに焦点があてられる。たとえば「刑務所に入れられるから」「罰が苦しいから」など，罰に対する恐れ，自分の快・不快や損得に言及するものである。第2水準の「慣習的水準」は，「家族から非難されるから」「結婚生活においては，相手の面倒をみる責任があるから」など人間関係が中心となっており，社会的な義務や法を遵守することに焦点化されている。第3水準の「慣習的水準以降」は，「人命を維持することは，何よりも優先されるから」など，自分自身の良心や正義の基準，人間の尊厳などに言及するものである。

　山岸（1991）によると，日本人においては，児童期終わりごろまでに第1段階，第2段階に加えて第3段階の回答が次第に増える。その後青年期・成人期にかけて，第4段階の回答も増えていくが，第5・第6段階の回答は，成人においても少ない。また成人期以降においても，状況によっては第1・第2水準の判断をすることがある。

（2）　向社会的行動の発達

　集団生活の中では，他者に対して思いやりを持ったふるまいをすることがしばしば求められる。思いやり行動，すなわち**向社会的行動**は，「他人あるいは他の集団を助けようとしたり，こうした人々のためになることをしようとする自発的な行為」と定義されている（Eisenberg & Mussen, 1989, 菊池・二宮（訳），1991）。向社会的行動の芽生えは生後2年目にはすでに見られるが（Warneken & Tomasello, 2006），幼児期から児童期にかけて，自分に向けられた結果だけでなく，他者の視点に立って向社会的行動ができるようになる（e.g., Eisenberg et al., 1983）。アイゼンバーグ（Eisenberg, N.）は，下記のような自分と他者の欲求が対立するジレンマ場面を提示し，子どもの反応を調べた（Eisenberg, 1986）。

　　　ある日，エリックは，友だちの誕生会に向かっていた。その途中で，転

表6-3 向社会的判断の発達

レベルとおおよその年齢	概要
レベル1「快楽主義的・自己焦点的指向」 （就学前児や小学校低学年）	道徳的な配慮よりも自分に向けられた結果が中心的である。 「誕生会に行きたいのだから行くべきだ」「お返しがもらえるから助けるべきだ」
レベル2「要求にもとづいた指向」 （就学前児と多くの小学生）	他者の要求が自分の要求と対立するときでも，他者の身体的・物理的・心理的要求に目を向ける。 「男の子がけがをしているから助けるべきだ」
レベル3「承認およびステレオタイプ的な指向」 （小学生の一部と中・高校生）	よい・悪いというステレオタイプ的なイメージ，他者からの承認や受容が重要である。 「助けることがよいことだから助けるべきだ」
レベル4a「自己反省的な共感的指向」 （小学校高学年の少数と多くの中・高校生）	同情的な応答や役割取得（相手の立場に立つこと），他者の人間性への配慮などが重要となる。 「男の子がかわいそうだから助けるべきだ」「自分が相手の立場だったら助けてほしいから」
レベル4b「移行段階」 （中・高校生の少数とそれ以上の年齢）	内面化された価値や規範，責任性，個人の尊厳，権利や平等について不明確ながらも言及する。 「助けたら気分がよくなるから」「その子が痛い思いをしたままだったら気分が悪いから」
レベル5「強く内面化された段階」 （中・高校生の少数，小学生には見られない）	内面化された価値や規範，責任性，個人の尊厳，権利や平等についての信念にもとづく回答を行うようになる。自分自身の価値や受容した規範に従って生きることにより，自尊心を保つことにかかわるプラスまたはマイナスの感情を持つことも特徴的である。 「助ける義務があるから」「困っている相手の人にも生きる権利があるから」

（出所） Eisenberg, 1986

んで足を怪我した男の子に会った。男の子はエリックに，自分の家まで連れて行ってほしい，そうしたら親が医者に連れて行ってくれるから，と頼んだ。しかし，もし男の子を家まで連れて行ったら，エリックは誕生パーティに遅れてしまい，アイスクリームやケーキを食べられなくなってしまうし，ゲームもできなくなってしまう。エリックはどうすべきか？ なぜそう思うのか？

アイゼンバーグは，子どもの回答と理由づけによって，向社会的行動の発達を表6-3のような6つのレベルに設定した（Eisenberg, 1986）。児童期には，自分の快楽にもとづいて考える段階から，相手の立場に立って共感的に考える

段階へと移行していく。

　このように，向社会的行動の理解は児童期に大きく発達するが，対人関係の広がりや自己概念の発達とともに複雑な様相を見せるようになる。まず，前述したように，児童期の子どもは内集団と外集団に対して異なる態度を示すようになる。これと対応して，子どもは外集団の仲間よりも内集団の仲間に対してより向社会的行動を行いやすくなる（Peplak et al., 2017）。つまり，内集団びいきをするようになる。また同時期に，一人でいるときよりも他者が周りにいるときに向社会的行動を行いやすくなる（Engelmann & Rapp, 2018）。これは，他者からどう評価されているかを明確に理解するようになるのに伴い，自分の評判を高めることを意識して向社会的行動をしようとするからだと考えられる。集団の中での自分の地位を維持するとともに，自尊心を高めようとする意識的・無意識的な試みであると言える。

*

　以上のように，児童期は社会性の発達において，大きな変化が見られる鍵となる時期である。学校文化へ参入し，仲間とのヨコの関係を中心とした対人的コミュニケーションの中で協同や葛藤を経験することにより，子どもは社会集団の中で必要とされるさまざまな能力を発達させていくのである。

　子どもは小学校入学とともに，環境移行を経験し，属する文化の価値観を反映した学校文化に適応していく。集団の中で子どもは自己と他者を比較することにより，客観的な自己概念を形成するようになる。次第に仲間との関係性の観点から自己を評価するようになり，集団の一員でありその仲間から受け入れられていると思えることは，子どもにとってポジティブな自己概念を形成するために重要となる。仲間とのヨコの関係が急速にひろがっていき，仲間関係は子どもの認知発達，社会的スキルの発達，情動的サポートなどにおいて重要な役割を果たす。また相手の立場に立ち相手の内面を推測することができるようになり，これは仲間や友人との親密な関係を築き円滑な相互作用を行っていく基礎となる。子どもは集団の中で，他者との協同や葛藤を通して，他者に対する理解を深め，道徳性や向社会的行動を発達させていくのである。

〈もっと詳しく知りたい人のための文献紹介〉

清水由紀・林創　2012　他者とかかわる心の発達心理学――子どもの社会性はどのように育つか　金子書房
　⇨因果関係の理解や実行機能の発達などの社会性の発達の基礎，および道徳性や感情理解，想像世界の発達などの社会的深まりなど，12のテーマについて各領域の専門家が具体的な研究を紹介しながら解説している。各章では子どもをめぐる素朴な疑問がリサーチクエスチョンの形で示されており，それをどのように科学的な研究にのせるのかを追えるような構成となっている。

ホフマン，M. L.　菊池章夫・二宮克美（訳）　2001　共感と道徳性の発達心理学――思いやりと正義とのかかわりで　川島書店
　⇨共感と道徳性の発達研究の権威であるホフマン（Hoffman, M. L.）による研究を詳細に知ることができる。共感は道徳性や向社会的行動の発達とどうかかわるのか，また親によるしつけが向社会的行動の発達にどのような影響を与えるのか，などについて解説されている。

〈文　献〉

Bennett, M., & Sani, F. 2008 Children's subjective identification with social groups: A group reference effect approach. *British Journal of Developmental Psychology,* **26**, 381-387.

Chen, X., Chang, L., & He, Y. 2003 The peer group as a context: Mediating and moderating effects on the relations between academic achievement and social functioning in Chinese children. *Child Development,* **74**, 710-727.

Clarke-McLean, J. 1996 Social networks among incarcerated juvenile offenders. *Social Development,* **64**, 1143-1157.

Cole, P. M. 1986 Children's spontaneous control of facial expression. *Child Development,* **57**, 1309-1321.

Damon, W., & Hart, D. 1988 *Self-understanding in childhood and adolescence.* Cambridge University Press.

Eddie, B., & Sander, T. 2017 How children construct views of themselves: A social-developmental perspective. *Child Development,* **88**, 1763-1773.

Eisenberg, N. 1986 *Altruistic emotion, cognition, and behavior.* Erlbaum.

Eisenberg, N., Lennon, R., & Roth, K. 1983 Prosocial development: A longitudinal study. *Developmental Psychology,* **19**, 846-855.

Eisenberg, N., & Mussen, P. H. 1989 *The roots of prosocial behavior in children.* Cambridge University Press.（菊池章夫・二宮克美（訳） 1991 思いやり行動の発達心理 金子書房）

Engelmann, J. M., & Rapp, D. J. 2018 The influence of reputational concerns on children's prosociality. *Current Opinion in Psychology,* **20**, 92-95.

Gnepp, J., & Hess, D. L. R. 1986 Children's understanding of verbal and facial display rules. *Developmental Psychology,* **22**, 103-108.

Hamlin, J. K., Wynn, K., & Bloom, P. 2007 Social evaluation by preverbal infants. *Nature,* **450**, 557-560.

Harris, M. A., Donnellan, M. B., Garnier-Villareal, M., Guo, J., McAdams, D. P., & Trzesniewski, K. H. 2017 Parental co-construction of 5-13-year-olds' global self-esteem through reminiscing about past events. *Child Development,* **88**, 1810-1822.

Harter, S. 1999 *The cognitive and social construction of the developing self.* Guilford Press.

Juvonen, J., & Gross, E. F. 2008 Extending the school grounds? Bullying experiences in cyberspace. *Journal of School Health,* **78**, 496-505.

Kohlberg, L. 1971 From is to ought: How to commit the naturalistic fallacy and get away with it in the study of moral development. In T. Mischel (Ed.), *Cognitive development and epistemology.* Academic Press.

Livesley, W. J., & Bromley, D. B. 1973 *Person perception in childhood and adolescence.* Wiley.

Margoni, F., & Surian, L. 2017 Children's intention-based moral judgments of helping agents. *Cognitive Development,* **41**, 46-64.

内閣府 2018 平成29年度 青少年のインターネット利用環境実態調査

Nesdale, D. 2013 Social acumen. In M. R. M. & S. Gelman (Ed.), *Navigating the social world: What infants, children, and other species can teach us.* Oxford University Press. pp. 323-326.

Nowland, R., Necka, E. A., & Cacioppo, J. T. 2018 Loneliness and social internet use: Pathways to reconnection in a digital world? *Perspectives on Psychological Science,* **13**, 70-87.

Parker, J. G., & Asher, S. R. 1993 Friendship and friendship quality in middle childhood: Links with peer group acceptance and feelings of loneliness and social dissatisfaction. *Developmental Psychology*, **29**, 611-621.

Peplak, J., Song, J. H., Colasante, T., & Malti, T. 2017 "Only you can play with me!" Children's inclusive decision making, reasoning, and emotions based on peers' gender and behavior problems. *Journal of Experimental Child Psychology*, **162**, 134-148.

Piaget, J. 1932/1965 *The moral judgment of the child.* Free Press.（大伴茂（訳）1957 児童道徳判断の発達　同文書院）

Rosenberg, M. 1965 *Society and the adolescent self-image.* Princeton University Press.

Rubin, K. H., Bukowski, W., & Bowker, J. 2015 Children in peer groups. In M. Bornstein & T. Leventhal (Volume Eds.) & R. M. Lerner (Series Ed.), *Handbook of child psychology and developmental science, seventh edition, volume four: Ecological settings and processes.* Wiley. pp. 175-222.

Rubin, K. H., Bukowski, W., & Parker, J. 2006 Peer interactions, relationships, and groups. In N. Eisenberg (Ed.), *Handbook of child psychology (6th edition): Social, emotional, and personality development.* Wiley. pp. 571-645.

Ruble, D. N., & Flett, G. L. 1988 Conflicting goals in self-evaluative information seeking: Developmental and ability level analyses. *Child Development*, **59**, 97-106.

澤田忠幸　2004　感情の理解　杉村伸一郎・坂田陽子（編）　実験で学ぶ発達心理学　ナカニシヤ出版　pp. 200-209.

Selman, R. L. 1981 The child as friendship philosopher. In S. R. Asher & J. M. Gottman (Eds.), *The development of children's friendships.* Cambridge University Press. pp. 242-272.

清水由紀　2000　幼児における特性推論の発達——特性・動機・行動の因果関係の理解　教育心理学研究，**48**, 255-266.

清水由紀　2005　パーソナリティ特性推論の発達過程——幼児期・児童期を中心とした他者理解の発達モデル　風間書房

Shimizu, Y. 2012 Spontaneous trait inferences among Japanese children and adults: A developmental approach. *Asian Journal of Social Psychology*, **15**, 112-121.

Shimizu, Y., Lee, H., & Uleman, J. S. 2017 Culture as automatic processes for making meaning: Spontaneous trait inferences. *Journal of Experimental Social Psychology*, **69**, 79-85.

Shimizu, Y., Senzaki, S., & Uleman, J. S. 2018 The influence of maternal socialization on infants' social evaluation in two cultures. *Infancy*, **23**(5), 748-766.

Sullivan, H. S. 1953 *The interpersonal theory of psychiatry*. Norton.

Talwar, V., & Crossman, A. M. 2012 Children's lies and their detection: Implications for child witness testimony. *Developmental Review*, **32**, 337-359.

Turkle, S. 2012 *Alone together: Why we expect more from technology and less from each other*. Basic Books.

Vygotsky, L. 1978 *Mind in society: The development of higher mental processes*. Harvard University Press.

Warneken, F., & Tomasello, M. 2006 Helping in human infants and young chimpanzees. *Science*, **311**, 1301-1303.

Wilks, M., Kirby, J., & Nielsen, M. 2018 Children imitate antisocial in-group members. *Developmental Science*, **21**(6), e12675.

山岸明子　1991　道徳的認知の発達　大西文行（編）　新児童心理学講座9　道徳性と規範意識の発達　金子書房　pp. 51-93.

7章　青年期①：自分らしさへの気づき

- 自分らしさにどのように気づいていくのか？
- どのように自分の進路を見出していくのか？

天谷祐子

　読者の皆さんは，いつごろから自分自身を「子ども」ではなく「大人」だと考えるようになったでしょうか。ちょっと意地悪な質問をしたかもしれません。自分のことをあるときには「まだ子どもだ」と思い，また別のときには「もう自分は大人だ」ととらえるなど，今でも2つの思いの間を行きつ戻りつしていませんか？　青年期は，「子ども」でもなく，かといって「大人」にもなりきっていない時期です。その中で皆さんはいつごろから自分自身のことを振り返って悩んだり，自分自身でいろいろなことを選択・決定するようになったりしたでしょうか。
　この章では青年期の「自分らしさへの気づき」「進路選択」を中心的なテーマに，大人へ至る道すじを紹介していきます。自分自身が今まで歩んできた道すじやこれから行く道すじを思い浮かべ，それと照らし合わせながら読んでいくと，青年期の特徴が生き生きと目の前に浮かび上がることと思います。

1　身体の変化と自分への意識

（1）第二次性徴

　子どもから大人への「変わり目」について，読者の皆さんはどのようなことを思い浮かべるだろうか。「周りから大人扱いされるようになる」「背が伸びて体が自分の両親と同じくらいになる」「電車やバス，美術館や映画館で『大人料金』を支払うようになる」といったことが思い浮かぶかもしれない。「変わり目」の大きなポイントはさまざまだろうが，その中でも大きな「変わり目」

として「大人の体つきへの変化」—第二次性徴—が挙げられるだろう。

人によってその時期は多少異なるが，児童期の終わりごろ（小学校高学年ごろ）から青年期前期にかけて（中学生ごろ），男女ともに身体に変化が見られることを**第二次性徴**と呼ぶ。男子の場合は，声変わりやヒゲの発毛，精通といった変化，女子の場合は，乳房の発達や初潮，体つきの肉付きがよくなるといった変化が見られる。日本性教育協会（2007）の調査によると，男子では，精通の発現は12～13歳ごろにおもに見られ，13歳で7割を超える。女子では初潮は11～12歳ごろにおもに見られ，12歳までに7割が経験する。全般的に，男子より女子の方がややはやく第二次性徴を迎えるわけである。しかしこの発現には個人差も大きい。小学校高学年から中学にかけての時期，ヒゲが生えて身体の大きい「大人のような」男子と，声変わり前の「子どものような」男子が同じクラスに存在したり，骨ばった細い体つきですばしっこい「子どものような」女子と，乳房が大きくなりブラジャーをしているふっくらとした体つきの女子がクラスメイトとして共存したりしている状況になる。

（2） 身体的変化により向けられる自分への意識

なぜ心理学の書籍の中で，また「自分らしさ」というテーマの中で，このような身体の変化が取り上げられるのか，疑問に思った読者もいるかもしれない。ここでこのような身体的変化を取り上げる理由はおもに3つある。まず第一に，身体の変化に応じて，自分にとってそれまでなじみのあった「自分の身体」に，自分にとってなじみのない感じが生まれることで，自分自身を見つめざるをえなくなる，ということが挙げられる。つまり身体の変化によって，自分に対する意識は嫌でも過剰になる（山本，1984）のである。

このような自分に対する意識（自己意識）についての高まりには，知的発達も大きく関連してくる（杉村，2008）。具体的に2つの現象をここで取り上げよう。まず第一の現象として，自分自身の体つきやさまざまな能力についての状態について，より正確な把握・より具体的な把握ができるようになる。それまでは周囲の重要な他者（両親や学校の先生）に言われた評価をそのまま自分

の中に取り入れてきたのであるが，徐々に自分自身の視点から見つめるようになる。そして「こんな体つき・顔つきでは自分はイヤだ」といった不満感を持ったり，「自分のこの部分がもっと○○だとよいのに」といった評価を正確にできるようになる。そして第二の現象として，客観的に自分自身を把握するために，「他者との比較」を行うようになる（社会的比較：6章参照）。同じクラスのAちゃんや近所のBくんといった自分の周りの友人と自分を，さまざまな形で比較しながら，自分の能力や状態について考えていく。往々にしてそれらの結果，たとえば「Aちゃんはスタイルがよくて顔もキレイだけれど，私はそうではない」「Bくんのように体も大きくて，スポーツもできるような人になりたい」と，他者よりも劣っている自分自身の側面を客観的に把握する。そこから体つきや容姿だけでなく，それ以外のさまざまな能力についても，自分自身で見つめることにつながる。実際，**自己評価**（自分自身についての評価）は青年期に入ると低下してくる。ハーター（Harter, S., 1998）によると，発達的には11歳から13歳ごろに自己評価が低下し，その後徐々に肯定的になるという。

（3） 身体的変化の受け止め方

　身体的変化をここで取り上げた理由の第二に，自分以外の他者には見せない「自分だけの世界」が青年期のはじまりとして生じることが古くから言われているが（たとえば，シュプランガー，Spranger, E., 1924），そのきっかけにもなる出来事がこの時期の身体的変化とも言えるということがある。つまり身体的変化によって，この時期の彼らに少なからず心理的変化・動揺が見られ，「自分」の状態の受け止め方に揺らぎが生じるが，それを他者には言えず自分の中だけにとどめておくということである。具体的には，「自分に起きているこの身体的変化は異常なのか，普通なのか」という不安感，「自分に起きているこの身体的変化は人よりも早いのか，遅いのか」という思い，「今までの自分の身体に対する感覚が変化することについての受容感（どのように受け止めていくのか）」というものが挙げられる。

　とくにこの点については男女差が見られる。齋藤（1990）による性的成熟が

表7-1 性的成熟の発現に対する心理的受容度　　　　　　　　(％)

	男子			女子		
	変声	恥毛の発毛	精通	乳房の発達	恥毛の発毛	初潮
おとなになれて，とてもうれしかった	2.9	4.4	2.5	11.6	7.0	15.7
おとなになる上であたりまえだと思った	26.1	37.8	47.5	17.4	15.5	20.0
別に何とも思わなかった	56.5	34.4	30.0	58.0	38.0	18.6
いやだったが，しかたないと思った	10.1	18.9	12.5	11.6	31.0	38.6
とてもいやで，できればそうなってほしくないと思った	4.3	4.4	7.5	1.4	8.5	7.1

(出所) 齋藤，1990

発現したときの心理的受容度を尋ねたデータでは，男性では，変声では「あたりまえだと思った」「別に何とも思わなかった」の両者で8割以上を占め，恥毛の発毛・精通についてはその両者で7割を超えている。女子では，乳房の発達については「あたりまえ」や「何とも思わなかった」と受けとめる人が7割を超えている。しかし恥毛の発毛については「いやだったが，しかたないと思った」が3割以上を占め，初潮については，「いやだったが，しかたないと思った」が4割弱ともっとも多い結果となっている（表7-1）。また東京都幼稚園・小・中・高等学校性教育研究会（1993）の調査では，女子については，青年前期（小学校後半から中学生の時期）には自分の性を受け容れる者が減少する（中3で半数を下回る）。女子の方が男子に比べて，第二次性徴に対する心理的動揺がやや大きいことがうかがえる。第二次性徴は過ぎてしまえば，ほぼすべての人が経験する現象である。しかし，渦中にあるこの時期の心理的動揺は非常に大きいのである。

　さらに，第二次性徴の発現のタイミングによって，その後の自分自身の捉え方すら異なってくることがある。とくに男子の場合はその影響が強い。**早熟**の男子（性的成熟が早い子）は，**晩熟**の男子（性的成熟のタイミングの遅い子）に比べてリーダーになる傾向があり，仲間に対しても魅力的で人気があり，より大人としての行動を示す（落合ほか，1993）。対して晩熟の男子は，否定的で低い自己概念を持つ傾向がある。つまり男子は早熟の方が自分自身を肯定的に評価し，高い自己評価につながりやすい場合が多い。一方，女子については一

貫した傾向がなく，早熟者は晩熟者より，仲間に対して人気がなく，内的混乱を示す傾向があるが，自信を持っているという傾向がある（落合ほか，1993）。また，ダイエット行動をする人が早熟群に多い傾向もある（山本，2012）。清水（1995）では晩熟だった中3女子の事例として，友だちは初潮を経験しているのに，自分だけはまだないことを恥ずかしく思っていて，友だちには自分にも月経があるといい，ときどき体育の授業を休むなどして精一杯の演技をしていたことを取り上げている。晩熟な女子は自分の身体が正常なのかと悩んだり，自信を持てなかったりすることもある（清水，1995）。

(4) 異性に対する意識の高まり・性役割の意識の高まり

　身体的変化を取り上げた第三には，それにより**異性に対する意識**の高まり・自分自身の性に沿った性格特性の意識が見られることが挙げられる。それまでは「男の子」・「女の子」という区別をそれほど意識していなかった相手に，自分の性とは異なる体つきの変化が見られてくる。それに従い，それまでとは違い，ある一定の距離を置きながら異性を見つめるようになる。一方で，異性に近づきたいという思いも持つようになる。東京都幼稚園・小・中・高等学校性教育研究会（1993）の調査によると，異性への接近欲（異性の誰かと親しくなりたい）が男女ともに中1で半数を超え，異性への接触欲（性的な関心から異性の身体にさわってみたい）については，男子では中2で半数を超える（女子では中3でも2割程度である）。

　そして，異性に近づきたいという思いを持つようになると，「異性から自分はどのように見えているのか」といった意識が芽生え，社会的な意味での「男としての自分」・「女としての自分」を気にするようになる。自分自身の性に沿った性格特性——**性役割**——の意識が高まるのである。伊藤・秋津（1983）によると，中学生・高校生・大学生を対象に「男性に期待される役割」「女性に期待される役割」をどのように捉えるかについて調査し，中学生の時期ですでに成人社会で持たれている性役割のステレオタイプ（男は男らしく，女は女らしく）が持たれていることを見出している。その傾向は大学生でとくに極端な形

で認識されるようになるという。大学生を対象に，山本ら（1982）は，男女別に**自尊感情**（自分が価値ある存在と思えるかどうか）と，自身の社交性・容貌・スポーツ能力・経済力等さまざまな側面との関連を検討している。その中で，男子は自分自身の「知性」に自信があるほど自尊感情が高くなり，女子は自分自身が「優しさ」をより持っていると自尊感情が高くなっていることが明らかになっている。自尊感情のよりどころが性別によって異なるということがわかる。

さらに女子については，女性の性役割を受け入れることが困難である問題が指摘されている（遠藤・橋本，1998）。つまり，男性については社会で生きていく上で男性性（指導力のある・意志の強いといった特性）を自分が持つことに違和感を感じにくいが，女性については自分が自己実現していくにあたって身につけたい特性は男性性であるにもかかわらず，自分に求められる価値は女性性（素直な・献身的なといった特性）であり，それらに折り合いをつけていく必要があるということである。遠藤・橋本（1998）では，女性が自分自身の自己実現にポジティブに働く男性性と，社会から求められる価値（女性性）の矛盾にどう対処していくかが発達課題として生じてくると指摘している。女性の社会進出が進む中で，このような問題はあまり表立って議論されていないが，女性自身の青年期後期・成人期におけるライフコースの選択にまで影響を及ぼす重大な問題である。

このように「自分」への意識の高まりと身体的変化とは，お互いに密接に関連している。身体的変化をきっかけに，身体的側面以外の「自分」の諸側面への意識も高まり，青年期後期に向けてより深い自己理解につながっていく。また周囲との比較や，社会的な価値観との間の自分なりの折り合いのつけかたを通して，ゆらぎながら進んでいく。

2　他の人にはない自分らしさとは？

（1）アイデンティティ

友だちのAちゃんにも，Bちゃんにもなくて，自分だけが持っていること，

できることは何だろうか。「自分らしい」とはどういうことなのだろうか。高校生以降，自分についての知識（メタ認知的知識），たとえば自分はこういうことはできるが，友だちの〇〇ちゃんほどできないといった捉え方であるが，それは，自分の能力や知識についての自己意識を形づくり，また同時にそれにより自分の能力の限界の認識もできるようになる（楠見，1995）。そしてその中での「現実的な」自分らしさを探し求めるようになる。とくに大学生世代になってくると，大学後半の就職活動も控えており，「自分らしさ」を求めてさまざまな模索を始める。

　また自分に合っている友だち，自分に合っている周囲との付き合い方，自分に合っている生き方，自分に合っている趣味，自分に合っている職業，自分に合っているファッションとはそれぞれ何だろうか。たとえば，友だちの前にいる自分は「明るくて楽しい人」を演じているが，家に帰ると部屋にこもって「静かな人」となる。本当の自分はいったいどれなのだろうか。このように，多くの側面を持つ自分に悩んだりもする。

　第一段落の問題は「自分の独自性（個性）」の問題であり，第二段落の問題は「多様な自分の統合」の問題や「自分自身の選択」の問題である。いずれにしても「自分らしさ」の追求と言えるが，青年期半ば以降になってくると，自分自身のみで完結するような範囲だけでなく，周囲の人との関係，さらに社会的な関係をも考慮に入れた自分という視点を取り入れながら，考えるようになる段階となる。このような問題について，エリクソン（Erikson, E. H., 1950, 仁科（訳），1977）が「心理・社会的発達理論」を提唱し，青年期の課題として**アイデンティティ（自我同一性）**の確立という概念を挙げている。この「アイデンティティ」ということばは，近年はメディアでも耳にすることがあるかもしれないが，過去に準備された内的な斉一性と連続性が，他人に対する自分の存在の意味の斉一性と連続性に一致すると思う自信の積み重ねである（Erikson, 1950, 仁科（訳），1977）。大野（1995）の解説では，「私は他の誰とも違う自分自身であり，私は1人しかいない」という感覚（不変性・斉一性）と，「いままでの私もずっと私であり，今の私も，そしてこれからの私もずっ

と私であり続ける」感覚（連続性）を持った主体的な自分が，社会的な自分（社会の中で認められた地位，役割，職業など）に合致している安定感を意味している。平たく言うと，自分自身の職業や生き方，信念などについて「これが自分だ」という感覚を持ち，それが社会的にも認められていると自分自身で思えることだろう。この節の冒頭の2つの段落におけるテーマを自分なりに解決でき，周囲からも認められたときに得られる感覚とも言える。

エリクソンは青年期だけでなく，乳幼児期から老年期の生涯にわたる各段階の発達課題（分かれ道）を図にまとめている（図7-1）。「対」と書かれているのはシーソーの軸のようなもので，達成されるべき課題（上段，プラスの力）が他方の概念（下段，マイナスの力）よりも上回ることで，その課題を獲得していくことが必要とされる。そして下回ると病理的なものとなったり，次の段階の課題に際して「積み残す」ことになったりする。青年期は「アイデンティティ」確立を目指しながら役割混乱（アイデンティティ拡散）の状態と背中合わせの状態でそれを上回ることが求められるということである。

→ 1　乳児期の課題は「基本的信頼」対「不信」である。必要なものを与えてくれる人がつねに同じであり，信頼できると確信を持てることがこの時期に望まれる。幼児期前期の課題は「自律」対「恥と疑惑」である。トイレットトレーニングやいわゆる「しつけ」の内容を，外部の力を借りずに自分自身でコントロールできることがこの時期に望まれる。幼児期後期の課題は「自発性」対「罪悪感」である。あふれるエネルギーを駆使して，さまざまなことに果敢に取り組むことが望まれる。学童期の課題は「勤勉」対「劣等感」である。学校生活の中で多くの道具を使い，忍耐強く勤勉に働いて仕事（課題）を完成させる喜びを経験し，周囲から承認を得ることが望まれる。成人期（成人期前期）の課題は「親密さ（親密性）」対「孤独」である。自分自身のアイデンティティを失わずに自分以外の誰かと親密な関係を結ぶこと（たとえば結婚）が望まれる。壮年期（成人期中期）の課題は「生殖性」対「停滞」である。自分自身の子どもだけでなく次の世代を育み導くことが，この時期に望まれる。老年期の課題は「自我の統合」対「絶望」である。自分自身の歩んできた人生に対して「これでよかった」と受け入れまとめあげることが，この時期に望まれる。

		1	2	3	4	5	6	7	8
Ⅷ	老年期								自我の統合 対 絶望
Ⅶ	壮年期							生殖性 対 停滞	
Ⅵ	成人期						親密さ 対 孤独		
Ⅴ	思春, 青年期					同一性 (アイデンティティ) 対 役割混乱			
Ⅳ	学童期				勤勉 対 劣等感				
Ⅲ	幼児後期			自発性 対 罪悪感					
Ⅱ	幼児前期		自律 対 恥と疑惑						
Ⅰ	乳児期	基本的信頼 対 不信							

図7-1 心理社会発達理論の図式

(注) カッコ内は筆者が加筆,各時期の名称は鑪(2002)に従って改変。
(出所) Erikson, 1950 (仁科 (訳), 1977)

(2) アイデンティティ・ステイタス

このようなエリクソンのアイデンティティの話は病理的な青年の事例から出てきたもので,一般の青年や私たちが理解するには多少具体性に欠ける面がある。そこでマーシャ(Marcia, J. E., 1966)がエリクソンの理論をより具体化し,**アイデンティティ・ステイタス**を測定する手法を考案した。ここでのキーワードは職業・政治・宗教といった,青年にとって重要な3領域(日本で追試を行った無藤(1979)では職業・政治・価値観の3領域)についてそれぞれ,「**危機**」(その人にとって意味のあるいくつかの可能性について迷い,決定しようと苦闘している時期)があったか否かと,「**傾倒**」(自分自身の信念を明確に表現したり,それに基づいて行動すること)の程度である(無藤,1979)。この2つの状態によって,「**同一性達成**」「モラトリアム」「早期完了」「同一性拡散」の4つ

表7-2 マーシャによる自我同一性地位

自我同一性地位	危 機	傾 倒	概　　略
同一性達成	経験した	している	幼児期からの在り方について確信がなくなりいくつかの可能性について本気で考えた末，自分自身の解決に達して，それに基づいて行動している。
モラトリアム	その最中	しようとしている	いくつかの選択肢について迷っているところで，その不確かさを克服しようと一生懸命努力している。
早期完了	経験していない	している	自分の目標と親の目標の間に不協和がない。どんな体験も，幼児期以来の信念を補強するだけになっている。硬さ（融通のきかなさ）が特徴的。
同一性拡散	経験していない	していない	危機前：今まで本当に何者かであった経験がないので，何者かである自分を想像することが不可能。
	経験した	していない	危機後：全てのことが可能だし可能なままにしておかなければならない。

（出所）　無藤，1979

の地位（ステイタス）に分類できるというものである。それぞれの地位の内容は表7-2を参照されたい。

　同一性達成以外の3つのそれぞれの具体的な特徴として，第一に「**モラトリアム**」とは，社会的責任を猶予された状態をさし，漠然とした将来の大きな自己決定を意識しているが，目前の小さな自己決定が「ぴったりこない」ためできないでいる状態（大野，1995）である。将来に向けて「ただ今考え中」という状態と言うとわかりやすいかもしれない。次に「**早期完了**」とは，親や教師などその人にとっての「権威」の価値観を無批判に受け入れている状態をさしている。たとえば「親の『女の子にとって教師という職業が一番』という価値観を今まで鵜呑みにしていた」という女子学生のレポートを大野（1995）は紹介している。そして第三に「**同一性拡散**」とは，「自分が自分でないような気がする」という感覚や「どのような自分にもなれる」という感覚を指す。大倉（2002）は，大学4年生男性の事例で「今大草原の真ん中で立ち止まってるんだけど，『あっち行ったら何かあるんかな』って，で，こう方向だけぐるぐる回っちゃってさ，『こりゃ進まない』ってんで……。…（中略）…何を拠り所にして，何をもって，何を信じて生きて行ったらいいのかっていうのがね，全

部崩れてる。今まで生きてきた価値観というのが，全部崩れてる段階なんだよ」というアイデンティティ（同一性）拡散の苦しみを紹介している。この4つの地位についてのメタ分析からは，青年期の中で拡散に属する割合が減少し，達成の割合が増えていく（Kroger et al., 2010）。

（3） アイデンティティ模索のための活動

　このようなアイデンティティの模索を通した成長は，日本では高校生あたりから芽生え始め，大学生の時期にピークを迎える。アイデンティティ概念における「これが自分だ」という認識の模索は，自分自身の置かれている教育的環境，対人関係，自分自身の主義主張・信念，進路・職業選択，恋愛関係を考えるとき等に見られる。高村（1997）はインタビュー調査により，就職活動を通して自分の新しい側面に気づき，それをアイデンティティ感覚にうまく統合できた例を挙げている。また杉村（2001）では，「いろんな子（友だち）に最近…（中略）…会って，（友人関係のことを）考えたり，思い出した」という事例を挙げ，就職活動のみならず，友人関係や恋愛関係により，本人のアイデンティティのレベルが高まっていくプロセスを示している。さらに量的研究からは，畑野・杉村（2014）が，教育領域のアイデンティティのコミットメントの高さと，両親への信頼感の高さ・不安の低さとの関連を見出している。

　中間ら（2015）は，多次元アイデンティティ発達尺度日本語版を作成し，適応との関係を明らかにしている。その結果，アイデンティティの「広い探求」・「深い探求」は，自己注意の「省察」と正の関係にあった。また，「アイデンティティ達成」は「（無問題化）拡散」よりも自尊感情が高く，抑うつ傾向が低かった。さらに拡散，早期完了，モラトリアム，達成の順に自我の複雑性が高くなっていくことも明らかになっている（Al-Owidha et al., 2009）。

　大野（1995）では大学生のアイデンティティの模索と恋愛との関係に注目し，**「アイデンティティのための恋愛」**と呼んだ。このような恋愛の場合，「相手に映った自分の姿」に最大の関心を払っていると大野（1995）は指摘し，結果的に多くの場合，交際が長続きしない特徴を挙げている。大野（1995）の「アイ

デンティティのための恋愛」を裏付ける量的研究として髙坂（2013）では、恋愛関係とアイデンティティの関連についてパネル調査を行っている。その結果、恋人との間で関係不安を感じることによって自身のアイデンティティが補強される、つまり関係不安を感じるが恋人を失わずにいることが自信の基盤となり、アイデンティティを補強する形となっていることが示されている（髙坂，2013）。

　アイデンティティの模索であれ、アイデンティティのための恋愛であれ、傍から見ていてそれほど悩まずにすぐに自分なりの選択をしている人——自分らしさをはやく見出す人——、長い時間をかけて紆余曲折しながら通り過ぎていく人、不適応になるくらい悩む人などさまざまである。現代は「青年期」と呼ばれる時期が延長し、20代半ばやそれ以降の時期においても、このようなアイデンティティの模索に相当する活動が頻繁に見られる。自分なりに納得した道を見つけ出すまで、多くの壁にぶつかりながら少しずつ成長していくことは、青年期の一種の「健全な」姿でもあるだろう。

3　進路選び——自分らしさを具現化していくひとつの手段

（1）現実的な進路選び

　読者の皆さんが自分自身の進路について、はじめて真剣に考えたのはいつのことだろうか。多くの人が高校生の中ごろに、自分の行く末をぼんやりといくつか想定しながら、それらの将来像と、自分の特技や好み、できることやできないことを照らし合わせて吟味しはじめたのではなかろうか。

　12歳以降（中学生以降）になると、認知発達を基礎として論理的に仮説を立てて計画を立てることができるようになる（都筑，1999）。未来に向けて現在以降の計画を自ら立てていくという作業ができることには**「時間的展望」**が大きくかかわってくる。「時間的展望」とは、都筑（1999）による定義では、「個人の心理的な過去・現在・未来の相互連関過程から生み出されてくる、将来目標・計画への欲求、将来目標・計画の構造、および過去・現在・未来に対する感情」というものである。青年期には時間的展望の長さがのび、近い将来のこ

コラム　自我体験――「私はなぜ私なのか」という問い

　この章の前半は「自分らしさ」にどのように気づいていくのか，といったテーマにふれた。その中では「他者との比較」や「自分自身の個性」という切り口からアイデンティティという概念を紹介した。しかしそれよりも前の時期，小学校高学年から中学にかけての「自分」について考える現象に「自我体験」と呼ばれるものがある。皆さんは，「私はなぜこの私なのだろう？」「私はなぜ他の時代ではなく，この時代に存在しているのだろう？」と思ったことはないだろうか。こんなことを考える自分はおかしいのではないか？　自分だけが考えているのではないか？　と，夜寝る前やお風呂の中で，悶々としたことはないだろうか？　調査結果から，約半数の人が経験していることがわかっている（天谷，2002，以下同）。

　自我体験で問題とされる「自分」とは，自己に対する評価や価値，他者との関係における「自分」よりも観念的で，哲学的な思索に近い。自我体験には内容的に3つの側面が存在することが明らかになっている（表7-3）。表7-3の事例を読んでみると，「自分もそういえば考えたことがあるような…」といった気持ちになってこないだろうか？

表7-3　自我体験の事例

- 「存在への問い」：私が私であることが不思議。別に私は私としてではなく，例えば他の誰かとして生まれて来たりとか，そういうこともありえたのかなとか。どうして私は私で，こういう顔になって，こういう性格になったんだろうか。自分自身の存在が不思議になる（中3女，小4初発）。
- 「起源・場所への問い」：地球ができて，人類が誕生してから，長いじゃないですか。なのに，どうして今，ここにいるんだろうって（中2女，小学校高学年初発）。
- 「存在への感覚的違和感」：なんていうかな。僕って誰だろうって。ただ漠然と，ですかねほんとに僕かな，とか。なんか，名前呼ばれて，うーんとか。名前がただの記号みたいな気がしちゃって。自分がいるということについても，ん？って。なんだか変だなって（中3男，初発不明）。

（出所）　天谷，2002

　本文で紹介した形とは別の形で，自我体験を経て「自分」に対する意識が高まることがわかるだろう。また，自我体験を経た人に自覚的な変化についてたずねると，少数ではあるが「自分が成長した」「よく考えるようになった」という答えが得られている。そして仮説として，自我体験と知的好奇心の発達の関連や，生き方や価値観への影響が想定されている。自我体験を経験した読者の皆さんは，自我体験を経て自分にどのような変化や発達が見られただろうか？　考えてみよう。

7章　青年期①：自分らしさへの気づき

とだけでなく，遠い将来，たとえば成人期以降のことまで考慮した将来について考えることができるようになる。また，たんに「あこがれ」といった形での将来ではなく，自分の可能性や限界を考慮に入れた現実的な将来を考えることができるようになる。つまり，児童期のころの「大きくなったら○○になりたい」という半ば「非現実的なあこがれ」のような思いから，青年期の将来に向けて思い描く像は「地に足のついた」イメージに変わっていく。

　読者の皆さんが現在，何らかの資格を取得するための大学や短期大学・専門学校に所属しているのならば，高校生のころに，大部分の重要な進路選びをすでに通り抜けてきたと言えるだろう。もし読者の皆さんが現在，資格にはあまりかかわりのない大学や短期大学に所属しているのならば，高校生の時期に続いて，今後も重要な進路選択をすべき時期に直面するだろう。

　つまり，進路選びは高校生のころからすでに始まっていたのである。たとえば，高校生の中ごろに「文系コース」と「理系コース」を選択するとき，高校卒業後に就職するのか進学するのかを選択するとき，高校卒業後に進学する場合，資格関連の職種志向の大学・短期大学に進学するのか，そうでない大学に進学するのか等々，いくつかの選択肢の中からひとつを選び取ってきたはずである。

(2)　高校生の進路選び

　このような流れを考えてみると，進路選びに直面するのは，青年期では2つの段階があるように思われる。まず進路選びに直面する第一のタイミングは高校生の時期である。多くの進路選択にかかわるトピックが大学生の就職活動に焦点を当てていることが多い（たとえば大学生の就職活動関連の書籍は非常に多い）が，それ以前の高校生の時期に第一の選択が行われていると考えられる。そのプロセスとして，高校生の時期の進路（おもに進学先）選択の実際の大部分は，高校の進路指導担当の先生や担任の先生，親とのやりとりの中で決定されていくことが多い。その際には「成績の良さ」という現実的な要因が大きく影響し，重点的に勉強できることが何かといったことや，その学校の雰囲気・

校風といったことを二の次にして「自分の点数で合格できる，最もレベルの高いところ」をねらう受験生が大部分（若松，2006）というのが現状である。それに親の意向や卒業生の進学先が学校の評価につながると考える教師の思惑も影響を与えている。結果的に本人の意向や興味に合っているかどうかという吟味があまりなされないまま，進路を決定することにつながりやすいという問題がある。

　さらに言うと，この高校生の時期の選択がその後の選択の幅や方向性すら大きく左右することにも，この時点ではあまり意識されていないのが実状である。たとえば工学部を選択する場合と医学部を選択する場合，教育学部を選択する場合と法学部を選択する場合では，その後の進路・職業選択の幅や，その後のライフコースの方向性が大きく変わってくる。しかし，高校生の時期ではそのような長いスパンでの**見通し**を持って選択している人はまだ少ないようである。

　高校生の時期にある程度見通しを持って選択をしないと，高校生の時期から先送りになっていた問題が就職活動時にまでしわ寄せとなってやってくる場合も出てくる。たとえば大久保（2002）の大学生の事例では「理科とか数学の点数が高かったので，大学では工学部を専攻したんですけど，どうも，なにかやりたいこととは違ってたみたいで。かといって，特にやりたいこととかあるわけじゃないんだけど，とりあえず研究室とかに入って，技術者になるとかいうのはなにか違うみたいだし」というものを紹介している。ぜひ高校生や高校生にかかわる教育者は，この時期の進路選択を重く受け止め，本人自身のやりたいことや興味を明確化しつつ考えていってほしいものである。

（3）　大学生の進路選び

　進路選びの第二のタイミングとして，大学3年生後半ごろの就職活動の時期が挙げられる。じつはこのときの進路選びは，それ以前の学校段階におけるそれよりも非常に重い選択でもある。なぜなら，多くの人にとって，周囲の人の意向よりも自分自身の適性や希望で自ら活動をすることをせまられるほぼはじめての自己決定であり，かつその後の人生が大きく左右される選択であるから

である。大企業へ行くのか，小さなベンチャーに行くのか，どのような職種を選択するのかによって，その後の長い人生，たとえば生涯賃金や生活サイクル，暮らす地域や働き方に至るまで大きなバラつき（違い）が出てくるのである。しかし，そのような重い選択でもある就職活動の始まりは，インターネットを介した，ある種「バーチャル」で「手軽な」活動からであるのが現代的な特徴である。大手の就職活動支援サイト（たとえば「リクナビ」「マイナビ」「キャリタス就活」）に登録すると，自分の条件に合った企業の検索，エントリーや説明会の予約，就職活動のスケジュール管理，エントリーした企業との連絡などをサポートしてくれるという仕組みになっている（若松，2006）。その後，実際に説明会に参加したり，企業の人事担当者と面談を重ねたりする段階を踏んでいく。

　ここで大学生がどのような企業を志望しているのかという傾向を見てみると，たとえば2019年卒業予定の学生の就職意識調査（ディスコ社）では，文系では銀行，総合商社，マスコミ，理系では電子・電気，医薬品・医療関連，情報・インターネットサービスが上位に並んでいる。大久保（2002）はこの企業の顔ぶれについて，個人を顧客とする一般消費者向け事業の企業が非常に多く，産業向け事業の企業でも多くは電通や三菱地所など，業務で扱っているものが一般消費者の身近にある企業であることを指摘している。大学生は日常生活における広告などで見聞きするような企業からしか志望しない，もしくはその他の多くの企業を知らない，と浦上ら（2004）も分析している。そして遠藤（2000）は就職の場合も大学進学先を選ぶのと同じように，企業の入社難易度と自分はこのくらいだという自己評価の釣り合うところを志望する，つまり偏差値を基準とした「分相応」の原理で動く傾向を指摘している。筆者の以前の所属先の就職課の担当者も「学生は自分がCMなどで知っている企業にばかり目が向いてしまって，名前は聞かないけれどいい会社，小さくてもやりがいのあるいい会社になかなか興味を持ってくれない。もったいない」と嘆いていた。もう少し多くの種類の企業の情報を自ら集め，多くの選択肢から自分の適性に見合った企業を見つけていくという視点が重要であろう。

職種としても近年の大学生は，公務員に代表される事務・管理系を希望する人が多い。「安定」しているイメージを抱くのかもしれない。インターネット上の活動だけでなく，たとえば OB・OG 訪問やインターンシップ等を通して多くの職業や職種の実状を知った上で，自分に合ったものを選択していくプロセスが重要である。

（4）「自分探し」と進路選び

　さて，就職活動を進めていく中で，大学生は職業理解と自己理解を同時に深めていく。採用面接を受ける中で企業から拒絶されたり，逆に自分からその企業とは合わないと感じたりしながら，自分はどんなことは妥協できて，どんなことは妥協できないのかということがわかってくる（白井，2004）。前の項でも述べたが，進路選びにあたり「自分に合っているのか」「自分の能力に見合っているのか」といった吟味をせまられるのである。近年「自分探し」「自己分析」といったことばが，進路選択の際にかならず出てくるが，自分にあった進路を見出していくということが，この時期の大きな課題になってくる。浦上（1996）は女子短大生の就職活動について，自己と職業を理解し統合すること，就職活動を計画実行すること，その後活動や自己を振り返ることに，自己成長力がかかわっていることを示している。

　下村（2008）は，就職に向けてすべきこととして，「できるだけ多くの人と接すること」「できるだけ異質な人と接すること」「多くの人と接する中で，他者とは異なる自分を発見し自分で考えていくこと」の 3 つを挙げている。多くの人と接することで仲の良い人・悪い人が認識され経験となる。さらに異質な人，とくに社会人や OB・OG と接することで，身近な社会人像を作り上げる点が重要であるとしている。最後に自分の問題を自分で考えると腹をくくるということである。

　ただあまりにも「自分のやりたいこと」にこだわりすぎると，現実社会における実際の職業と折り合いをつけにくくなる。下村（2002）はフリーターの職業意識として，「やりたいことができるのであれば，正社員かフリーターかは

7章　青年期①：自分らしさへの気づき

些末な問題である」と考える「やりたいこと」志向が見られることを指摘している（さらにこの意識はフリーターでない若者にも広く共有されている）。これは自分のやりたいことにこだわるあまり，社会とのすり合わせがうまくいかなくなってしまったものと言える。そして青年期のアイデンティティ達成に向けて苦しんでいる様子でもある。

　職業選択については，大学生の時期以降においても折に触れ再吟味することが必要である。以前は一度選択をすれば良くも悪くも職業生活や人生設計は安定する面があったが，現代は職業面での流動性が顕著になってきた（宮下，2006）。これは価値観の多様化や可能性の増大という傾向であるが，一方で先が見えにくかったり，人生が不安定であると認識しやすいという意味も含んでいる（宮下，2006）。そのときどきの情勢と自分自身の状態を照らし合わせながら，たえず吟味していく作業がその後も望まれるだろう。

〈サマリー〉
　本章では，青年期の発達について，自分らしさへの気づき，進路の模索というテーマを中心に話を展開してきた。どの話も読者の皆さんにとってはじめてふれる話ではなかっただろう。どちらかと言えば，皆さん自身の中学・高校時代の悩みを思い出したり，大学入学後（またはこれから）皆さん自身にせまってくる問題として考えたりすることが多かったかもしれない。またひとつひとつの話がそれぞれ一見バラバラに感じられたかもしれない。しかしこれらの話の根底には，「確固たる自分」を持ち，ひとつの独立した人格を持つ大人として社会の中で生きていくための試行錯誤の道すじが共通して見られるのである。

〈もっと詳しく知りたい人のための文献紹介〉
　日本青年心理学会（企画）　大野久・小塩真司・佐藤有耕・白井利明・平石賢二・
　　溝上慎一・三好昭子・若松養亮　2017　君の悩みに答えよう——青年心理学
　　者と考える10代・20代のための生きるヒント　福村出版
　　⇨青年が抱きがちな「悩み」を挙げ，それに青年心理学者が回答する形式で，

青年期の悩みとそれに関する研究が紹介されている。

宮下一博　2010　大学生のキャリア発達——未来に向かって歩む　ナカニシヤ出版
⇨大学生のキャリア発達に関する研究だけでなく，その方法論についても紹介されており，実際に関連の尺度に回答しながら自身のありようを知ることもできるようになっている。

〈文　献〉

Al-Owidha, A., Green, K. E., & Kroger, J. 2009 On the question of an identity status category order: Rasch model step and scale statistics used to identify category order. *International Journal of Behavioral Development*, **33**, 88-96.

天谷祐子　2002　「私」への「なぜ」という問いについて——面接法による自我体験の報告から　発達心理学研究, **13**, 221-231.

遠藤久美・橋本宰　1998　性役割同一性が青年期の自己実現に及ぼす影響について　教育心理学研究, **46**, 86-94.

遠藤由美　2000　コンパクト新心理学ライブラリ10　青年の心理——ゆれ動く時代を生きる　サイエンス社

Erikson, E. H. 1950 *Childhood and society*. W. W. Norton.（仁科弥生（訳）1977　幼児期と社会　1　みすず書房）

Harter, S. 1998 The development of self-representations. In W. Damon & N. Eisenberg (Eds.), *Handbook of child psychology*, 5th ed. vol. 3. *Social, emotional, and personality development*. Wiley. pp. 553-617.

畑野快・杉村和美　2014　日本人大学生における日本版アイデンティティ・コミットメント・マネジメント尺度（Japanese version of the Utrecht-Management of Identity Commitment Scale; U-MICSJ）の因子構造, 信頼性, 併存的妥当性の検討　青年心理学研究, **25**, 125-136.

伊藤裕子・秋津慶子　1983　青年期における性役割観および性役割期待の認知　教育心理学研究, **31**, 146-151.

髙坂康雅　2013　大学生におけるアイデンティティと恋愛関係との因果関係の推定——恋人のいる大学生に対する3波パネル調査　発達心理学研究, **24**, 33-41.

Kroger, J., Martinussen, M., & Marcia, J. E. 2010 Identity status change during adolescence and young adulthood: A meta-analysis. *Journal of Adolescence*, **33**, 683-698.

楠見孝　1995　第3章　青年期の認知発達と知識獲得　落合良行・楠見孝（責任編

集）講座生涯発達心理学　第4巻　自己への問い直し──青年期　金子書房　pp. 57-88.

Marcia, J. E. 1966 Development and validation of Ego-identity status. *Journal of Personal and Social Psychology*, **3**, 551-558.

宮下一博　2006　第7章　アイデンティティの形成　尾形和男（編）　家族との関わりからみる発達心理学　北大路書房　pp. 95-107.

無藤清子　1979　「自我同一性地位面接」の検討と大学生の自我同一性　教育心理学研究, **27**, 178-187.

中間玲子・杉村和美・畑野快・溝上慎一・都築学　2015　多次元アイデンティティ発達尺度（DIDS）によるアイデンティティ発達の検討と類型化の試み　心理学研究, **85**, 549-559.

日本性教育協会（編著）　2007　「若者の性」白書──第6回　青少年の性行動全国調査報告　小学館

落合良行・伊藤裕子・齋藤誠一　1993　青年の心理学　有斐閣

大久保幸夫（編著）　2002　新卒無業。　東洋経済新報社

大倉得史　2002　ある対照的な2人の青年の独特なありようについて　質的心理学研究, **1**, 88-106.

大野久　1995　第4章　青年期の自己意識と生き方　落合良行・楠見孝（責任編集）　講座生涯発達心理学　第4巻　自己への問い直し──青年期　金子書房　pp. 89-124.

齋藤誠一　1990　思春期の身体発育が心理的側面に及ぼす効果について　青年心理学研究会1989年度研究大会発表資料

清水弘司　1995　10代の性とこころ　サイエンス社

下村英雄　2002　第4章　フリーターの職業意識とその形成過程──「やりたいこと」志向の虚実　小杉礼子（編）　2002　自由の代償／フリーター──現代若者の就業意識と行動　労働政策研究・研修機構

下村英雄　2008　若者の就職における自己と他者──フリーター的・ニート的心性を越えて　大庭健（編著）　2008　職業と仕事…働くって何？　専修大学出版局　pp. 97-136.

白井利明　2004　キャリア選択　子安増生・二ノ宮克美（編）　キーワードコレクション　発達心理学（改訂版）　新曜社　pp. 156-159.

Spranger, E. 1924 *Psychologie des jungendalters*. （土井竹治（訳）　1957　青年の心理　刀江書院）

杉村和美　2001　関係性の観点から見た女子青年のアイデンティティ探求——2年間の変化とその要因　発達心理学研究，**12**，87-98．

杉村和美　2008　第4章　大学生の自己分析に役立つエリクソン理論のポイント　宮下一博・杉村和美　大学生の自己分析——いまだ見えぬアイデンティティに突然気づくために　ナカニシヤ出版　pp.81-104．

高村和代　1997　課題探求時におけるアイデンティティの変容プロセスについて　教育心理学研究，**45**，243-253．

鑪幹八郎　2002　鑪幹八郎著作集Ⅰ　アイデンティティとライフサイクル論　ナカニシヤ出版

東京都幼稚園・小・中・高等学校性教育研究会　1993　児童・生徒の性 最新版　東京都幼稚園・小・中・高等学校性教育研究会

都筑学　1999　大学生の時間的展望——構造モデルの心理学的検討　中央大学出版部

浦上昌則　1996　就職活動を通しての自己成長　教育心理学研究，**44**，400-409．

浦上昌則・三宅章介・横山明子　2004　就職活動をはじめる前に読む本　北大路書房

若松養亮　2006　就職活動（pp.120-121），学校から職場への移行（pp.124-125），職業観と労働観（pp.128-129）　白井利明（編）　よくわかる青年心理学　ミネルヴァ書房

山本ちか　2012　思春期のタイミングと早熟・晩熟の影響　名古屋文理大学紀要，**12**，1-9．

山本真理子・松井豊・山成由紀子　1982　認知された自己の諸側面の構造　教育心理学研究，**30**，64-68．

山本力　1984　アイデンティティ理論との対話　鑪幹八郎・山本力・宮下一博（編）　1984　アイデンティティ研究の展望Ⅰ　ナカニシヤ出版　pp.9-38．

8章　青年期②：他者を通して自分を見る

- 学校での活動を通じて何が変わっていくのか？
- 問題行動はなぜ生ずるのか？

加藤弘通

> 青年期は，第二次性徴といった身体的変化のみならず，心の有り様や周囲の人との関係のあり方も大きく変化する時期です。また非行やいじめ，不登校といった教育上の諸問題が起きやすく，大人がかかわることが難しくなる時期だとも言われます。
> 　この章では，青年期の子どもたちの人間関係や心理的側面にどのような変化が起きるのかということを追いかけながら，なぜこの時期は，子どものことが理解しづらく，またさまざまな問題行動が生じやすくなるのかということについて考えていきます。そうすることで，この時期の子どもが示すさまざまな問題行動をたんに子育てや教育の失敗，あるいは性格や障害といった個人の問題として見るのではなく，発達という視点から読み解き，理解していきます。

1　臨床事例から見る青年期の特徴

　この時期の子どもの心理的状態と彼らへのかかわりの特徴を理解してもらうために，筆者はいつも授業で発達障害を抱えたQ子の事例を紹介するようにしている。それは以下のような事例である。

Case：受験生Q子の怒り

　　Q子は，中学3年生の女子。小学校6年生のときから不登校状態になり，中学1年生の春休みから筆者が勤務していたフリースクールに通い始めた。

また小学校時に，学習障害（LD：Learning Disorder）という診断を受けており，とくに数学が苦手であった。

　そのQ子が中学3年生になったときのことである。「行きたい高校があるから」と，本人の希望で受験勉強をすることになった。Q子曰く，「私は小学校6年のときから，ほとんど学校にも行ってなくて勉強もしてないから，その時点で学力は止まっている。とくに数学がひどいから，そこを何とかしたい」とのことであった。そのため，スタッフのAさんが，「じゃぁ，とりあえず中1の最初から始めようか？」と言って，正負の計算のプリントを渡すと，最初はすんなり受け取って問題に取りかかりはじめた。ところがしばらくすると，問題が解けないせいか，イライラしはじめ，無意味にプリントの問題部分を塗りつぶしだした。そこでAさんが「じゃぁ，解き方を教えるから，一緒にやろうか」と言うと，「うるさいっ！」と急に怒鳴り，プリントをビリビリと破いてしまった。周りに他の生徒もいたので，Aさんが注意すると，プリントを床に投げ捨て，部屋から飛び出していこうとする……。

　さて，あなたがQ子に勉強を教える立場だったら，どのように対応するだろうか。

　授業でこのように問うと，その対応策として返ってくるのはだいたい次の2つである。ひとつは，「もっと簡単な問題から始める」というものである。つまり，本人も言っているようにQ子の学力は，小学校6年生で止まっているのだから，そんな彼女にもできるところから始めるべきだというわけである。もうひとつは，「他の教科から始める」というものである。つまり，彼女の障害のことを考えるなら，一番苦手な数学から始めるのではなく，彼女ができる，あるいは興味を持てる教科から始めるべきだというわけである。どちらももっともな意見である。しかし，Q子の場合，そのようなかかわり方をしてもあまりうまくいかず，逆にますますイライラさせてしまう可能性が高いと思う。なぜだろうか，理由は2つある。

　ひとつめの理由は，中学3年生としてのプライドの問題である。たしかにQ

子は，さまざまな事情から同学年の者より学力がかなり遅れていることを自覚していたし，また実際に中学1年生の問題が解けなかった。しかし，このことはQ子にとって二重の意味でプライドを傷つけられる体験でもあっただろう。ひとつは「中学3年生なのに中学1年生扱いされた」という意味で，もうひとつは「中学3年生なのに中学1年生の問題すら解けなかった」という意味でである。したがって，そのような彼女に対して，さらに問題のレベルを下げるということは，彼女のプライドをいっそう傷つけ，怒りを増長させる可能性が高いと考えられる。

これと関連して，2つめの理由は，その場に他の生徒がいるという問題である。当然のことながら，フリースクールといえども，そこにはQ子を含め複数の生徒がいる。とくにQ子は，ふだんの生活の中では，どちらかというと周りの面倒をよく見るリーダー的な存在であった。その彼女が，自ら望んだ数学で，中学1年生の問題を渡され，しかもそれを解けないという恥をみんなの前でかかされてしまったわけである。したがって，このとき，彼女に必要なのは，損なわれたプライドを回復することであり，それは問題のレベルを下げることでは満たされないだろう。またこの状況で教科を替えることは，「わがままを言って，できないことから逃げた」という印象を周囲に与えてしまうかもしれない。したがって，このこともまた彼女のプライドを傷つけ，怒りを増長させる可能性が高いと考えられる。

それでは，このようにQ子を理解したとき，どのようなかかわり方が可能だろうか。結論から言えば，Q子の場合，「逆に難しい問題から入る」ことで改善していった。具体的には次のようなかかわり方である。

> そこで別のスタッフのBさんが手を変えて，「これは入試問題だから，今はまぁできなくてもしょうがないんだけど……，どんな問題か様子見がてらやってみようか」と言い，過去の数学の入試問題を取り出してきた。そして，それを彼女に手渡すと，意外にもすんなりやりはじめた。しかし，当然のことながら第1問目の正負の計算からつまずいているので，「やっ

ぱり入試問題だから簡単じゃないねぇ。じゃあ，その辺りから始めてみようか？」とBさんが言うと，「うん」と答え，さきほど彼女が破いたものと同じプリント（ただし，欄外にあった「中1スタート」という文言は修正液で消し，コピーしたもの）を手渡すと，今度は素直に教えてもらいながら問題に取り組みはじめた。

　Aさんに比べ，Bさんのほうがとくに Q子との関係が良かったというわけではない。Bさんがやったことは，入試問題という逆に難しい問題から入ることで，「できなくてもしょうがない」という状況をつくり，Q子のプライドが損なわれないようにしたこと。そして，一度，入試問題を経由することで，たとえ同じプリントであっても，中学1年生の問題というよりも，入試問題に取り組んでいるという雰囲気をつくり，「中学3年生（年長者）としてのQ子のイメージ」を大切にしたということである。ここに結果として同じように「正負の計算を教えてもらう」ということであっても，Q子がAさんを拒絶し，Bさんを受け入れた理由があると考えられる。

　まとめよう。Q子の事例から理解される青年期の心理というのは，たんに「できる／できない」ということよりも，「どんなふうにできるか／できないか」ということが重要だということである。また臨床的な視点で見れば，「『できないこと』をできるようにしてあげよう」という素朴なかかわり方だけではなかなかうまくいかなくなる時期だということである。そして，ここにはプライドの問題や周りの子どもたちとの関係など，青年期特有の問題が関係している。それでは，これまで心理学は，この青年期の変化をどのように理解・説明してきたのだろうか。以下では，そのことについて見ていく。

2　青年期における人間関係と心の変化

（1）青年期の人間関係の変化と意味の複雑化

　第二次性徴（7章参照）に次いで，青年期におけるもっとも顕著な変化は，

8章 青年期②:他者を通して自分を見る

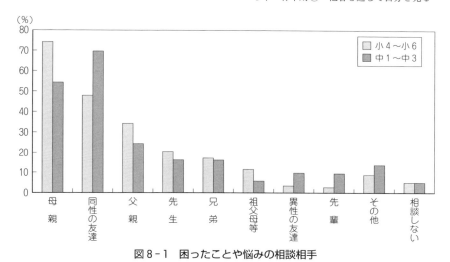

図8-1 困ったことや悩みの相談相手
(出所) 内閣府, 2007より作成

子どもたちが結ぶ人間関係の変化だろう。この時期は，それまでの親を中心とした大人との**タテの関係**が重要度を下げ，代わりに友だちを中心とした**ヨコの関係**が重要度を増す。たとえば，「困ったときの相談相手として誰を選ぶか？」という質問に対して，小学生では「母親」が第1位であるのに対し，中学生では「同性の友だち」が母親を抜いて第1位となる（図8-1）。こうした親よりも友人との関係を重視する傾向は，中学生だけにとどまらず，高校全般を通じて進行していくことが種々の調査を通じて明らかになっている（たとえば静岡市, 2007）。

また中学生になると，部活やクラブの先輩・後輩といったヨコの関係をさらに強化するようなナナメの関係が加わってくる場合も多く，この時期からこうした活動を通して，家族以外の人間関係の中で過ごす時間が長くなる。そして，そうする中で，子どもたちの間に，親や教師といった大人からは自立したそれまでとは異なる世界＝**若者文化**（youth culture）が立ち上がってくる。

さらにこのようにタテの関係に加え，ヨコの関係が強化されるということは，子どもの生活に次のような大きな変化をもたらす。それは，ある出来事に対す

155

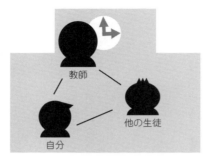

図8-2 学校における人間関係の最小単位

る意味づけがひとつに決まってこなくなる,つまり,**意味の複雑化**が起こるということである。たとえば,加藤（2001）は,問題行動によって高校を中退した少年に対する面接調査から,喫煙やケンカといった問題行動やそれに対する指導が,教師との関係においては,「やってはいけないこと」,あるいはそれに対して罰が科せられるという意味でネガティブな意味を持つ一方で,仲間との関係においては,自らの地位や評判を上げるという意味で逆にポジティブな意味を持つことを明らかにしている。つまり,中高校生にとって問題行動は,ときに「やってはいけないこと」と分かりつつも,「やってはいけないこと」であるからこそ,仲間といったヨコの関係ではさらに高く評価されるというような意味を持ちうるということである（Emler & Reicher, 1995）。

青年期は,このようにヨコの関係が強まることで,子どもへのかかわりが大人の込めた意味通りに伝わりにくくなる時期である。その結果,大人は自分が予想していたものとは異なる（ときには真逆の）子どもの反応に出会い,戸惑い,彼らとのかかわりを難しいと感じるようになる。

先にQ子の事例で見た「教える」というかかわりも,恐らくスタッフのAさんにとっては,Q子を「援助する」つもりのことだったろう。しかし,それをQ子と他の生徒との関係で見てみると,彼女のプライドを傷つけ「追い込む」出来事になってしまっていた可能性がある。Q子の事例では,このような「教えること」に対する意味づけのズレが,問題を形づくっていたと考えられる。

まとめると,学校という場では,どの生徒の視点に立ってもかならず,図

8-2に示したような「自分―教師―他の生徒」という三者関係が立ち現れてくる。そして，青年期では「自分―他の生徒」というヨコの関係が強化されることで，学校で生じる出来事に対する意味づけが複雑化し，指導やかかわりが大人の思い通りには生徒に伝わらなくなる。その結果，さまざまな問題が起きやすくなってくるということである。それでは，こうした関係の変化の中で，子ども自身にはどのような変化が生じてくるのだろうか。

（2） 他者の目を通して自分を見る

サリヴァン（Sullivan, H. S.）によれば，この時期，子どもは，特定の友人と親密な関係を築く一方で，その「相手の目で自分を眺めるという新しい能力を持つようになる」（サリヴァン，1990）。つまり，「友だちから見られる自分」というものを意識できるようになるということである。セルマン（Selman, R. L., 2003）は，このように他者の立場から物事や自分のことを考えられるようになることを**社会的視点取得**と呼び，発達段階に応じて詳細な検討を加えている。それによると，子どもは，小学校高学年（8～11歳）あたりから，他者（あなた）の視点から自分の主観的な視点を理解できるようになり，青年期前期（12～14歳）には，二者関係を超えた第三者の視点から，そして，青年期（15～18歳）には，多様な視点の中で自分自身の視点を位置づけ理解できるようになる。

また，「友だちから見られる自分」という意識は青年期を通して強まり（深谷，2001），たんに意識できるだけでなく，相手から「こんなふうに見られたい」という願望も含むようになってくる。そして，その願望からみて「今の自分がどうか」という自己に対する評価も生じる。心理学では，この「見られたい」自分のことを**理想自己**，それに対する現状の自分のことを**現実自己**といい，理想自己から現実自己を眺めたときに与えられる評価のことを**自尊感情**（self-esteem）という。そして，青年期はこうした自己や自尊感情への関心が高まる時期だといわれている（小林，2006）。

しかし，このように青年期は，自己や自尊感情への関心が高まる一方で，実

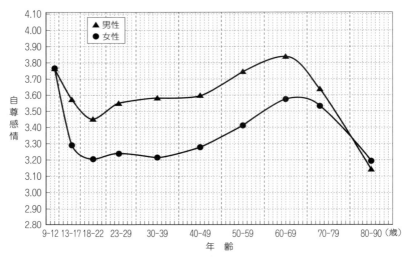

図 8-3 自尊感情の生涯発達
(出所) Robins & Trzesniewski, 2005 を一部改変

際の自尊感情は低下する時期でもあることが知られている。図 8-3 は自尊感情に関する複数の調査結果をもとに，9〜90歳までの生涯にわたる自尊感情の変化を示したものである。この図からわかるとおり，9〜20歳くらいまでの間，自尊感情はいちじるしく低下し，とくに女子の方がより低下することが指摘されている。また日本においても，自尊感情に関してメタ分析を行った研究から，青年期に自尊感情が低下するという同様の結果が確認されている（小塩ほか，2015）。

　こうした種々の調査の結果から，「他者の目を気にしつつ，自分自身を肯定できない」青年期の少年・少女たちの不安定な自己のあり方が浮かび上がってくる。このような視点から，あらためてQ子の事例を見ると，彼女の問題は，発達障害だから，不登校だからというわけではなく，青年期の少女らしい反応であると言える。つまり，Q子の激しい感情の起伏は，この時期特有の不安定な自己，あるいは自尊心を守るための，ひとつの防衛であったと考えられるのである。

（3） 青年期における友人関係の発達

　もちろん，青年期の者たちにとって，友人関係は自己の不安定化を招くだけのものではない。図8-1でもみたように，ときに相談相手として彼らを支えるものとしても機能する。それではこうした友人関係は青年期全体を通して，どのように発達するのだろうか。落合・佐藤（1996）は青年期の友人関係について包括的に調べた結果，因子分析により青年期には6種類のつきあい方があることを明らかにした（表8-1）。さらにこうしたつきあい方が，中学校・高校・大学といった学校段階に応じてどのように変化するのかを調べた結果が，図8-4である。

　この結果から，学校段階が上がるにつれて同調が減少し，逆に積極的相互理解が増加することがわかる。また全方向的なつきあい方をみると，高校までは誰とでも仲良くというつきあい方が比較的高いのに対し，大学生ではそれが減少する。さらに友人との間に心理的な距離を置く防衛的なつきあい方は，中学から高校で大きく減少し，逆に相手から好かれたいとする被愛願望は高校生で増加している。つまり，中学校から高校にかけて，防衛的，同調といったつきあい方が減少し，積極的相互理解といったつきあい方が増加することから，まず友だちとかかわる姿勢が変化する。そしてその後，高校から大学にかけて，さらに積極的相互理解が高まる一方で，全方向的なつきあい方が減少することから，かかわろうとする友だちの範囲が変化することが分かる。このように青年期は，たんに友人関係の重要度が増すだけでなく，その関係のあり方も，防衛・同調的な浅いつきあいから，相互理解といった深いつきあいへ，またそれに伴って全方向的な広いつきあいから限られた友人との狭いつきあいへと変化していくのである。

　以上，青年期の関係と心の変化について概観してきた。まとめると，ひとつは，青年期は重きを置く関係の比重が大人から友だちへと大きくシフトする時期であり，その中で大人の価値観とは独立した子どもどうしの価値観を作り上げるということである。そして，このことは意味づけの複雑化をもたらし，この時期から子どもは，一方で大人の価値観で物事を測りつつ，他方で子どもど

表8-1 青年期における6種類の友だちとのつきあい方

つきあい方	質問例
防衛的	友達とは本音で話さないほうが無難だ
全方向的	どんな友達とでも仲良しでいたい
自己自信	友達と意見が対立しても,自信を無くさないで話し合える
積極的相互理解	友達と分かり合おうとして傷ついても仕方ない
同調	みんなと何でも同じでいたい
被愛願望	みんなから愛されていたい

(出所) 落合・佐藤,1996

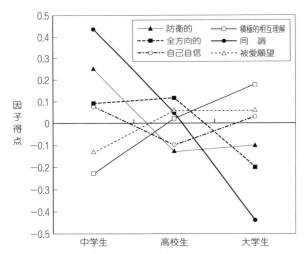

図8-4 友だちとのつきあい方の発達的変化
(注) 因子得点が大きいほどその傾向が強いことを示している。
(出所) 落合・佐藤,1996

うしの価値観で測るということができるようになる。

　もうひとつは,青年期は自己や自尊心への関心が高まる一方で,自分に自信を持ったり,そのままの自分を受け入れたりすることがなかなかできない時期だということである。そのためこの時期は,外から見ると,何となくイライラしていたり,不安定に見えたりすることが多くなると考えられる。そして最後に,青年期は,友人からの影響力が増す一方で,その友人関係のあり方も大き

く変化する時期でもある。

　それではこうした変化は，この時期の問題行動とどのように関係しているのだろうか。以下ではこの時期に起こりやすい問題行動を取り上げ，とくに青年期の発達という視点から考えていく。

3　青年期と問題行動

　問題行動とは，教育上指導を要する行動のことであり，通常，反社会的な行動と，非社会的な行動の2つに分類される。**反社会的な行動**とは，非行やいじめといった集団のルールや社会規範に反するような行動をさす。それに対し，**非社会的な行動**とは，不登校やひきこもりといった集団生活から離脱するような行動をさす。そして，とくに一般的に**思春期**と言われる青年期前期は，反社会的・非社会的行動にかかわらず，問題行動が増える，あるいはこじれる時期であると言われる。それでは，上記の青年期の発達的変化をふまえるなら，こうした問題行動をどのように理解することができるのだろうか。以下では，とくに青年期前期（思春期）に起きやすいとされる問題について，反社会的な行動，非社会的な行動の順に見ていく。

（1）　適応行動としての非行

　青年期前期（思春期）には，喫煙や飲酒，教師への反抗や授業妨害，あるいは学校の荒れのような集団的な反社会的な行動が目立つようになる。こうした行動は通常，心理学では**不適応行動**と呼ばれ，生徒が学校生活にうまく適応できなかったために生じると言われる。

　しかし，先に述べたように，青年期では，大人とのタテの関係より友だちといったヨコの関係が重視されるようになる。そして，ヨコの関係においては，大人とは異なる価値観が形成され，ときにその中では大人の価値観に反するような行動こそが，逆に価値あるものと見られることもある（大渕，2006）。たとえば，加藤・大久保（2005a）は，中学校の困難校と通常校を比較した結果，

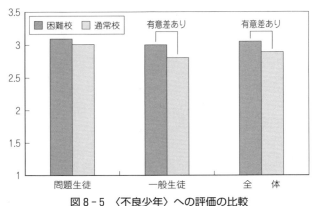

図8-5 〈不良少年〉への評価の比較
(注) 得点が高いほど肯定的に評価していることを意味している。

困難校の生徒には〈不良少年〉をより肯定的に評価する雰囲気があること，またそうした違いは，問題行動をする生徒ではなく，一般生徒においてあることを明らかにしている（図8-5）。つまり，普通の学校に比べ，荒れている学校には，問題行動を起こす生徒を支持するような反学校的な生徒文化が存在しているということである。このような事実をふまえるなら，たしかに問題行動は，教師から見れば学校生活に合わせられない不適応行動であるが，生徒の視点から見れば周囲の期待に応える適応的な行動であると言えるだろう。つまり，荒れている学校で，問題行動を起こす生徒は，教師の価値観を代表する**学校文化**にはうまく適応していないが，**生徒文化**にはうまく適応した結果，問題行動を起こしていると考えられるのである。したがって，こうした問題に対応していくためには，たんに問題行動を起こす生徒にかかわるだけでなく，問題行動をしない生徒を含め周囲の生徒にどのようにかかわっていくかが重要である。とくに，荒れている学校・学級においては，教師と一般生徒の関係が悪くなるという指摘（加藤・大久保，2005b）をふまえるなら，学校や学級が荒れたとき，教師は，問題行動を起こす生徒よりも，むしろ起こさない生徒とどのようにかかわるかが重要であると言えるだろう。

コラム 〈荒れる〉学校の「問題行動をしない生徒」が持つ問題

　学校が荒れると，教師はなんとかそれを収めようと，問題行動をする生徒（以下，問題生徒）にさまざまな指導を行う。しかし，解決の鍵は，問題生徒よりも，問題行動をしない生徒（以下，一般生徒）にあるのかもしれない。というのも，困難校と通常校を比較した場合，顕著な違いが見られるのは問題生徒ではなく，一般生徒だからだ。

　具体的に言うと，通常校に比べ，困難校の一般生徒には次のような特徴が見られる。ひとつは，困難校の生徒のほうが，学校生活を否定的にとらえ，問題生徒を肯定的にとらえる傾向が強く（加藤・大久保，2005a），教師との関係も良くないということである（加藤・大久保，2005b）。2つには，困難校のほうが問題生徒に甘く，一般生徒に厳しいダブルスタンダード化した指導がとられる頻度が高く，またそうした指導がとられると，一般生徒のほうが，教師に対してより不満を向けるということである（加藤・大久保，2004）。

　このようなことをふまえるならば，困難校には次のような悪循環が生じていることが推測される。(1)学校が荒れると指導がダブルスタンダード化する。そうすると(2)一般生徒の教師への不満が募り，教師との関係が悪化する。そして(3)一般生徒に学校生活を否定的に，問題生徒を肯定的にとらえるような反学校的な生徒文化が形成される。その結果，(4)問題行動が起きやすくなる雰囲気が生じ，さらに荒れる……というわけである。

　したがって，このような悪循環から抜け出し，荒れを解決するためには，問題生徒ばかりに注目するのではなく，問題行動をしない一般生徒へ目を向け直した指導が必要になると思われる。具体的には，学校が荒れたときこそ，教師は問題行動をしない生徒との関係を見直し，彼らから向けられる不信感に対処する必要があると考えられる。

（2） 不登校をこじらせる力

　不登校とは，文部科学省の定義によれば，「何らかの心理的，情緒的，身体的あるいは社会的要因・背景により，登校しないあるいはしたくともできない状況にあるため年間30日以上欠席した者のうち，病気や経済的な理由による者を除いたもの」のことをさす。2016（平成28）年度，この定義による不登校者数は，小中学校合わせて，133,683人となっている（文部科学省，2018）。とくに中学校の不登校者数は103,235人で小学校の30,448人の約3.4倍，発生率でい

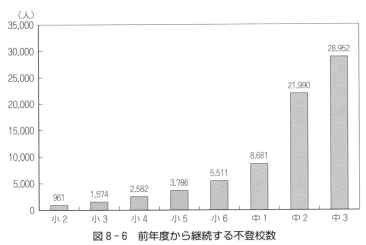

図8-6 前年度から継続する不登校数
（出所）文部科学省, 2018

えば，中学校は3.0％で，小学校の0.5％に比べ，6倍にもなる。さらに出席日数が0日の者では，中学校で4,077人と，小学校の877人の約4.6倍となる。

　青年期に相当する中学生とそれ以前の小学生で比較した場合，人数や発生率の違いが目立つが，他にも大きな違いが見られる。それは中学生の不登校のほうが，小学生の不登校に比べ，継続期間が長いものが多いということである。図8-6からも分かる通り，学年が上がれば上がるほど，前年度から継続する不登校の数が増えることが分かる。つまり，青年期においては，不登校がこじれやすいのである。理由はいくつか考えられるが，そこには青年期の発達のあり方も関係していると思われる。どういうことか，少し解説しよう。

　不登校について考えるとき，重要なのは，不登校になった原因（**発生要因**）と不登校が続いている原因（**継続要因**）を分けて考えることである（小林，2003）。たとえば，いじめがきっかけで不登校になった場合でも，不登校を続けるうちに，今さら学校に行っても「勉強についていけない」，あるいは「居場所がない」といったような新たな要因が立ち上がり，それによってさらに登校が困難になるということがある。とくに継続要因が問題なのは，休み続けることで，その要因が強化され，悪循環を生み出すということである。すなわち，

今さら学校に行っても「居場所がない」と考え学校に行かなければ，さらに学校に居場所がなくなり，ますます学校に行けなくなる……というわけである。とくに不登校が長引いたときに出てくる継続要因として，「今さら（みんなと同じように）やったとしても，（自分が）同じようにできるはずがない」という声がしばしば聞かれる。もちろん，これも学校に行かなければ行かないほど，強化される要因であるため，悪循環が形成され，ますます次の一歩がなかなか踏み出せないという状況に陥っていく。

たしかに不登校になることによって新たに立ち上がってくる継続要因自体は問題ではある。しかし，発達的な視点から見た場合，こうした要因が新たに立ち上がることには，先に述べた青年期の力——「他者の目を通して自分を見る」——が関係していると思われる。というのも，「今さら行っても勉強についていけない」という認識も，「今さら行っても居場所がない」という認識も，「みんなと同じようにできるはずがない」という認識も，「他の生徒から見て，自分がどんなふうに見られるのか（どんな存在であるのか）」ということを先取りして認識する力によって支えられていると考えられるからである。

たとえば，教師から「修学旅行だけは来てみれば」と誘われ，「今さら行っても居場所がない」と答えたある不登校の中学生がいた。その生徒は学校には行っていなかったが，同じクラスの友だちとはよく遊んだり，電話やメールでやりとりしたりはしていたので，「どうして（居場所がないと思う）？」と聞いたところ，次のような答えが返ってきた。「だって，ふだんは来ないのに，楽しいときだけ来る奴って，嫌な奴じゃない？」と。このことは，遠足や体育など，自分が楽しいと思う行事や授業には，誘われればすんなり出てくる者が多い小学校低・中学年の不登校と比べれば，対照的な反応である。つまり，青年期は，「他者の目を通して自分を見る」力がつくが，その力がつくことで，逆に学校に行きにくくなり，不登校をこじらせる力もつくということである。

もちろん，「他者の目を通して自分を見られること」だけが，不登校を長引かせる要因ではない。しかし，こうした青年として発達することが，登校を阻害し，不登校を長引かせることがときとしてありえるということである。

＊

　以上，駆け足ではあるが，青年期の基礎的な発達とこの時期に起こりやすい問題について見てきた。私たちは問題が起きたり，こじれたりすると，何か発達がうまくいっていないから問題が起きる／こじれると考えがちである。しかし，この章を通して示したかったことは，じつは，逆にちゃんと発達しているからこそ問題が起きる／こじれる場合があるということである。つまり，問題を起こす／こじらせることができるようになることもひとつの発達であり，青年期はとくにそうした傾向が強く出る時期だということである。そのように考えるなら，問題というものも，ふつうに見ればネガティブなものであるが，違う見方で見るなら，ひとつの発達の証という意味でポジティブな意味を持つものでもあるとも考えられる。

　このように青年期の発達とそこから生じる問題を通して，かならずしも「発達＝良いこと」ばかりではないし，また，逆に言うなら「問題＝悪いこと」ばかりではないということを，私たちは知ることができるのである。

〈サマリー〉

　青年期とは，身体的変化のみならず，他者との関係や心の有り様が大きく変化する時期である。この章では，青年期の2つの大きな変化に注目した。ひとつは，大人とのタテの関係よりも友だちといったヨコの関係が強くなること。2つは，「他者の目を通して自分を見るようになる力」が身につくことであった。

　そして，ひとつめの関係の変化によって，出来事への意味づけが多様化し，ときに大人からは問題に見える行動が仲間内では肯定的な意味を持つことがありえることを示した。また2つめの「他人からどう見られているのか？」という自意識を持つことが，ときに足かせとなって不登校など非社会的行動を長引かせる要因となることを示した。最後に以上のことをふまえつつ，青年期とは，新たな関係が広がり，新たな力が伸びる時期であるが，同時に，問題も起きやすく，またこじれやすくなる時期であることを指摘した。

〈もっと詳しく知りたい人のための文献紹介〉

長谷川寿一（監修）　2015　思春期学　東京大学出版会
 ⇨乳児期につづいて大きな変化が見られる思春期。その一方で，精神疾患や問題行動も増加する思春期。この時期にどういう変化が生じるのかよくわかっていない面も多い。本書はそうした思春期の謎に発達心理学のみならず，脳科学や進化生物学，精神病理学等の知見に基づき，総合的に考察を加えた本である。思春期の最新の知識を得たい人におすすめである。

滝川一廣　2017　子どものための精神医学　医学書院
 ⇨児童期〜思春期の発達とこの時期に起こりうる問題について，著者独自の視点から描かれている。生物学的な基盤だけでなく，社会環境によっても影響を受ける「心の諸問題」を理解するための視座を得られ，知識だけでなく，問題の見方も得られる好著。

〈文　献〉

Emler, N., & Reicher, S. 1995 *Adolescence and delinquency*. Blackwell.
深谷昌志　2001　中学生の悩み　モノグラフ・中学生の世界 Vol. 70　ベネッセ教育総研
加藤弘通　2001　問題行動の継続過程の分析――問題行動を巡る生徒関係のあり方から　発達心理学研究，**12**，135-147.
加藤弘通・大久保智生　2004　反学校的な生徒文化の形成に及ぼす教師の影響　季刊社会安全，**52**，44-57.
加藤弘通・大久保智生　2005a　学校の荒れと生徒文化の関係についての研究――〈落ち着いている学校〉と〈荒れている学校〉では生徒文化にどのような違いがあるのか　犯罪心理学研究，**43**，1-16.
加藤弘通・大久保智生　2005b　学校・学級の荒れと教師―生徒関係についての研究――問題行動をしない生徒に注目して　パーソナリティ研究，**13**，278-280.
小林正幸　2003　不登校児の理解と援助――問題解決と予防のコツ　金剛出版
小林亮　2006　自尊心　白井利明（編）　よくわかる青年心理学　ミネルヴァ書房　pp. 32-33.
文部科学省　2018　平成28年度「児童生徒の問題行動・不登校等生徒指導上の諸課題に関する調査」について　http://www.mext.go.jp/b_menu/houdou/30/02/__icsFiles/afieldfile/2018/02/23/1401595_002_1.pdf（2018年2月23日閲覧）

内閣府　2007　低年齢少年の生活と意識に関する調査　http://www8.cao.go.jp/youth/kenkyu/teinenrei2/zenbun/index.html（2009年10月14日閲覧）

落合良行・佐藤有耕　1996　青年期における友達とのつきあい方の発達的変化　教育心理学研究，**44**，55-65.

大渕憲一　2006　思春期のこころ　ちくまプリマー新書

小塩真司・岡田涼・茂垣まどか・並川努・脇田貴文　2015　自尊感情平均値に及ぼす年齢と調査年の影響　教育心理学研究，**62**(4)，273-282.

Robins, R. W., & Trzesniewski, K. H. 2005 Self-Esteem Development Across the Lifespan. *Current Directions in Psychological Science*, **14**, 158-162.

Selman, R. L. 2003 *The promotion of social awareness : Powerful lessons from the partnership of developmental theory and classroom practice.* Russell Sage Foundation.

静岡市保健福祉局子ども青少年部青少年育成課（編）　2007　静岡市青少年育成プラン

サリヴァン，H. S.　中井久夫・宮崎隆吉・高木敬三・鑪幹八郎（訳）　1990　精神医学は対人関係論である　みすず書房

9章　成人期：関係の中でのとまどいと成熟

- 結婚，出産，子育てといったライフイベントの影響はどのようなものか？
- 人生の半ばを過ぎたという実感は，心にどのような影響を及ぼすのか？

松岡弥玲

> 本章で扱う成人期（成人期前期，成人期中期もしくは中年期）は，多くの人にとって，社会の第一線で働くこと，生涯にわたるパートナーを見つけて結婚すること，子どもを産み，育てることといった，とくに身近で重要な他者関係において大きな変化が訪れる時期です。
>
> 家庭人として，そして職業人としての生き方はどちらも重要なものです。これらの役割は個人の特性や環境のあり方によって，心の発達にプラスの面を持つ場合もあれば，マイナスに作用してしまう場合もあります。それぞれの役割の中でどう生きるのか，複数の役割のバランスをどうとっていくかがこの時期の課題となります。
>
> また，体力の衰えなどから，自分が人生の折り返し地点にさしかかったことを感じる時期でもあります。これまでの生き方と今の状況を問い直して，これからの人生の方向性を深く考える必要性に迫られます。
>
> 成人期の個人が，他者との関係性の中でこれらの課題に取り組む過程を見ていきましょう。

1　成人期とはいつか？

成人期は青年期と老年期の間の時期をさすが，成人期をいつとするのかは研

表9-1 成人期前期，中期の発達課題とライフイベント

発達段階	発達課題	起こる可能性のある出来事
成人期前期 （成人初期） だいたい25〜35歳	親密（親密さ）対孤立（孤独）（親密な関係を他者との間に作り上げること）	結婚（独身，離婚） 妊娠，出産 子育て 家庭と仕事の両立
成人期中期 （中年期） だいたい35〜60歳	生殖性対停滞（次世代に関心を示すこと）	子育て，巣立ち，定年 自分の限界の認識 中年期危機 自己の問い直し

究者によってばらつきがあり（Levinson et al., 1978；Levinson, 1996；Gould, 1978），じつは明確には決まっていない。過去の研究を概観すると，**成人期中期（中年期）**の始まりは30代後半もしくは40歳からであり，60歳もしくは65歳くらいまでを終わりと捉える傾向があり（Lachman & Bertrand, 2001；岡本，1995），それより前の大学卒業後，就職や結婚を経験する25歳から35歳くらいまでを**成人期前期（成人初期）**，それより後の60歳もしくは65歳以降を**成人期後期**や**老年期**もしくは**高齢期**として扱うことが多いようである。本章では25歳から60歳くらいまでの発達について考え，おもに表9-1に示した発達課題やライフイベントについて述べていく。

　成人期の発達の中核をなすのは「**家庭と仕事**」であろう。成人期の研究を見回してみるとそのほとんどが家庭（親役割，夫婦関係など）もしくは仕事とかかわる発達や適応，またこれらの両立で生じる葛藤や満足感などを扱っている。

　しかしながら，成人期は個人差が非常に大きい時期であり，同じ年齢の人であっても生活が顕著に異なるため，その影響を受けて心の発達にも個人差が生じる。どのような職業か，未婚か既婚か，既婚者の中でも結婚した年齢，配偶者との関係性，子どもの有無，女性であれば専業主婦か有職女性か，さらに離婚を経験するか，など挙げればきりがないほど成人期の個人の生き方には多様性がある。そのため，一般的な発達の道筋を導き出すことが難しいことを念頭に置きながら成人期を捉えていかなければならない。

2　家族を作る——生涯の伴侶を見つけ，子を産み育てること

（1）結婚：一生をともにできるほどの親密な関係性

　25歳から35歳くらいに経験する可能性のあるライフイベントは何かと問われたとき，多くの人が**結婚**を想像するのではないだろうか。

　現代の発達心理学に大きな影響を与えたエリクソン（Erikson, E. H., 1950）は，成人期前期の課題として，「親密対孤立」を挙げている（7章参照）。**親密**とは，深く親密な関係を仕事や性愛や友情の中で他者との間に築き，その関係性を継続できるまでに成熟することである。それができなかった場合に陥るのが**孤立**であり，相手に影響されすぎて自分がなくなってしまうような不安から他者を拒絶し，表面的な関係しか築けなくなってしまう。

　近年，親が取り決めた見合いによる結婚はもはや過去のものとなり，個人の選択に任されるものとなった。当然ながら日本では重婚は認められていないため，私たちは同時に多数の相手を選んで婚姻関係を結ぶことはできない。離婚する人がかつてよりも増えたとはいえ，結婚した時点ではほとんどの人が，そのたったひとりの相手を自分の生涯の伴侶と見込んで結婚に踏み切るのである。

　結婚相手となる人は，自分自身の人生に大きな影響を与える重要な他者である。なんとしても自分に合った相手を選びたいものである。そんな人とどこで出会えるかといったことは述べようがないが，エリクソンは，まず「自分とは何かという問いに対する答えを見いだすこと」，つまり青年期における課題である**アイデンティティの確立**が他者との間に充実した関係性を継続させるために不可欠であると述べている。アイデンティティを確立している人は親密性も高いという（Tesch & Whitbourne, 1982）。

結婚に至るまで：恋愛

　大野（1995）は，他者からの評価によって自己のアイデンティティを定義づけしようとするような未成熟な状態での恋愛を「**アイデンティティのための恋愛**」と呼んだ。その内容は表9-2のようなものである（7章も参照）。

表9-2 アイデンティティのための恋愛

①	相手からの賛美，賞賛を求めたい（好きだといって欲しい）
②	相手からの評価が気になる（自分のことをどう思っているのかが気になる）
③	しばらくすると飲み込まれる不安を感じる（自分が自分でないような緊張感にとらわれる）
④	相手の挙動に目が離せなくなる（相手が自分のことを嫌いになったのではないかと気になる）

（出所）　大野，1995

　この恋愛は，相手からの賞賛によって自分を支えようとする関係であることが特徴的である。相手との親密な関係を築きたいというよりは，自分を認めてほしいという欲求に焦点が当たっている。つねに相手からほめられなければならないし，相手をほめ続けなければならない。恋愛当初はよくても，だんだんと双方ともに疲れ，いつしか終わりを迎えてしまう。このような関係では，生涯にわたる安定した関係性を築くことは困難である。

　しかし，恋愛関係の崩壊は心に大きな傷を残すが，一方でアイデンティティを確立し，成人期において親密性を獲得するための得難い機会のひとつとなる。恋愛は他者と密にかかわることであるから，その中で自分と相手について深く考えるだろう。自分を理解し，自分にふさわしい相手がどのような人なのかがだんだんとわかってくる。失恋は将来の運命の相手に出会うために必要な自分を理解する能力を育てるのである。

他者関係によって培われる成熟

　ここで重要なのは，「自分とは何か」というアイデンティティに関する問いは，自分ひとりで考え込むことでなされるのではなく，他者とのかかわりの中でなされるという点である。他者との相互作用は生まれたときから幾度となく繰り返され，自分を理解する試みはその都度起きている。青年期にはそれらの蓄積された自分が整理され，自分の輪郭が明確に見出される。そして成人期前期にはそれまでの他者との関係性の中で培われた成熟を土台として自分の生涯

にわたるパートナーを選ぶという難題に挑むのである。

(2)「結婚」を取り巻く問題

では，パートナーを選び，結婚した後の**夫婦関係**はどのようなものなのだろうか。若い読者は結婚と聞くと，幸福感に満ちた甘い生活を想像するだろうか。マスメディアで取り上げられる「結婚」，とくに結婚式や新婚生活は幸せなイメージばかりを伝えているが，ふと客観的に周りを見回してみると，一概に幸せそうな夫婦ばかりとは言えないのが現実であろう。

独身の利点と離婚

赤の他人どうしが生活をともにすることは，自分ひとりの生活だけよりも複雑になり，当然不自由さも生じる。独身者は独身生活の利点として，男女ともに「行動や生き方が自由」を挙げる人が圧倒的に多く，男性で69.7％，女性では75.5％であった（国立社会保障・人口問題研究所，2015）。結婚という共同生活に伴う行動や生き方，友人関係などの束縛，家族扶養の精神的負担を否定的に捉えている（図9-1）。

また，2017年の間に結婚した男女は約60万組であったが，同時にその約3分の1に当たる21万組もの夫婦が**離婚**している（厚生労働省，2017a）。とくに妻が結婚生活に不満を持つ場合が多く，結婚後の長いときを夫婦として過ごした中高年では，妻の満足度は夫の満足度を大きく下回り，離婚の申し出はそのほとんどが妻からのものだという（柏木，2003）。

離婚の状況についてはさまざまなケースが考えられるため慎重な議論が必要であるが，離婚経験者は挫折感や絶望感などの情緒的混乱を経験することや（小田切，2005），両親の離婚を経験した子どもは，大きな悲しみや喪失感を経験し，適応する面を見せながらも10年以上たった後も親が離婚した当時の記憶を鮮明に持ち続けるという（Wallerstein, 1985, 1989; Kelly & Emery, 2003）。

円満な夫婦関係を築くもの：コミュニケーションの大切さ

夫婦関係の満足度は，精神的健康を左右する重要な要素である。しかし上に見たような離婚の問題を考えると，他人が共同生活することは努力なくしては

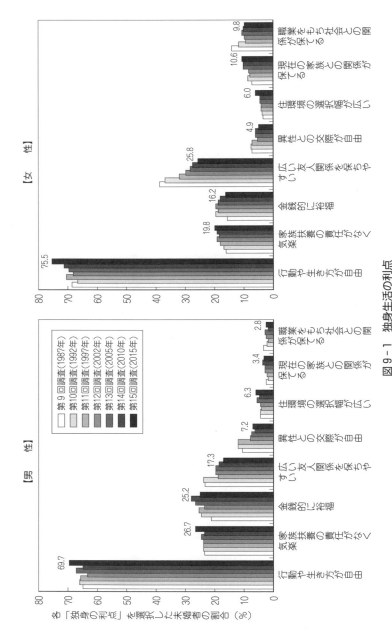

図 9-1 独身生活の利点

(注) 対象は18〜34歳の未婚者。何%の人が各項目を主要な独身生活の利点（2つまで選択）として考えているかを示す。グラフ上の数値は第15回調査のもの。
(出所) 国立社会保障・人口問題研究所, 2015

9章　成人期：関係の中でのとまどいと成熟

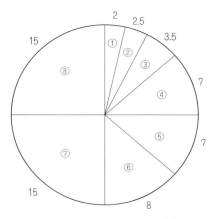

図9-2　家族のライフサイクルの8段階
（注）　グラフ上の単位は年。
（出所）　Santrock, 1985（今泉・南（編訳），1992）を一部改変

難しく，それ相応の人格の成熟も必要であることがわかる。生涯にわたる家族のライフサイクルを見ると（図9-2），結婚後，夫婦2人で過ごす可能性があるのは，子どもの出生前の約2年（図9-2の①），中年の親（子どもが出て行った後から退職まで）の約15年（⑦），老年の親（退職から配偶者双方の死まで⑧）の約15年を合計した30年以上にわたることになる。これだけ長い期間ともに過ごす相手なのだから，できれば仲良くやっていきたいと誰もが願うだろう。

　夫婦関係の良好な夫婦とそうでない夫婦とを比較した研究によると，その違いはコミュニケーションの仕方にあるようである（平山・柏木，2001, 2004）。

　相手を大切に思い，日々のコミュニケーションの中でそれを伝えていくという基本的なことが夫婦関係を良好に保つための鍵となると言える。エリクソンら（Erikson, E. H., & Erikson, J. M., 1997, 村瀬・近藤（訳），2001, p.93）は**親密性**とは「意義ある犠牲や妥協を要求することもある具体的な提携関係（affiliations）に自分を投入する能力」と述べている。自分の望む生き方と相手の望む生き方とを，話し合いの中で，ときには妥協して融合させる能力が双方にとって満足感の高い結婚生活を送るには必要であるようだ。

コラム　円満な結婚生活を送るには？

　日本のデータをもとに離婚率を推定した研究（Raymo et al., 2005；加藤，2009）では，ある夫婦が結婚生活20年未満に離婚する確率は少なく見積もっても30％だという。幸せを誓いあって結婚した2人がなぜ離婚してしまうのか。

　離婚研究を続けているゴットマン（Gottman, J. M.）は「夫婦の会話」が離婚を左右する鍵であると述べている（Gottman & Silver, 1999）。肯定的な言動（肯定，同意）が2人の関係満足感を高め，否定的言動が不満を抱かせ，離婚につながるという。ワシントンの新婚夫婦130組を対象にした研究で，夫婦関係の問題について15分間話し合いをさせ，その言動を分析した上で，6年後にその夫婦が離婚しているかを調査した（Gottman et al., 1998）。その結果，6年後離婚していた夫婦は，結婚を継続していた夫婦よりも，否定的な言動（不平，批判，軽蔑，言い訳）が多かった。

　せっかく結婚したのだから幸せな夫婦になりたいと思うのは自然な感情だろう。では円満な結婚生活を送るにはどうしたらよいのか？　ゴットマンは結婚生活を成功させる7つの原則として以下のものを挙げている（Gottman & Silver, 1999）。お互いを大切に思い人生を一緒に作り上げていく努力が円満な夫婦生活につながっていく。

①お互いのことを知る：配偶者の希望，悩み，心配事などを知る。
②思いやりと感謝の気持ちを持つ：配偶者に感謝する，配偶者の好きなところを見つけ，ほめる。
③正面から向き合う：日常生活のささいな出来事に真剣に向き合い，心の交流をする。
④配偶者の意見を尊重する：配偶者の意見を尊重し，ときには譲歩することが重要。
⑤夫婦で解決できる問題に取り組む：日常の未解決の問題（たとえば，子どもを私立の学校にいれるか公立にいれるかなど）に夫婦で取り組む。
⑥夫婦で乗り切る：お互いに妥協しあいながら問題を解決する。
⑦夫婦の人生の意義を共有する：夫婦で生活することに幸福を感じられるように，夫婦だけの習慣や儀式を作り上げていく。

（3）　親になる：産み，育てることでの発達

　すべての人が子どもをもうけるわけではないが，結婚後は多くの人が親になることを考えるだろう。エリクソンは，親密性の後の発達課題として，**生殖性**

(**世代性**）**対停滞**を挙げている。これは，次の世代（自分の子ども以外も含む）を世話し，育成することに対する関心とそのことへエネルギーを注いでいるという自信を持つことである。次世代に関心のない部分での自己実現は自己満足となり，それ以上の発達を遂げずにそのまま停滞してしまう。

妊娠，出産は女性にとって人生を変える大きな出来事のひとつである。子孫の繁栄は生物にとって望ましいことであり，妊娠は一般的には喜ばしい出来事としてみなされている。しかし，妊娠を知ったときの女性の気持ちは，単純に嬉しいというものばかりではなく，複雑な思いを含む。思いがけない妊娠であった場合は，生活や仕事の面で思い描いていた人生設計の変更を余儀なくされるため，困惑する気持ちが生じることは想像に難くない。

大日向（1988）は，女性が妊娠をどのように受け止めたかによって，子どもに愛着を感じる時期が変わることを示している。妊娠を望ましく捉えていた人は，妊娠中の早くから子どもに強い愛着を感じる（とても可愛いと思う）が，困惑していた人では妊娠中には愛着を感じておらず，分娩後，実際に赤ちゃんと出会い，笑顔を見て声を聞く中で徐々に強い愛着を示すようになっていった。

男性は子どもが生まれた直後はあまり実感がなく，子どもと接する中で徐々に自分が父親であることを認識していくという。子どもの誕生には男女2人の存在が欠かせないものであり，2人とも親であることに変わりはないが，約1年近くもの間，胎内で子どもを育ててきた母親と父親の認識が異なることは当然であろう。

なお，社会通念として，女性は生まれながらにして母性を持つという**母性愛神話**が存在する（後に詳しく扱う）。しかし，母親も産んだ直後からすぐに親としてふるまえるわけではなく，子どもとのふれあいを通じる中で，愛情ととまどいとを感じながら，だんだんと母親らしくなっていくのである。

親になることでの成長

子どもが誕生したその日から，夫婦2人だけのときとは大きく異なる生活が始まる。**親になること**によって，いったい人はどのように変化するのだろうか。母親が子どもを全力で守る様子をさして「母はつよし」とよく言われ，周りを

表9-3 親になることによる成長・発達の次元

①柔軟さ	考え方が柔軟になった 他人に対して寛大になった 精神的にタフになった
②自己制御	他人の迷惑にならないように心がけるようになった 自分のほしいものなどを我慢できるようになった 他人の立場や気持ちをくみとるようになった
③視野の広がり	日本や世界の将来について関心が増した 環境問題（大気汚染・食品公害）に関心が増した 児童福祉や教育問題に関心をもつようになった
④運命・信仰伝統の受容	物事を運命だと受け入れるようになった 運の巡り合わせを考えるようになった 常識やしきたりを考えるようになった
⑤生きがい・存在感	生きている張りが増した 長生きしなければと思うようになった 自分がなくてはならない存在だと思うようになった
⑥自己の強さ	多少他の人と摩擦があっても，自分の主張は通すようになった 自分の立場や考えはちゃんと主張しなければと思うようになった 物事に積極的になった

（出所） 柏木・若松，1994より一部抜粋

見回してみても，子を持った後はそれまでと比べて逞しくなるように思える。

しかし，親になることによって変化するという，はっきりとした根拠はあるのだろうか。これまでの発達心理学における研究では，子どもの発達に親がどう影響するのかという親→子の研究がほぼ大多数を占め，子育てによって親がどのような影響を受けるのかという子→親の研究は少数であり，近年ようやく見られるようになってきた。

柏木・若松（1994）では，育児経験を持つ親との面接から，子育てによる変化・成長についての質問項目を作成し，親になる前と後での変化を検討している（表9-3）。その結果，親となったことによって①小さなことにこだわらない柔軟さ，②自分の欲求や立場を抑制し，他者と協調する態度，③広い多角的な視野，④運命や信仰などの重視や謙虚さ，⑤生き甲斐と存在感，⑥自分の考えや立場の明確さや強さを身につけるようになったという。

子育ては喜びをもたらすという面だけではなく，葛藤や迷いを生じさせる面も持ち合わせる。子どもと接する中では，思うようにはいかないことや，目の

前ですぐに対処しなければならない事態が日常的に生じる。子どもが成長するにつれて，親自身の生き方を子どもからまっすぐに問われることも経験するだろう。

　しかし，困難さは苦しさだけではなく，人間を打たれ強くし，他者への共感性を高め，自分への自信を生み出す面も持つ。喜びと困難が混在する子どもとの関係性は人格的な成長を可能にする機会となるのである。

　もちろん，親となったすべての人が成長を遂げるわけではない。未熟なまま親となり，子どもを虐待してしまう痛ましいケースも存在する。また，現代においてはいまだ「男は仕事，女は家庭」という**伝統的性役割観**が根強く，育児の担い手はほとんどが母親であり，親としての成長を経験したと述べるのは母親の方が多い。しかし後にふれるが，父親が育児に主体的にかかわることは母親と同じように自分を発達させる経験となることがわかっている。子どもとどれだけかかわるか，子どもとの関係性の中で生じる出来事を，どう捉え，どう乗り越えるのかが，性にかかわらず自身を発達させる貴重な機会となると言える。

3　女性・男性にとっての仕事と家庭

　内閣府による2016年の世論調査によると，「夫は外で働き，妻は家庭を守るべきである」という伝統的性役割観について「賛成」「どちらかと言えば賛成」と答えた人は男性で44.7％，女性で37.0％であった（内閣府，2016）。この結果はこれまでに行われた同様の調査と比較すると過去最少の値であり，近年の共働き世帯の増加を背景として価値観が変わりつつあることがうかがえる。しかしながら国際的に見ると，この質問に対して賛成した人は2007年の調査において，アメリカ合衆国では男性が21.7％，女性が18.1％，イギリスでは男性が9.5％，女性が9.7％，スウェーデンでは男性が8.9％，女性が8.4％であり，いずれも現在の日本の値と比べてもかなり低い（ちなみに2007年の調査では日本は男性で46.5％，女性で36.8％（内閣府，2007））。

　いまだに伝統的性役割観が根強いことは女性の就労や男性の育児休業取得率，

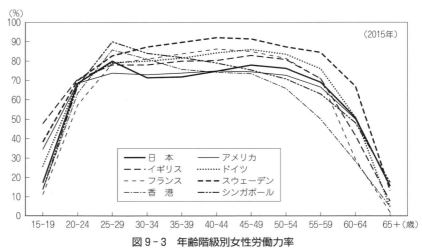

図9-3　年齢階級別女性労働力率

（出所）　労働政策研究・研修機構，2017

家庭での家事育児の分担についてのデータに明確に反映されている。女性の就業率についての国際比較を見ると日本の場合は64.6％であり，35カ国中12位と低くはない（労働政策研究・研修機構，2017）。しかしながら年齢別の結果を見てみると，日本では20代後半から30代の結婚，出産，育児のタイミングで女性が仕事を離れ，子育てが落ち着いてから復帰するM字型の推移が見られる（図9-3）。この傾向は欧米諸国では1970年代に見られたが現在はない。また，育児休業について，育児休業取得率は男女ともに増加しているが，在職中に出産した女性の81.8％に対し，配偶者が出産した男性の育児休業取得率は3.16％という低水準である（厚生労働省，2017b）。男性が育児休業を取得しなかったことの理由としては「職場が育児休業を取得しづらい環境だったから（26.6％）」が最多であり，環境が整備されていないことが夫の育児参加を阻んでいる（内閣府，2017）。

　また，子育てや家事に費やす時間を見ると（総務省，2017），日本の男性が家事育児に割く時間は平均して1時間16分であり，これは先進国において最低の水準である（女性は4時間11分）。共働き世帯に限ってみても日本では妻が

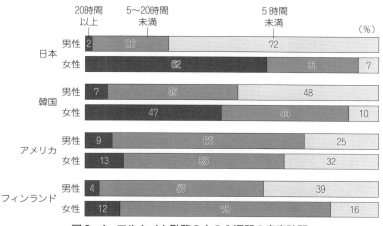

図 9-4　フルタイム勤務の人の 1 週間の家事時間
（出所）村田・荒牧，2015

担っている割合が他国に比べて非常に大きく，1 週間に 20 時間の家事を担っている女性が 62％なのに対し男性はわずか 2％であり，妻は不平等感を感じている（図 9-4，村田・荒牧，2015）。これには男性が仕事中心の生活を送っていることが原因にあり，男性の総実労働時間は女性よりも長い（月の総労働時間は男性 160 時間，女性 124.1 時間）（厚生労働省，2016）。以上のことからは夫は仕事，妻は家庭（と仕事も）という，伝統的性役割観が個人の意識の中にも実際の生活労働環境の中にも根強く残っていることが示されている。

育児は女性がすべきか？

　伝統的性役割観の背後には，すべての母親が子どもに無償の愛情を持っているという**母性愛神話**がある。これは母親が自己犠牲的なほど子どもに愛情を注ぐことを暗に促すものであり，子どもの養育に良い影響を及ぼす場合もあるが，ときに母親を追いつめ，子どもに対してもネガティブな影響を与えることがある（江上，2007；大日向，2000）。自分に自信のない母親は「良い母親は自分の都合より赤ちゃんの都合を優先させるべき」「母親がすべての責任をもつべき」という理想の母親像を持っており自分とのギャップに苦しむ（氏家，1995）。この母性愛神話を信じる傾向は専業主婦の方が有職の女性よりも高い（江上，2007）。

仕事を持つ母親の場合は，育児に割く時間が少なくなり，この母性愛神話を信じることは「仕事のせいで子どもにかわいそうな思いをさせている」と，自分自身を責めることになる。育児をしながら働くことは，時間的，心理的に余裕がなくなり，育児のせいで仕事に支障がでたり，仕事のせいで育児がうまくいかないという役割間葛藤を生む。このことが夫婦間の意見の不一致を生み，育児ストレスを高め，抑うつを増加させてしまう（小泉ほか，2003）。

　しかし，働いている母親は役割過重感も高いが生活満足感が高く（土肥ほか，1990），働いていることが子どもに悪い影響を与えるという研究結果はほとんど見られない（Hoffman, 1989）。むしろ，専業主婦と有職女性とを比較すると専業主婦の方が結婚への不満が抑うつに影響することや（Radloff, 1975），子どもが巣立ったときの寂しさや母親役割の喪失感によって抑うつ症状や心身症の諸問題を示す**空の巣症候群**が深刻であること（Harkins, 1978）が報告されている。

　もちろん専業主婦でも充実した毎日を送っている人は多くいる。問題なのは，「女は家庭」という考えに女性自身が縛られ，苦痛に思う場合であろう。すべての女性に同じ価値観が当てはまるわけはなく，どのような生き方がもっとも望ましいのかは個人によって異なり，簡単に答えがでるものではない。

男は仕事が一番大事？

　男性にとって仕事は自信の源となる非常に重要なものである。重要であるがゆえに，これがうまくいかない場合にはストレスが生じる。近年，成人期男性の自殺が深刻な問題になっているが，この背景には仕事での失敗や過重労働が深くかかわっている（森岡，2005）。

　2017年度の自殺者総数は21,321人であり，男性の自殺者は全体の69.5％を占めている（男性14,826人，女性6,495人）。男性自殺者について年齢別に見てみると30～50代の合計が49.2％を占めている（30代男性2,010人，40代男性2,691人，50代男性2,593人：図9-5）。さらに男性自殺者の自殺理由を見てみると，経済・生活問題を苦にした自殺は30～50代のすべてにおいて健康問題に次いで第2位であり，勤務問題での自殺が第3位と続く（厚生労働省自殺対策推進室・警察庁生活安全局生活安全企画課，2018）。

9章 成人期：関係の中でのとまどいと成熟

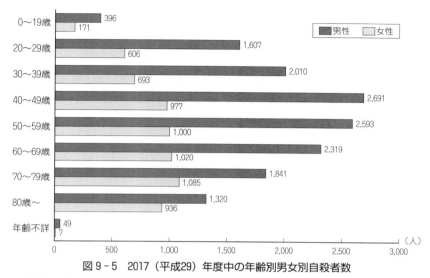

図9-5 2017（平成29）年度中の年齢別男女別自殺者数

（出所）厚生労働省自殺対策推進室・警察庁生活安全局生活安全企画課，2018 年齢階級別・職業別自殺者表7より作成

　男性がどのような職業につき，どのくらい経済力があるかどうかは女性にとって結婚相手を選ぶ際に考慮・重視されるポイントである（男性が結婚相手の条件として女性の経済力を考慮・重視するのは47.4％なのに対し，女性は85.5％：国立社会保障・人口問題研究所，2015）。男性の経済力は異性としての魅力につながっている。また夫婦の収入を比較すると夫の方が妻よりも多い（夫にだけ収入がある，もしくは夫の方がかなり多い）のが日本人では89％に上り，これは31カ国を比較した調査ではもっとも多い（村田・荒牧，2015）。またソーシャルネットワークを見ると，女性はさまざまな種類の人と交流しているのに対し，男性の交友関係は仕事中心であり，職場の人に限られている（川浦ほか，1996）。

　これらをふまえると，仕事における破綻は，経済的困難の深刻さだけでなく，男性としての自信の基盤の崩壊，家族の期待を成し遂げられない悔しさ，ソーシャルネットワークの喪失という重大な要素を含み，自殺に向かわせるほどの絶望を生むと考えられる。

父親の育児参加

こうした深刻な自殺の背景には「仕事がだめならもう終わりだ」と男性が仕事役割にのみ自分の存在意義を置いている可能性が示唆される。しかし，男性の能力は仕事だけでしか生かされないものではない。**父親の育児参加**は，家族への愛情，責任感や冷静さ，子どもを通しての視野の広がりなどを増加させ，男性を発達させることがわかっている（森下，2006；柏木，1993）。

女性に比べ男性は育児が下手であると言われるが，じつはそれは育児経験の差であることが指摘されている。離婚や死別によって，いわゆる「男手ひとつ」で子どもを育てた男性は，子どもに対して母親とほぼ同じようなあやしかたをする（Field, 1978）。また，子どもとよく接している父親は子どものサインに母親と同程度に反応し（Cox et al., 1992），子どもは母親と父親に対して同程度の**愛着**（2章参照）を示す（Fox et al., 1991）。

また，父親が育児に関心を持つことは母親の育児ストレスを低減させ，子どもにポジティブな影響を与える（加藤ほか，2002；小野寺，2005）。家族のために仕事に没頭するという男性は多く見られるが，夫が仕事にのめり込むことは妻の夫婦関係満足度や幸福感を低下させるという（伊藤ほか，2006）。夫が家事を行い，夫婦間の家事分担の公平感が高いと夫婦の家庭生活満足度が高くなる（村田・荒牧，2015）。男性の疎外感を軽減する重要な要素は妻の情緒的サポートであり（伊藤ほか，1999），男性自身とその家族の適応を考える上では，男性が職場以外にも関心を向けることはとても大きな効用があると言える。

4 人生の折り返し地点——自己の問い直し

ここまで，結婚，出産，子育てにかかわる成人期の発達と葛藤を見てきた。40代の半ばになると，子どもは成長して手を離れ（**子の巣立ち**），青年期を迎える。子どもの成長に驚くと同時に，自分自身の髪に白髪が混じり，顔にはしわが増え，階段をあがるだけで息が切れるなどの**体力の衰え**を感じるようになる。

また，仕事をしている人は，職業面でも頂点をすぎたことを実感する。子ど

9章　成人期：関係の中でのとまどいと成熟

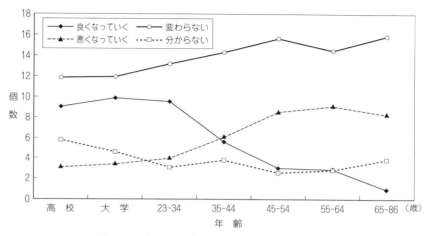

図9-6　自己の30側面に関する獲得と喪失の推移
（注）　45-54歳以降，「悪くなっていく」が「良くなっていく」を上回る。
（出所）　松岡，2008

もの養育，夫婦関係などでときに悩みながら働いてきた時期は過ぎ，定年退職までの時間を考えるようになる。仕事一筋であった人にとっては，胸にぽっかりと穴が開いた気持ちになり，大きな心理的危機となる。

　成人期中期には，このような身体的な変化，子どもとの関係性の変化，職業上での限界性の認識などによって，**中年期危機**と呼ばれる苦悩を経験することがある。「仕事と家庭」というそれまでの人生の中で中核に据えてきた役割の終わりが見えるという大きな変化に直面し，子育てや仕事で埋まっていた時間をどうするか，自分の生き方を見直し，残りの人生をどうやって生きていくか再編成する必要性に迫られることになる。

獲得と喪失の逆転

　松岡（2008）は，自分の中にある，容姿や体力，家族関係や積極性，忍耐力などのいろいろな側面（30側面）が，これから先の将来どう変わっていくと思うのかについて，15歳から86歳までの男女865人に聞いている（図9-6）。これをみると，これから先良くなっていくと思う自分の側面は年齢とともに減少し，逆に悪くなっていくと思う自分の側面は増加していた。45-54歳以降にな

表9-4 成人期中期のアイデンティティ再体制化のプロセス

段階	内容
I	身体感覚の変化の認識にともなう危機期 ・体力の衰え，体調の変化への気づき ・バイタリティの衰えの認識 ↓
II	自己の再吟味と再方向づけへの模索期 ・自分の半生への問い直し ・将来への再方向づけの試み ↓
III	軌道修正・軌道転換期 ・将来へ向けての生活・価値観などの修正 ・自分と対象との関係の変化 ↓
IV	アイデンティティ再確立期 ・自己安定感・肯定感の増大

(出所) 岡本, 1985

ると，「良くなっていく」とみなすものよりも「悪くなっていく」とみなすものの方が多くなる。この**獲得と喪失の逆転**という変化はそれまでになかった変化であり，自分がこれから老いていくことを受け止める必要性に迫られる。

　岡本（1985）は，この時期に自分のアイデンティティをあらためて見出していくプロセスをまとめている（表9-4）。成人期中期には，自分に起きた変化を受け止め，これまでの自分とこれからの自分について問い直す中で，老年期に向けて軌道修正し，あらためて自分を安定させるというアイデンティティの再体制化が起こるという。

　また，レビンソンら（Levinson et al., 1978）は，成人期は生活構造が安定する時期（安定期：重要な人生の選択を行い自分の目標を追求する時期）と模索する時期（過渡期：それまでの生活構造を終わりにして新しい生活構造を築く時期）が交互に繰り返される中で進んでいくと述べている（図9-7）。

　成人期中期に起こる変化が，すべての人に深刻な影響を与えるのかどうかという点についてはさまざまな見解があるが（Neugarten, 1968；Gutmann,

9章 成人期：関係の中でのとまどいと成熟

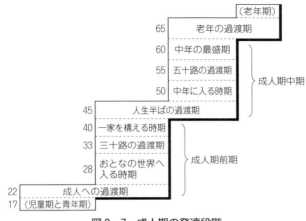

図9-7 成人期の発達段階
（出所） Levinson et al., 1978（南（訳），1992）を一部改変

1980；McCrae et al., 1999），この時期に変化が生じることは確かである。この章で述べてきたように，成人期にはもちろん個人差はあるが，家庭人として結婚，出産，子育て，社会人として仕事を達成するという経験を積み重ねている。成人期中期の危機を乗り越えるには，家庭や仕事の場面での経験を重ねたことによる精神的な成熟が助けとなるだろう。

〈サマリー〉

　成人期前期は，深く親密な関係を他者との間に築くことが課題となり（親密性の獲得），そのためにはアイデンティティの確立が必要となる。結婚は他人どうしの生活であり，離婚する人が多い現代の状況からもこの営みの難しさが見える。円満な夫婦関係はコミュニケーションの取り方が鍵となる。

　妊娠や出産は喜びととまどいを含む。生まれながらにして母性を持つという母性愛神話があるが，男性も女性も育児を経験する中で徐々に親となり，それは人格の成長を果たす機会となる（生殖性の獲得）。

　日本ではいまだ伝統的性役割観が根強いが，近年，この弊害が指摘されてきた（空の巣症候群，仕事を苦にした成人期男性の自殺など）。女性が働くことや男性の育児

参加のポジティブな面に目を向ける必要がある。

　成人期中期（中年期）になり，人生の半ばを過ぎると，自分の限界性がみえ，再度自分の人生を問い直す必要性に迫られる（中年期危機）。それまでの人生で培ってきた成熟を糧にこの危機を乗り越え，次の老年期に向けて方向性を見出していく。

　〈もっと詳しく知りたい人のための文献紹介〉

岡本祐子（編著）　2002　アイデンティティ生涯発達論の射程　ミネルヴァ書房
　⇨これまでの成人期研究について，アイデンティティ発達やキャリアの発達，心理臨床，家族との関係性や教育に至るまで網羅している。初学者にはやや難しいかもしれないが，ライフサイクルの中での成人期をよく理解することができる。

岡本祐子（編著）　2010　成人発達臨床心理学ハンドブック――個と関係性からライフサイクルを見る　ナカニシヤ出版
　⇨成人期における問題を，発達研究と，臨床実践研究の両方の視点から記述しており，重要な過去の研究から最新の知見までをまとめてある。

〈文　献〉

Cox, M. J., Owen, M. T., Henderson, W. K., & Margand, N. A. 1992 Prediction of infant-father and infant-mother attachment. *Developmental Psychology*, **28**, 474-483.

土肥伊都子・広沢俊宗・田中國夫　1990　多重な役割従事に関する研究――役割従事タイプ，達成感と男性性，女性性の効果　社会心理学研究, **5**, 137-145.

江上園子　2007　"母性愛"信奉傾向が幼児の感情表出に及ぼす影響――職業要因との関連　心理学研究, **78**, 148-156.

Erikson, E. H. 1950 *Childhood and society*. W. W. Norton.（仁科弥生（訳）　1977, 1980　幼児期と社会　1, 2　みすず書房）

Erikson, E. H., & Erikson, J. M. 1997 *The life cycle completed*, Expanded ed. W. W. Norton.（村瀬孝雄・近藤邦夫（訳）　2001　ライフサイクル，その完結　増補版　みすず書房）

Field, T. 1978 Interaction behaviors of primary versus secondary care-taker faters. *Developmental Psychology*, **14**, 183-184.

Fox, N. A. Kimmerly, N. L., & Schafer, W. D. 1991 Attachment to mother/attachment to father: A meta-analysis. *Child Development*, **62**, 210-225.

Gottman, J. M., Coan, J., Carrere, S., & Swanson, C. 1998 Predicting marital happiness and stability from newlywed interactions. *Journal of Marriage and the Family*, **60**, 5-22.

Gottman, J. M., & Silver, N. 1999 *The seven principles for making marriage work.* New York: Crown Publishers.

Gould, R. L. 1978 *Transformations: Growth and changes in adult life.* Simon & Schuster.

Gutmann, D. 1980 The post-parental years: Clinical problems and developmental possibilities. In W. H. Norman & T. J. Scaramella (Eds.), *Midlife: Developmental and clinical issues.* Bruner Mazel. pp. 38-52.

Harkins, E. B. 1978 Effects of empty nest transition on self-report of psychological and physical well-being. *Journal of Marriage and the Family*, **40**, 549-556.

平山順子・柏木惠子　2001　中年期夫婦のコミュニケーション態度——夫と妻は異なるのか？　発達心理学研究，**12**, 216-227.

平山順子・柏木惠子　2004　中年期夫婦のコミュニケーションパターン——夫婦の経済生活及び結婚観との関連　発達心理学研究，**15**, 89-100.

Hoffman, L. W. 1989 Effects of maternal employment in the two parent family. *American Psychologist*, **44**, 283-292.

伊藤裕子・池田政子・川浦康至　1999　既婚者の疎外感に及ぼす夫婦関係と社会的活動の影響　心理学研究，**70**, 17-23.

伊藤裕子・相良順子・池田政子　2006　職業生活が中年期夫婦の関係満足度と主観的幸福感に及ぼす影響——妻の就業形態別にみたクロスオーバーの検討　発達心理学研究，**17**, 62-72.

柏木惠子　1993　父親の発達心理学　川島書店

柏木惠子　2003　家族心理学　東京大学出版会

柏木惠子・若松素子　1994　「親になる」ことによる人格発達——生涯発達的視点から親を研究する試み　発達心理学研究，**5**, 72-83.

加藤邦子・石井クンツ昌子・牧野カツコ・土谷みち子　2002　父親の育児かかわり及び母親の育児不安が3歳児の社会性に及ぼす影響——社会的背景の異なる2つのコホート比較から　発達心理学研究，**13**, 30-41.

加藤司　2009　離婚の心理学　ナカニシヤ出版

川浦康至・池田政子・伊藤裕子・本田時雄　1996　既婚者のソーシャルネットワークとソーシャルサポート——女性を中心に　心理学研究, **67**, 333-339.

Kelly, J. B., & Emery, R. E. 2003 Children's adjustment following divorce: Risk and resilience perspectives. *Family Relations*, **52**, 352-362.

小泉智恵・菅原ますみ・前川暁子・北村俊則　2003　働く母親における仕事から家庭へのネガティブスピルオーバーが抑うつ傾向に及ぼす影響　発達心理学研究, **14**, 272-283.

国立社会保障・人口問題研究所　2015　結婚と出産に関する全国調査　独身者調査の結果概要　第15回出生動向基本調査　http://www.ipss.go.jp/ps-doukou/j/doukou15/NFS15_report3.pdf（2018年4月27日閲覧）

厚生労働省　2016　平成28年度版働く女性の実情　http://www.mhlw.go.jp/bunya/koyoukintou/josei-jitsujo/16.html（2018年4月27日閲覧）

厚生労働省　2017a　平成29年（2017）　人口動態統計の年間推計　http://www.mhlw.go.jp/toukei/saikin/hw/jinkou/suikei17/dl/2017suikei.pdf（2018年4月27日閲覧）

厚生労働省　2017b　「平成28年度雇用均等基本調査」の結果概要　http://www.mhlw.go.jp/toukei/list/dl/71-28r-07.pdf（2018年4月27日閲覧）

厚生労働省自殺対策推進室・警察庁生活安全局生活安全企画課　2018　平成29年中における自殺の状況　https://www.npa.go.jp/safetylife/seianki/jisatsu/H29/H29_jisatsunojoukyou_01.pdf（2018年4月27日閲覧）

Lachman, M. E., & Bertrand, R. M. 2001 Personality and the self in midlife. In M. E. Lachman (Ed.), *Handbook of midlife development*. Wiley.

Levinson, D. J. 1996 *The seasons of a woman's life*. Knopf.

Levinson, D. J., Darrow, C. N., Klein, E. B., Levinson, M. H., & McKee, B. 1978 *The seasons of a man's life*. Knopf.（南博（訳）　1992　ライフサイクルの心理学　上・下　講談社学術文庫）

松岡弥玲　2008　生涯に渡る将来の獲得と喪失，現状の維持と理想を実現することとの関係（1）——自己の諸側面に関する将来の獲得，喪失，現状の維持の生涯発達変化を捉える　日本発達心理学会第19回大会発表論文集, 571.

McCrae, R. R., Costa, P. T., Jr., de Lima, M. P., Simoes, A., Ostendorf, F., Angleitner, A., Marusic, I., Bratko, D., Caprara, G. V., Barbaranelli, C., Chae, J. H., & Piedmont, R. L. 1999 Age differences in personality across the adult life span: Parallels in five cultures. *Developmental Psychology*, **35**, 466-477.

森岡幸二　2005　働きすぎの時代　岩波新書

森下葉子　2006　父親になることによる発達とそれに関わる要因　発達心理学研究, **17**, 182-192.

村田ひろ子・荒牧央　2015　家庭生活の満足度は，家事の分担次第？──ISSP国際比較調査「家庭と男女の役割」から　放送研究と調査, 2015年12月号, 8-20.

内閣府　2007　男女共同参画白書平成19年版

内閣府　2016　「男女共同参画社会に関する世論調査」の概要　平成28年版　https://survey.gov-online.go.jp/h28/h28-danjo/gairyaku.pdf（2018年4月27日閲覧）

内閣府　2017　平成29年度版少子化社会対策白書　http://www8.cao.go.jp/shoushi/shoushika/whitepaper/measures/w-2017/29pdfhonpen/29honpen.html（2018年4月28日閲覧）

Neugarten, B. L. 1968 The awareness of middle age. In B. L. Neugarten (Ed.), *Middle age and aging.* University of Chicago Press. pp. 93-98.

小田切紀子　2005　離婚家庭の子どもに関する心理学的研究　応用社会学研究, **15**, 21-37.

岡本祐子　1985　中年期の自我同一性に関する研究　教育心理学研究, **34**, 352-358.

岡本祐子　1995　人生半ばを越える心理　南博文・やまだようこ（責任編集）　講座生涯発達心理学　第5巻　老いることの意味　金子書房　pp. 41-80.

小野寺敦子　2005　親になることにともなう夫婦関係の変化　発達心理学研究, **16**, 15-25.

大日向雅美　1988　母性の研究　川島書店

大日向雅美　2000　母性愛神話の罠　日本評論社

大野久　1995　青年期の自己意識と生き方　落合良行・楠見孝（責任編集）　講座生涯発達心理学　第4巻　自己への問い直し──青年期　金子書房　pp. 89-123.

Radloff, L. 1975 Sex differences in depression: The effects of occupation and marital status. *Sex Roles*, **1**, 249-265.

Raymo, J. M.・岩澤美帆・Bumpass, L.　2005　日本における離婚の現状──結婚コーホート別の趨勢と教育水準別格差　人口問題研究, **61**, 50-67.

労働政策研究・研修機構　2017　データブック国際労働比較　http://www.jil.go.jp/kokunai/statistics/databook/2017/documents/Databook2017.pdf（2018年4月27日閲覧）

Santrock, J. W. 1985 *Adult development and aging.* Wm. C. Brown Publishers.

　　　　（今泉信人・南博文（編訳）　1992　成人発達とエイジング　北大路書房）

総務省　2017　平成28年度社会生活基本調査　http://www.stat.go.jp/data/shakai/2016/pdf/gaiyou3.pdf（2018年4月28日閲覧）

Tesch, S. A., & Whitbourne, S. K. 1982 Intimacy and identity status in young adults. *Journal of Personality & Social Psychology*, **43**, 1041-1051.

氏家達夫　1995　乳児期と親の発達　麻生武・内田伸子（責任編集）　講座生涯発達心理学　第2巻　人生への旅立ち　金子書房　pp. 99-128.

Wallerstein, J. S. 1985 Children of divorce: Preliminary report of a ten-year follow-up of older children and adolescents. *Journal of American Academy of Child Psychiatry*, **24**, 545-553.

Wallerstein, J. S. 1989 *Second chances: Men, women and children a decede after divorce.* Tickner & Field.

10章　老年期：人生の振り返り

- 私たちはどのように老いてゆくのか？その老いの過程で，何を得，何を失ってゆくのか？
- 高齢者は自らの生をどのように振り返り，どのように死に臨むのか？

伊波和恵

　私たちは今，日本という国全体で，歴史的な社会実験に参加しているようなものです。その実験の名は，超高齢社会。
　第二次世界大戦後，日本人の平均寿命は徐々に伸長してきました。それに伴い，個人のレベルでは，人生の中でもとくに老年期の部分が大幅に延長されつつあります。昔は稀でしたが，成人した孫を見られる祖父母は，今では珍しいことではなくなっています。社会や国のレベルで言えば，高齢者人口が年々増え，他の年齢層に対する比率が相対的に増大しつつあります。
　じつは，このような事態は長い人類史上，世界的にもはじめてのことなのです。これまでどの国でもどの社会でも経験のない状況が現実となっているのが，私たちが暮らすこの日本の現状です。
　では，そもそも老いるとは，どのような現象でしょうか？　私たちは，長い人生の最後に，老いる過程で何を得てゆき，何を失ってゆくのでしょうか？　老年期にさしかかったとき，私たちは人生をどのように振り返り，どのように生と死を捉えるのでしょうか？　そして，幸せな老いとは，どのようなものなのでしょうか？　この章では，心理の側面に焦点をあてながら，人間関係性にも考慮しながら，老年期について考えていきましょう。

1 老い――喪失と適応のプロセス

(1) 老いるということ

　「**高齢社会**」は，ともすると漠然とした不安と恐れをもって論じられがちである。また，アンチエイジング＝抗老化ということばに示されるように，老いることへの嫌悪感を抱く人も少なくない。社会的には，国民年金に代表される社会政策や高齢者福祉において，立ちゆかなくなった従来のシステムの見直しが問題になっている。ライフスタイルとして核家族化が定着している現在，高齢者と日常的に接する機会が失われつつあるのも一因かもしれない。

　生きている者は，皆，いつかは老いてゆく。それは当然のこととわかっていても，自分が年若いころには，親がどのように老いてゆくのか，想像するのは難しい。ましてや，自分自身や身近な家族や友人たち，まだ見ぬ子どもたちの老いた姿や暮らしぶりなどは想像もつかない。そもそも個人の問題としての人の老い（**エイジング**；aging）とは，どのような現象なのだろうか。

　エイジングという用語には，"年齢による衰退"という意味はこめられていない。ただ年齢を重ねる，**加齢**という意味を持つ。生涯発達心理学においては，ライリー（Riley, M. W., 1985）の説に代表されるように，「人が出生から死に至るなかで各年齢層を通過し，そのなかで成長し，老化していく生涯にわたる過程」と考えられている。つまり，人生そのものがエイジングの過程なのであり，老年期はその最後にあって，生物学的な老化が顕著になる時期と言える。自然現象としての健康な老化は，ある時点を境にして急に始まるのではなく，長い年月をかけて徐々に進行してゆく。

　老年期について論じるには，**老年学**（ジェロントロジー；gerontology）の知見が助けとなる。老年学とは，個人に生じる身体的・心理的・社会的側面における加齢現象を科学的に研究することを目的とする，学際的な学問領域である。また，高齢者が量的に増えることの社会への影響や，それらの研究知見を高齢者自身やその関係者にどのように還元するかということも老年学に含まれる。

10章　老年期：人生の振り返り

　高齢者の心理的社会的な問題に迫るには，従来の心理学の枠組みだけでは捉えきれない点が多々ある。たとえば，心身の健康の問題では医学や看護学が，介護や心理的ケアを扱う際には社会福祉学の領域にも踏み込むほうがより現実に即している話題もある。そして，私たちが生きる状況を捉える上では，社会システム論のような社会学的視点も欠かすことができない。本章では，心理学を中心にしながらも，この老年学の視点で老いの問題を捉えていく。まず生物学的な老化のはじまりとして，中年期からの身体と心の変化から見ていこう。

（2）　身体的な変化

　アニメ映画『ハウルの動く城』（スタジオジブリ，2004年；『魔法使いハウルと火の悪魔』D・W・ジョーンズ，西村醇子（訳），1997年）という，宮崎駿監督が手がけたファンタジー作品がある。この，魔法使いの住む世界では，「ちょうど学校を終えた」女の子がたちまち90歳の老婆と化す姿と，その困惑，暮らしぶりが活き活きと描かれている。若さと美を謳歌する魔法使いハウルや，その弟子の子どもとの暮らしを通して，少女の心をもったままの老婆の姿が対比的に際だち，コミカルながらリアルに迫ってくる。ある日突然，若者がその若さを奪われる。それが，その世界では魔女の"呪い"であるという発想は，あるいは，私たちが老いに抱く普遍的な恐れにもとづいているのかもしれない。

　しかしながら，実際の生理的，機能的に健康な老化というのは，その物語のように魔法さながらに生じるのではない。何十年もの長い歳月をかけて，徐々に，全般的に誰にでも生じてゆく自然な変化であり，**老化現象**とも呼ばれる。これらは，後述のアルツハイマー型認知症のような大脳生理学上の質的な変化によってもたらされる病的な老いや，脳血管性認知症のように損傷などの物理的な障害に伴う老いとは，原則的に区別して考えるべきである。

　健康な老化に対しては，私たちは自ずと適応する力を備えており，多少の身体的不調を抱えつつも，日常的には「それなりにうまくやっていく」ことができる。現代の日本において，ある程度自立した生活を送れる**健康高齢者**は80代をすぎても4人に3人の割合を占めるという見方もある（柴田，1993）。人が

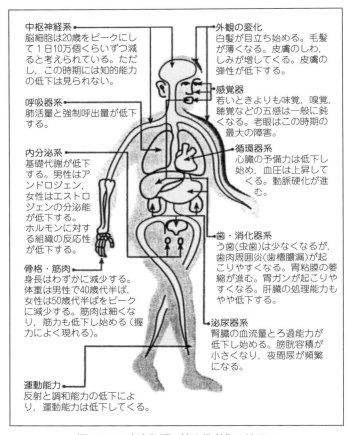

図 10-1 中高年期に始まる老化のサイン
（出所）柴田, 1987, 1997

健康に歳を重ねた場合，身体の形態上の老化と生理機能上の老化とがつながりあい（図 10-1；柴田, 1987, 1997），老化は複合的，総合的に起こってゆく。

　柴田（1997）によれば，老化現象とは，次の4つの身体機能の低下を全般的にもたらし，日常的な不都合を生じさせる：①予備力（身体機能の余力のことで，日常で必要な能力と最大に発揮される能力との差をさす），②防衛力（病気への抵抗力・免疫力・危険回避能力など），③適応力（環境の変化への順応力・対処

力），④回復力（病気・怪我・疲労などの身体異常や刺激への反応からの復帰能力）。

"働き盛り"というように，中年期は職業的にもプライベートでも，それまでの経験や勉学の成果が花開く，人生の充実期でもある。自己選択の幅が広がり，経済力もあり，生産性も概して高い。社会的役割が多様で，責任も重いが，その重責に堪えられるだけの能力も備えていると言えよう。

その一方で，長年の生活習慣や，加齢による体質の変化によってもたらされる健康障害が顕在化するリスクも高まりやすくなっている。身体的，生理的機能低下が始まっているからである。長年にわたる生活習慣の弊害と関連して，高血圧，肥満などの症状が複合して生じる，いわゆる**"メタボリック症候群（生活習慣病）"**も40代以降に急増する。また，不眠や身体の痛みや疲労感などの全般的な不調を慢性的に抱えることもある。このような身体的不調は，家庭生活や職業の状況の不安定さ，**うつ病**の発症などとも関連があるので，留意が必要である。とりわけ，この年代の女性が直面しやすい人生の課題としては，育児や家族（親）介護，閉経前後の更年期障害への対処が挙げられる。

(3) 心理的な変化

次に，知能と記憶といった認知機能，知覚，心理・社会的側面から，老いに伴う変化の特徴を見ていこう。

①認知機能における変化

図10-1に示すように，中枢神経系の脳細胞数は劇的に減少していく。それにもかかわらず，細胞間のネットワークの可塑性により，知的能力がいちじるしく低下することはない。つまり，細胞の数が問題なのではなく，伝達効率や密度といったネットワークの質の向上がその知的能力を**補償**しているとも言える。

このことは知能に関する研究でも示されている。成人向けの知能検査で測られる知能には，おもに**結晶性知能**と**流動性知能**とがある。前者は語彙能力など，文化・教養・知識に関する知能であり，後者は計算・図形・記憶など短時間で

の情報処理に関する知能である。年齢間で比較したシャイエの研究によれば（たとえば，Schaie, K. W., 1996），流動性知能のピークは20代前半に現れ，いちじるしい低下は50代後半から生じるという，山形の曲線を示す。一方，結晶性知能の顕著な低下開始時期も年齢の上では60代前半と流動性知能と同様なのだが，その後の低下速度が比較的緩やかであるという特徴がある。すなわち，短時間のうちに正確に何かを遂行するという"頭の回転の速さ"のような知的側面の老化は60代前後に見られはじめるのに対して，教養のような知性の側面は一生涯かけて保たれ，培われ続けると言える。

また，検査では測りづらい種類の"知能"として**"知恵（叡智）"**という概念もある。たとえば，ピカソや奥村土牛，日野原重明，瀬戸内寂聴など，芸術や文学の世界などでは，長寿を保ち，長く活躍することで新たな創作の境地を拓いていった人々も数多くいるのは，よく知られていることである。

記憶においては，健常な高齢者の場合，人の顔や空間的な情報，写真などの非言語的記憶に関しては加齢の影響がほとんど見られないことが示されている。ただし，記憶の喚起方法による年齢差は見られる。思い出すヒントのある課題である簡単な再認記憶の場合，年齢差は見られないものの，ヒントなしに思い出すよう求められる課題（自由再生法など）においては若年者のほうが好成績を示す。

②知覚の変化

知覚には五感（視覚・聴覚・嗅覚・味覚・触覚）が含まれるが，ここでは，私たちの生活の中でとくに重要な機能を持つ視覚と聴覚に焦点をあてる。聴覚では，加齢に伴い，子音，高音域の音，速いテンポでの聞き取りづらさを感じる人が多くなる。

視覚においては，明暗順応に時間がかかるようになったり，動体視力が低下したりする。これに，**注意能力**という側面を加味すると，注目すべき対象に注意を払う選択的注意と，2つ以上の動作を同時に行うといったような分配的注意における加齢の影響も重要である。注意の持続性という能力については加齢の影響は小さいが，選択的注意と分配的注意はいずれも加齢とともに低下する

10章　老年期：人生の振り返り

傾向にある。

③心理・社会的な変化

「歳をとったなぁ」と自らの変化を感じとることを**老性自覚**という。たとえば，白髪や皺の増加，体力の衰え，遠視の進行などの身体的，生理的変化に由来するものには衰えを意味するものが多い。また，還暦（60歳），古稀（70歳）などの誕生日や**定年**退職のような職業人生の節目，年金受給の開始（65歳），子どもの独立や結婚，孫の誕生といった，社会的な変化や役割上の変化など，社会的な要因により老いが自覚されることもある。

老性自覚があるとはいえ，周囲からの高齢者扱いにはなお違和感が伴う移行期が続くのもよくあることである。つまり，限定的な老性自覚は30代，40代の若年者でも生じるが，他者から社会的に"年寄り"とみなされることについては，70代を過ぎていてさえ受け入れがたいと感じる人もいる。

では，社会的には何歳からが"高齢者"なのだろうか？

じつは，高齢者の定義は社会文化的要因や時代によっても変化してきた。たとえば，初老ということばは，文字通り老境に入りはじめることを意味する表現である。これを辞書で引いてみれば，初老とは"もと，四十歳の異称"とある。40歳で老境に足を踏み入れるというのが，今日の年齢感覚とはかけ離れている語義であると，辞書の上でもみなされていることがわかるだろう。

これを厚生労働省発表のデータで見てみよう。大正期（1921年ごろ）の**平均寿命**が男性42.1歳，女性43.2歳である（厚生労働省，2000）のに対して，現代（2016年）では男性80.98歳，女性87.14歳である（厚生労働省，2016）。現代の日本においては，社会政策上の便宜的な基準として，暦年齢の65歳以上を高齢者と定義し，福祉政策や制度を運用している。平均寿命の算出には，医療の進歩や乳幼児死亡率，戦争といった要因も大きく影響するので，実際には大正期であっても，還暦を迎える人々が少なからずいたとは推測しうる。それを割り引いたとしても，もしも大正期にこの年齢基準をあてはめたなら，この社会福祉の恩恵に与れる人はほんの一握りとなってしまうことだろう。

このように，国民の平均寿命の伸長や高齢者人口の増大，年齢別人口構成比

の変化に伴い，年金の受給開始年齢が上がったり，定年時期が引き上げられたりと，国や社会の基準が今後も変化する可能性は大いにあるのである[1]。

　心理的変化のまとめとして，エリクソン（Erikson, E. H.）が提唱した，心理・社会的側面における生涯発達的観点から老年期を見てみよう。老年期は人生の最終段階，8段階目にあたり，**"自我の統合"** という心理的課題に直面する時期である。この段階では，高齢者が自らの過去の意味を探索し，自分自身の人生をかけがえのないものとして受容するための心理的過程こそが重要な意味を持つ（7章参照）。

　もはややり直すことのできないのが過去である。しかし，そのときどきで，自分自身は最善の選択を行ってきたのだし，そのように過ごしてきたことで，この今がある。けっして短くはないこの自分の人生には，たしかに，唯一にして無二の意義があったのだ……と，自分自身の人生を振り返り，今の視点から，総じて肯定的に受け入れられるということが，老境に至った人にとってのひとつの "自我の統合" のかたちであると仮定できるだろう。

2　現代日本での幸せな老いとは？

(1) 老いを生きること

　このように，人が老いるということは，自分自身の老いと環境との折り合いをつけながら生活していくことである。ときには，長年の生活習慣を見直し，そのときどきの自分と家族にふさわしいものを選択し，適応的に**ライフスタイル**を変えていくことでもある。その結果，加齢とともに個人差は広がってゆく

➡ 1　高齢者の区分見直しに関する具体的な動向としては，65～74歳を准高齢者，75～89歳を高齢者，90歳以上を超高齢者とする案が日本老年学会から提言されている（高齢者の定義と区分に関する，日本老年学会・日本老年医学会高齢者に関する定義検討ワーキンググループからの提言（概要），2017年 http://www.jpn-geriat-soc.or.jp/proposal/pdf/definition_01.pdf （2018年5月20日閲覧））。

ので，たとえ同年齢であったとしても，その姿や暮らしぶりにおいては，けっしてひとくくりにはできない多様性が見られる。

　老いは，衰退と**喪失**，ということばで表現されることもある。たしかに，健康の喪失，社会的役割の喪失，両親や配偶者，先輩，友人など，人生の重要な他者との離別，死別といった対人関係での喪失を経験することも多い。介護や子ども世帯との同居などで，長年親しんできた土地や住まい，人間関係から遠ざかることで，自分が根ざしていた環境を失うこともある。

　身近な例として，自動車の運転を挙げてみよう。高齢者にとって，長年の経験にもかかわらず，自動車の運転が実際には本人の自覚以上に困難を伴うことが指摘されている。夜間や雨中での運転が難しく感じたり，慣れていない道を運転中，標識や表示を見落としたりすることがある。これらの困難に対処するために，低速運転や慎重な一時停止を心がける，長距離移動のときには休憩を増やす，時間に余裕をみて出発するなど，高齢ドライバーたちは次第に無理のない運転行動に変えながら，喪失を補い，適応しているのである。

　ほかの日常生活場面ではどうだろうか？　たとえば，街中の雑踏や広い駅の構内では，行き先表示などのターゲットに選択的に注意を払えず，ターゲットではない雑多な表示に惑わされやすくなる。銀行ATMや電気機器の操作など，複合的な操作を求められる場面では，そのやり方に慣れるまで若年者に比して時間がかかるのが一般的である。身近な例を挙げると，孫とゲーム機器類で一緒に遊べない，家人に録画や家事などの頼まれごとをされたとき，電化製品の基本操作でさえ戸惑うことがある，と嘆く高齢者も少なくない。

　実際には，老化は多岐にわたるので，どの部分にどのように加齢が現れるかについては個人差も非常に大きいが，一般的な老化現象について理解することは，高齢者自身が自衛的に危険回避行動をすることにつながる。それと同時に，高齢者と暮らす家族にとっては，高齢者との生活上のディスコミュニケーションを防ぎ，環境や条件への適切な配慮を促すであろう。

（2） 幸せに老いるということ

　どのように年齢を重ねていくのが理想的なのかということについては，古今東西，人類の命題として論じられてきた（たとえば，キケロも孔子も，若い人に語るかたちでその答えを示している）。近年の心理学では，老化の過程にうまく適応すること，すなわち，幸福に老いることを**"サクセスフル・エイジング"**とも呼ぶ。何をもって幸福とみなすかという考え方や，その幸福の程度をどのように測るかにはいくつもの考え方があるが，健康状態や社会経済的地位，職業生活や地域活動への参加などの**社会的活動性**，社会的資源（たとえば，配偶者・家族・親しい友人などから得られるソーシャルサポートの状況）などのほか，高齢者自身が人生や生活に抱いている主観的な充足感を示す**"主観的幸福感"**や**"QOL**（クォリティ・オブ・ライフ；Quality Of Life）**"**，**"ADL**（日常生活動作；Activities of Daily Living）**"** という概念も指標とされている。

　理想的な老いに関する社会学的モデルとしては，活動理論と離脱理論という２つの主要な考え方が1960年代ごろから提起された。**活動理論**とは，老年期に入ってもなお，中年期の延長として社会的な活動性をできるだけ継続することがその人の生きがいを保つために望ましいとする立場である。つまり，退職後や子育て終了後は，趣味や地域活動など，それまでの社会的活動に代わる何かが必要になるというものである。

　これに対して，カミングとヘンリー（Cumming, E., & Henry, W. H., 1961）は**離脱理論**を提唱した。彼らは中高年者から高齢者にかけて実施した調査研究をふまえ，社会的活動において，高齢者たちは活動を縮小し，社会の一線から身を引く（離脱）ことを受容し望むことを示した。つまり，上手に年齢を重ねることというのは，社会活動性において釣り合いのよい状態を保つことであると

➡ 2　"生活の質"のことであり，人生の質，生命の質等と，文脈に応じて使われることがある。心理・社会的な豊かさに関する概念および，それらを測る指標である。

➡ 3　食事・着脱衣・入浴・移動・排泄など，日常の生活を送るために必要な基本動作をさす。高齢者の身体活動能力や障害の程度をはかる指標のひとつ。

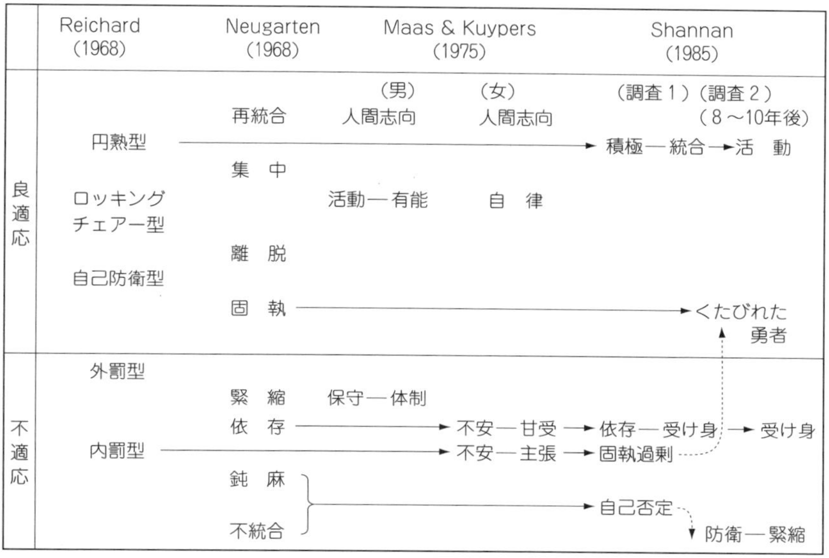

10章 老年期：人生の振り返り

	Reichard (1968)	Neugarten (1968)	Maas & Kuypers (1975)		Shannan (1985)	
			(男)	(女)	(調査1)	(調査2)
			人間志向	人間志向		(8〜10年後)
良適応	円熟型	再統合			積極―統合→活　動	
	ロッキング チェアー型	集　中	活動―有能	自　律		
	自己防衛型	離　脱				
		固　執			→くたびれた 勇者	
不適応	外罰型	緊　縮	保守―体制			
	内罰型	依　存		不安―甘受→依存―受け身→受け身		
				不安―主張→固執過剰		
		鈍　麻			自己否定	
		不統合			▼防衛―緊縮	

図10-2　パーソナリティタイプと老化への適応
（出所）下仲，1997

考えた。

　その後の論争から，老いは多様であり，どちらかの理論ですべてが説明できるわけではないと結論づけられたが，いずれも高齢者研究の文脈で重要な提起を投げかけたと言える。

　社会とのかかわりよりもむしろ個人のパーソナリティのあり方のほうを重視する研究も数多くあり，下仲（1997）はそれらを図10-2のようにまとめている。老化への適応に関して，レイチャード（Reichard, S.）らのパーソナリティの5タイプを例にとると，このうち，①円熟型，②ロッキングチェアー型，③自己防衛型は適応的であるとされる。自分の過去・現在を受容した未来志向性を持ち，建設的な態度と積極的な社会参加を特徴とする円熟型，ずっと活動的であることに執着する自己防衛型は活動理論を支持するものであり，受け身な姿勢ながら，現在の状況を受け入れ，安楽に暮らすロッキングチェアー型は離脱理論に対応すると言える。

（3） 新しい高齢者像：プロダクティヴ・エイジング

　2007年，戦後生まれのベビーブーム世代が還暦をすぎ，定年退職を迎えていった。65歳以上の高齢者は，2017年現在，日本の総人口の27.7%を占めている（厚生労働省，2017）。高齢者は数の上で圧倒的多数派であり，社会的にも大きなパワーを持つ層である。ベビーブーム世代の新しい高齢者は消費生活も盛んでライフスタイルも多様なことから，日本の高齢者像もシルバー産業も変革のときを迎えている。

　現代日本の高齢者は，身体機能性や社会活動性は高いまま，職業的活動の一線から退き，地域へと生活の拠点を移す。定年退職後から地域でボランティアや趣味の活動を始めるのでは随分と遅いスタートのようではあるが，現代の平均余命の長さからみれば，その活躍の時間は十分に残されているのが今の高齢者世代である。

　退職後や子育ての終了後，ひとつのライフスタイルの選択として，地域ボランティア活動への参加がある。**シニア・ボランティア**，シルバー・ボランティアとも呼ばれる。シルバー人材センター事業が高齢者の就業ニーズに応えるのに対して，シニア・ボランティアへの参加は就業や報酬自体が目当てではなく，おもに社会貢献として臨んでいるというのが特徴である。

　このような活動的かつ生産的な高齢者像を，アメリカの精神科医であるバトラー（Butler, R. N., 1985）らは**プロダクティヴ・エイジング**（生産的な高齢者；productive aging）と呼んだ。バトラーは，生産性を経済的生産性だけではなく，社会的生産性という観点からも捉え，社会に恩恵をもたらす**社会的資源**としての高齢者を論じた。つまり，人生や職業，家庭生活を通じての経験や知識が豊富なことから，高齢者が社会的に活動すること自体が地域社会に貢献しうると考えられる。また，高齢者自身にとっても，自分の能力を開発する機会，社会参加の機会や，仲間をつくり，保つことにもなるのである。

　シニア・ボランティアについては，以下の観点からも今後の展開が注目される（伊波，2006）：①その援助対象者の福祉や QOL の向上に貢献する，②活動するシニア自身に喜び，生活の張り，励みをもたらしうる，③とくに地域に

根ざした活動の場合，地域の活性化の原動力となりうる（たとえば，日下・篠置，1998），④**世代間交流**の鍵となりうる。

　これらは，つまりはエリクソンの指摘する第七段階の課題である"生殖性"（"世代継承性"）とも関連すると考えられる。地域社会に自分のキャリアやスキルと自分自身を関与させ，世代を超えた連環の中に適切に位置づけることは，次の段階の心理社会的課題の"自我の統合"にも寄与することにつながると言えよう（7，9章参照）。

3　老年期の心理的ケア

（1）認知症とは何か？

　ここまでは老年期の健康な側面についてみてきたが，老年期に影を落とす病的な老いについて，認知症とその心理的ケアを中心に考えてみよう。認知症とは，「いったん獲得した知的機能が，脳の器質性障害によって持続的に低下し，日常生活や社会生活が営めなくなっている状態」と定義される。以前は，不可逆性，つまり不治の病という条件も含まれていたが，現在は削除されている。また，DSM-5（2013）（米国精神医学会，2014）では，認知症は神経認知障害という名称に変更された。**アルツハイマー型認知症，脳血管性認知症，レビー小体型認知症**が三大認知症とされる。2012年時点で，65歳以上人口の15％が罹っており（内閣府，2017），加齢に伴って発症率が上昇するという特徴がある。また，近年では，**前頭側頭型認知症，ピック症**などの症例も多数報告されはじめている。いずれも，CTやMRIのような画像診断検査によって大脳の変質が確認可能である。

　認知症の症状は，図10-3（本間，2001）に示すように，記憶障害や実行機能障害などがまず中核症状として現れる。記憶障害は，とくに新しいことを覚えられない，いわゆる短期記憶が困難となる。**見当識障害**とは，時間，場所，人についての認識が難しくなることである。抽象的思考障害は，数字やことばを適切に使いこなせなくなることである。これらの記憶・見当識・抽象的思考

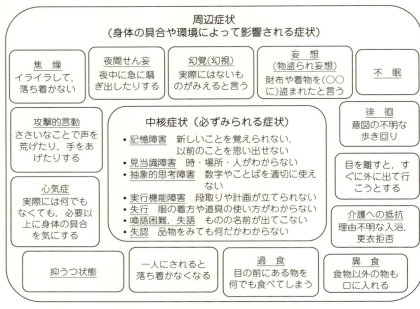

図10-3　認知症の中核症状と周辺症状

（出所）　本間，2001を一部改変

の障害により，約束を忘れがちになったり，料理やお金の管理ができなくなったりする実行機能障害が生じがちとなる。それらの日常生活上のトラブルがきっかけとなり，病気の疑いがもたれることになる。

　そのうえに，周辺症状といって，自信の喪失や抑うつなどの気分障害，対人関係性の疎外，全般的な不適応状態，判断力の低下，生活上の困難などが多様なかたちで表現されていく。個人ひとりでは日常のごくあたりまえの生活が維持していけなくなり，家族や第三者の手を借りながらの生活となる。

　子育てと違い，**介護**はいつ終わるともしれない。だからこそ，周囲の者に身体的，心理的，経済的，生活的負担が生じ，長年仲良くまとまっていた家族の和に齟齬や葛藤をもたらすことさえある。団結して乗り越えるべきチャレンジと前向きに捉える家族もあれば，回避的になり，後々まで不和を引きずる家族もある。その点において，認知症は家族の病，人間関係性の病とも言える。

（2） 認知症のアセスメント

　認知症の場合，タイプは上記のアルツハイマー型認知症，脳血管性認知症以外にも多数が考えられるため，まずは正確な原因疾患の医学的鑑別と，症状への適切なケア，そして状態に合わせた**"養生"**が重要となる。西村（2005）は，難治性の認知症は，闘病ではなく，安全に暮らせるよう生活環境を整えたり，「老いと病いを共存させる」養生を心がけたりするのが肝心であると指摘する。

　認知症を含め，高齢者の心理的ケアのためには，身体的・心理的・社会的問題の3つの側面からのアセスメントが重要となる（Knight, 1996）。認知症と疑われる場合でも，実際にはたとえば，内服薬の強すぎる副作用（身体的問題）や，うつ病（心理的問題）の可能性がある。親友，ペットと立て続けて死別したことで，社交活動に消極的な状態なのかもしれない（社会的問題）。本人に自覚のない要因の存在にも注意深く耳を傾け，また，アセスメントで浮かび上がってきた医学的，福祉的問題については，専門機関へも適切につなげる必要がある。

（3） 心理的ケア：ライフレビューを中心に

　後期高齢者では心身の不調から，活動の制限を余儀なくされたり，楽しめなくなったりすることも少なくない。とりわけ認知症の場合は，自分の思いをうまく表現できないことから不安感や焦燥感が募り，自信を失ったりしがちである。人づきあいが億劫に感じられ，家の中に閉じこもりがちになることもある。

　このような高齢者を福祉的にケアするサービスは地域に数多くある。医療ケアのほかにも，身体の介護サービス，デイサービスやリハビリテーション，作業療法，心理的ケア，患者会，介護者の家族会などを，行政やケアマネージャーなどに相談しながら，適切に組み合わせて利用することが望ましい。

　それらの中でも，高齢者を心理的にケアする技法の代表的なものとして，**ライフレビュー（回想（法）；life review）**がある。「子どものころのお手伝い」「就職」などの話題から，参加者どうしが昔の思い出を語りあい，援助者がその傍らに寄り添い，その人の当時の思い出や感情を引き出す**心理的ケア**をする。昔を思い出す手がかりに写真（志村・鈴木，2004；野村，2005）を利用したり，

コラム　お墓をどうしますか？

「入るお墓は，もう決まっていますか？」

若い人には全然ピンとこないこの問いは，中高年になると，自分や家族の人生の課題のひとつとして迫りくる。

世間では2005年ごろから，"私のお墓の前で泣かないでください　そこに私はいません"，"千の風になって　あの大きな空を　吹きわたっています"と，テノール歌手が朗々と歌いあげる『千の風になって』という歌が静かに，しかし息長く流行っていた。また昨今，現代の墓の形態の多様性がメディアで紹介されることもしばしばある。たとえば，海や山，思い出の場所への散骨や，樹木葬といって墓碑や墓標の代わりに木を植える墓地に埋葬，家族を単位としない個人墓，生前からメンバーの交流をもつ共同墓，ペットもともに埋葬できる霊園，等々。これらの風潮は，イエにある先祖代々の墓を守る，"墓守"という慣習へのひとつのアンチテーゼなのかもしれない。

かつては，葬祭事に選択の余地などないに等しかったものが，現代では選択の自由が保障されている。複数の選択肢を持つこともできる。同時に，従来のイエ制度にもとづく葬祭の慣習を維持することは，地理的な移動，家族の構造性や機能性の変化など，全般的なライフスタイルの変化に伴い，次第にいちじるしく困難になりつつある。

家族カウンセラーの信田さよ子は，『母が重くてたまらない――墓守娘の嘆き』(2008)の中で，30代以降の，とくに未婚女性たちとのカウンセリングの事例を通じて，中年期にさしかかってもなお解けない母娘葛藤について論じている。社会学者の井上(2000)はまた，現代の墓についての意識調査を通じて家族論を展開しているが，信田の著書と同様に，"誰と入るか，誰が守るか"というサブタイトルが象徴的である。つまり，お墓とは，意図的であれ非意図的であれ，また積極的であれ消極的であれ，その家族や縁者をも巻き込むという性質を持っていることを示唆していると言えるだろう。

人は生物的にはひとりで生まれ，ひとりで死ぬ存在である。

しかし，心理・社会的にみれば，生まれたときから人の間にあり，社会システムの中に在り続ける。死ぬときも同様である。私個人の死は，けっして私だけのものとは言えない側面がある。

お墓に入るということは，自分の死後，誰かにその世話をしてもらうということである。家族か親戚か，友人か，誰か生前に個人的な縁があった者に託し，引き受けてもらうということなのだから，少なくとも日本人にとって，お墓をどうするかを決めるという行為には，相当に複雑な意思決定のプロセスが存在すると考えられるだろう。

人生の後半にかかると，身近な知人，友人や近親者との死別の経験の数々を経て，遠からず迫りくる自らの死のイメージをかたちづくることになる。中高年者にとって「『お墓』をどうするか」という人生の課題は，現在のその人自身のQOLや家族観とも関連が深いのかもしれない（伊波ほか，2008）。

～～～～～～～～～～～～～～～～～～～～～～～～～～～～～～～～

書込み式の冊子（ライフレビューブック）を作ったりすることもある。

　回想，つまり過去を振り返ることの効果について，最初に指摘したのは，先述のバトラー（Butler, 1963）である。彼は，回想はごく自然な心の働きであり，高齢者に限らず，誰にでも起こる健康的な心的過程であると指摘し，高齢者の精神科外来で効果的なケアとして機能しうるとした。また彼は，とくに高齢期において，回想が自尊感情を高め，人生の統合を促すなど，ポジティブな心理的効果を及ぼすことも指摘した。

　バトラーのこの提唱以来，個人の心理療法やグループケアとして，高齢者施設や病院，地域などで，回想を心理的ケアに役立てる試みが欧米圏を中心になされてきた。若いころに親しんだ歌を聴いたり歌ったりする音楽療法と組み合わせることもある。これらの心理的ケアの会では，思い出の細部や歌詞など，本人も周囲も驚くほど覚えていることがよくあるものである。懐かしい話を誰かと分かち合うことで，社交性を速やかに回復する参加者もいる。いずれにしても，記憶が障害されやすい短期記憶ではなく，比較的保たれている**長期記憶**に働きかけるケアなので，高齢者にとっては自信を持ちやすい機会となる。

　このように，自身の長い生活史（ライフヒストリー）を振り返ることは，認知症を抱える人だけではなく，健康な高齢者にとっても意義がある（黒川，2005）。人生を回想し，自分の口で他の人に語るということは，自分自身の人生のかけがえのなさ，唯一無二のものであることを今の視点から体験的に見直すことである。現在から過去を再編集することであると同時に，現在から未来を展望することにつながる。つまり，"統合"の対極である"絶望"の淵から自分自身を遠ざけ，人を支える希望を自分自身の人生の中に見出す作業とも言える。この**人生の振り返り**（ライフレビュー）という心理的作業が，エリクソ

ンの指摘する自らの自我の統合とも関連があるとされるのは，そのためである。

一方，聞く者にとっては，語る高齢者の人生の個性にふれ，時代，社会を生き抜いてきた強さにふれる機会ともなる。

（4） 死への態度

私たちは誰しも生まれたときから死を内包している存在であり，生まれたときから加齢のプロセスのただ中にあり続ける。そして老年期は，他の年代に比べて，いよいよ自らの死，**"一人称の死"** が近づいていることを意識する時期である。どこかで起こった誰かの死，"三人称の死" を見聞きすること，あるいは，両親・恩師・先輩や親しい人々の死，つまり "二人称の死" や別れの経験を通じて，私たちはやがて訪れる自らの死を想像する。とくに，肉親，自分自身やきょうだい，配偶者の病気・怪我は強く死を連想させる経験となる。

エリクソンは，老年期を "統合 対 絶望" の段階としているが，この課題は死への恐れと直面し，それを受容する過程において生じるとも考えられる。死の受容とは，死への恐れを感じなくなることというよりも，むしろ，死を恐れる自分自身をも直視できる状態と言えよう。

私たちは人々との関係性の中で育ち，成人期を過ごし，老年期を迎え，やがてはひとりで生を終えていく。とはいえ，どのように死を迎えたいかという問いに対して，家族や親しい人に看取られることや，自分自身の死後，墓への訪問（墓参）を希望する人は多い。それゆえに，都市部在住の中高年者の墓地の選択に際しては，立地条件やアクセスの良さを購買条件の筆頭に挙げる人も少なくない。お墓に関する調査でも，高齢者が個人としての意思や価値観にのみ基づいて決定するのではなく，文化的背景や家族の慣習，長い人生を通じて培ってきた家族や親しい人々との**関係性**を十分に考慮しながら，**死への態度**を決定していくことが示されている（伊波ほか，2008）。

10章　老年期：人生の振り返り

〈サマリー〉
　人生そのものが緩慢なエイジングの過程であると考えると，老年期とは，その最終期にあって，生物学的老化が顕著になる時期と言える。本章では，まず，可塑性によって喪失を補償しつつ，適応的に老いゆく，心身の加齢プロセスを概観した。健康な老いは中年期から長い時間をかけて徐々に進行してゆく。だからこそ，私たちは加齢現象にある程度まで自ずと慣れ，適応していくことが可能なのである。次に，現代日本の幸せな高齢者像の類型についてふれた。高齢者のQOL（生活・人生・生命の質）やADL（日常生活動作）を保つために，ライフスタイルをときに見直し，老いの人生を楽しんでゆく生き方もある。それは，周囲の人々との社会的な調和とも深く関連している。最後に，認知症者を含む，高齢者への心理的ケアの一手法，ライフレビューを中心に，老年期における人生の振り返りと"自我の統合"，そして死への態度との関連について述べた。

〈もっと詳しく知りたい人のための文献紹介〉
　志村ゆず（編著）伊波和恵・萩原裕子・下山久之・下垣光　2005　ライフレビューブック──高齢者の語りの本づくり　弘文堂
　　⇨心理的ケアとして注目される回想法のひとつ，ライフレビュー。高齢者が自分史づくりをするための解説編と，その手がかりとなるような資料編で構成されている。懐かしいモノや情景など，博物館の協力を得て編まれた，貴重な資料画像500点が収録された付属CDも充実している。
　ドゥ・フリース，B.　伊波和恵・野村豊子（監訳）　2005　人生の終焉──老年学・心理学・看護学・社会福祉学からのアプローチ　北大路書房
　　⇨死と死にゆくこと，喪の作業（グリーフ・ワーク）について，社会システム論的に多様な視点から学術的に検証している。本書を読んでも，死や老いに直面する不安を紛らわせることはできないだろう。けれども，自らが死とどう向かい合うべきかを問い直し，問題の水準と考え方の筋道を整理してくれるという点で，人にかかわる専門職者にはぜひお勧めしたい一冊である。

〈文　献〉
　米国精神医学会（APA）　髙橋三郎・大野裕（監訳）　2014　DSM-5 精神疾患の

分類と診断の手引　医学書院
Butler, R. N. 1963 The life review: An interpretation of reminiscence in the aged. *Psychiatry*, **26**, 65-75.
Butler, R. N., & Gleason, H. P. (Eds.) 1985 *Productive aging: Enhancing vitality in later life.* Springer Publishing.（岡本祐三（訳）　1998　プロダクティブ・エイジング――高齢者は未来を切り開く　日本評論社）
Cumming, E., & Henry, W. H. 1961 *Growing old: The process of disengagement.* Basic Books.
本間昭　2001　アルツハイマー型痴呆の治療とその実際　日本老年精神医学会（監修）アルツハイマー型痴呆診断・治療マニュアル制作委員会（編）　アルツハイマー型痴呆の診断・治療マニュアル　ワールドプランニング　p. 130.
伊波和恵　2006　シニア・ボランティア　野村豊子（編著）　高齢者の「生きる場」を求めて――福祉，心理，介護の現場から（シリーズ　こころとからだの処方箋）　ゆまに書房　pp. 1-28.
伊波和恵・篠崎香織・田畑智章・冨岡次郎・下垣光　2008　中高年者の「お墓」観――成人期後期以降のライフ・イベント　富士論叢，**52**(2), 67-84.
井上治代　2000　墓をめぐる家族論――誰と入るか，誰が守るか　平凡社新書
ジョーンズ，D. W.　西村醇子（訳）　1997　魔法使いハウルと火の悪魔　徳間書店
Knight, B. G. 1996 *Psychotherapy with older adults*, 2nd ed. Sage Publications.（長田久雄（監訳）藤田陽子（訳）　2002　高齢者のための心理療法入門――成熟とチャレンジの老年期を援助する　中央法規出版）
厚生労働省　2000　平均余命の年次推移　第19回生命表について（平成12年第19回完全生命表・参考資料1）　http://www.mhlw.go.jp/toukei/saikin/hw/life/19th/gaiyo.html（2009年9月22日閲覧）
厚生労働省　2016　平均寿命の年次推移　http://www.mhlw.go.jp/toukei/saikin/hw/life/life16/dl/life16-02.pdf（2017年10月5日閲覧）
厚生労働省　2017　人口推計（平成29年9月報）http://www.stat.go.jp/data/jinsui/pdf/201709.pdf（2017年10月5日閲覧）
黒川由紀子　2005　人が老いるとは　黒川由紀子・斎藤正彦・松田修　老年臨床心理学――老いの心に寄りそう技術　有斐閣　pp. 1-11.
日下菜穂子・篠置昭男　1998　中高年者のボランティア活動参加の意義　老年社会科学，**19**(2), 151-159.
内閣府　2017　平成29年版高齢社会白書（全体版）　http://www8.cao.go.jp/kourei/

whitepaper/w-2017/html/zenbun/index.html（2018年8月20日閲覧）

西村敏樹　2005　病院と上手につきあうには　小澤勲・黒川由紀子（編著）　認知症と診断されたあなたへ　医学書院　p.65.

野村豊子　2005　思い出はみんなの宝——回想法のための写真集　アテネ書房

Riley, M. W. 1985 Age strata in social system. In R. H. Binstock & E. Shanas (Eds.), *Handbook of aging and the social sciences.* Van Nostrand Reinhold. pp. 364-411.

Schaie, K. W. 1996 *Intellectual development in adulthood : The Seattle longitudinal study.* Cambridge University Press.

柴田博　1987　身体機能の老化　島薗安雄・保崎秀夫・徳田良仁・風祭元（編）　老年精神医学　メジカルビュー社　pp.62-67.

柴田博　1993　人口高齢化の論理　柴田博・芳賀博・長田久雄・古谷野亘（編著）　老年学入門——学際的アプローチ　川島書店　pp.11-20.

柴田博　1997　中年代に表れる身体・生理機能の老化サイン　下仲順子（編）　老年心理学　培風館　p.28.

下仲順子　1997　老年期の適応　下仲順子（編）　老年心理学　培風館　pp.77-89.

志村ゆず・鈴木正典（編著）　伊波和恵・下垣光・下山久之・萩原裕子　2004　写真でみせる回想法　（付）生活写真集・回想の泉　弘文堂

信田さよ子　2008　母が重くてたまらない——墓守娘の嘆き　春秋社

11章　文化と発達

- 文化によって発達の様相は異なるのか？
- 世代を超えて何がどのように伝えられるのか？

榊原知美

　子どもの発達のあり方は文化によって異なるのでしょうか。かつて心理学では，子どもの基本的な発達の道筋には文化による違いがないと考えられていました。しかし，文化と発達の関係に関する近年の研究では，子どもの発達のあり方が文化によってきわめて多様であることが明らかにされています。

　大人は，自分たちの文化が先行する世代から受け継いできた常識や信念，道具やその利用法，他者とのコミュニケーションのあり方，制度，慣習などを次の世代に伝えます。こうした世代間での伝承は，大人と子どものコミュニケーションや，さまざまな実践への参加を通して行われます。これは，大人が子どもに一方的に押し付けるものではなく，子ども自身も大人が用意した文化環境に積極的にかかわることで可能となります。このような大人と子どものさまざまなかかわりを通して，それぞれの文化に特徴的な発達のあり方が作り出されているのです。

　本章では，とくに子どもの学びに焦点を当て，発達の文化的な多様性と，各文化内での世代を超えた発達のあり方の連続性について考えていきましょう。

1　発達と文化の関係を探る

　これまで心理学は，人の発達と文化との関係を解明するためのさまざまなアプローチを試みてきた。ここではそれらのうち，とくによく知られている2種類のアプローチについて紹介する。

　ひとつは，特定の文化に属する人々の多くが共有している特徴的な心の諸側

面に注目するアプローチであり，**異文化比較**という方法が用いられることが多い。従来の比較文化心理学は，たとえば欧米で開発された知能テストを非欧米圏の人々に実施し，その成績と欧米の人々の成績とを比較して文化間で知能に「優劣」があるとするなど，欧米を基準とした尺度を用いて異文化の人々の心理学的側面を測定しようとするものであった。しかし，その後の文化に対する認識の深まりの中で，それぞれの文化には独自の特性があり，欧米を基準とした尺度で単純に比較・解釈できるものではないという見方が有力になった。このため近年の比較文化的研究では，可能な限り文化の多様性に配慮した測定法を用いて実験・調査を行い，そこで浮かび上がってきた心理過程の差異を各文化が持つ独自の構造との関連で解釈するという方法が一般的となっている。たとえば北山らはこうした方法を用いて自己に関する東洋と西洋の比較研究を行い，東洋では自分を他者との関係性の中で捉える相互協調的自己観が，西洋では自分と他者を分離して捉える相互独立的自己観が優勢であり，このため東洋と西洋では人々の認知，感情，動機づけのあり方がそれぞれの文化に独自のものとなっていることを主張している（Markus & Kitayama, 1991；Kitayama et al., 2007）。

　もうひとつは，特定の文化に属する人々の日常的実践，とくにコミュニケーションや共同活動のあり方に注目し，それらに埋め込まれ支えられたものとして個人の心理過程を理解しようとするアプローチである。このアプローチにおいても文化間の比較が行われることはあるが，より重視されているのは特定の文化に焦点を合わせた**フィールドワーク**的な方法である。この方法では，特定の文化に属する人々の日常生活を集中的に調査・分析し，そこで用いられている常識や信念，道具やその利用法，他者とのコミュニケーションのあり方，制度，慣習などが，人々の心や行為を文化特有のものとして形成し，あるいは方向づけていく過程の解明を目指す。このアプローチの背景には，1920年代から30年代にかけて文化と精神発達の関係に関する古典的な理論を提唱したヴィゴツキー学派の流れをくむ諸研究と，人の発達や学習に関する文化人類学や社会学などの諸研究があり，それらの結びつきによって学際的な研究が展開してい

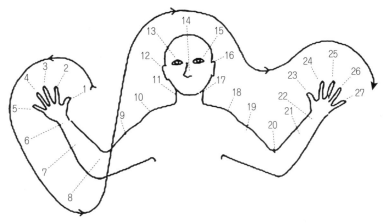

図 11-1　オクサプミン族の計数

（注）　ニューギニアのオクサプミン族は，上半身のさまざまな部位を用いる計数システムを使用している。彼らは，片手の親指から数え始め，腕，頭を回って，もう片方の手の小指まで，上半身の27カ所の部位を用いて数を示す。たとえば，「14」という数を表すには，14番目の部位である鼻を指し「aruma」（鼻）という。
（出所）　Saxe & Esmonde, 2005

る。たとえばサックス（Saxe, G. B.）とエスモンド（Esmonde, I.）は，ニューギニアで1978年，1980年，2001年の3回にわたりフィールド調査を行い，上半身の多くの部位を使うオクサプミン族の計数技能が，通貨の流入などの社会変動に伴いより複雑な計算にも対応できる形に変化していった過程を明らかにしている（Saxe & Esmonde, 2005）（図11-1）。

　以下では，子どもの発達に見られる文化的多様性と文化内での連続性について，これら2つのアプローチを通して得られた知見を概観していく。

2　保育・教育を方向づける文化的信念

　文化の新参者として生まれてくる子どもは，周囲の大人たちによるさまざまな働きかけに支えられて，その文化のメンバーとして育っていく。こうした大人の支援は，各文化に特徴的な**文化的信念**を反映し，それに方向づけられている。

表11−1 「子どもが幼稚園・保育所で学ぶもっとも重要なことは何ですか」という質問に対する反応

(%)

	中国 1位	中国 上位3位	日本 1位	日本 上位3位	アメリカ 1位	アメリカ 上位3位
忍耐力	13	20	2	16	3	5
協調性と集団の一員となること	37	58	30	67	32	68
思いやり・共感・他者への配慮	4	20	31	80	5	39
創造性	17	50	9	30	6	37
文字の読みと数技能の初歩	6	23	0	1	1	22
自立・自信	6	29	11	44	34	73
芸術・音楽・ダンス	1	8	0.3	4	1	3
コミュニケーションスキル	4	27	1	5	8	38
身体技能	1	3	0.3	4	1	6
健康・衛生・身だしなみ	11	60	14	49	1	7
穏やかさ	0	2	0	0	0	1

(出所) Tobin et al., 1989

　たとえばトビン（Tobin, J. J.）らは，1980年代に日本，中国，アメリカの保育所でフィールド調査を行い，3カ国の保育に見られる文化的な特徴を比較した（Tobin et al., 1989）。保育者，保護者，その他関係者に対する質問紙調査では，「子どもが幼稚園・保育所で学ぶ最も重要なことは何ですか」という質問に対して，日本では「思いやり・共感・他者への配慮」という回答が多かったのに対し（31％），アメリカや中国では少なかった（それぞれ5％と4％）（表11−1）。このほか社会に幼稚園・保育所が必要である理由については，アカデミックな側面を重視した「良い形で学習を始める機会を子どもに与えるため」という回答が中国やアメリカでは多く見られたが（それぞれ37％と22％），日本では非常に少ない（0.3％）という結果も得られている。このような文化による保育観の違いは，実際の保育活動に反映されている。たとえば彼らが調査対象とした日本の保育所では，4−5歳の女児が年下の園児の靴の脱ぎ履きや階段の上り下りを手助けする場面が観察されたが，保育者はこれが子どもたちにとって思いやりを育む機会となると説明している。これは思いやりを育むという文化的な価値が，園児の異年齢交流という保育のあり方に結びついた例と言える。同様の傾向は，2000年代に入ってから再度実施された調査において

コラム　数を重視する日本文化

　近年，子どもが幼児期に獲得する数知識が就学後の算数・数学学習の重要な基礎となることが，メタ分析研究などで明らかにされたことから，その重要性があらためて注目されている（Duncan et al., 2007；Watts et al., 2014）。幼児の数知識に関する国際比較研究では，日本を含む東アジアの幼児の方が欧米の幼児よりも豊富な数知識を持っていることが報告されている。就学前にもかかわらず，このような差が認められるのは興味深い。

　どのようにして東アジアの幼児は豊富な数知識を身につけているのだろうか。幼児にとって幼稚園は家庭とならぶ重要な数学習の場であると考えられるが，そこでの保育者の支援のあり方は文化によってさまざまである。同じ東アジアの中でも，たとえば中国の幼稚園では，幼児に数を体系的に教える傾向があり，それが効果的な数知識の獲得に結びついていると言われている。一方，日本の幼稚園の場合，保育者が体系的に数を指導することはほとんどない。保育者に質問しても，意識的に数指導をすることはないと答える者が大多数である。ただし，実際に保育活動を観察してみると，保育活動で数を扱っていないわけではなく，保育者は自分が主導する日常のさまざまな活動の中に数にかかわる支援を頻繁に埋め込んでいる。日本の場合，このような保育者の支援が，効果的に幼児の数学習を促していることが明らかになっている（榊原，2006, 2014a）。

　なぜ日本の保育者は意識していないにもかかわらず，活動の中に頻繁に数を埋め込むのだろうか。それぞれの文化における大人による子どもへの支援は，その文化に特徴的な文化的信念を反映し，それに方向づけられている（榊原，2014b）。日本の文化には，子どもの数能力が高いことを重視するという特徴があり，それが保育者の支援に無意識のうちに反映されている可能性もあるだろう。数知識と文化的信念の関係はまだ十分には明らかにされておらず，これからの重要な研究課題のひとつである。

も確認されている（唐澤ほか，2006；Tobin et al., 2011）。

　スティーブンソン（Stevenson, H. W.）とスティグラー（Stigler, J. W.）は，日本，台湾，アメリカの小学5年生の子どもの母親を対象に，子どもの成績に影響する要因として「努力」「才能」「課題の難しさ」「運」がそれぞれどの程度重要であると考えているかを質問した。その結果，すべてのグループが「努

力」にもっとも高い得点をつけたが,アジア人の母親はアメリカ人の母親よりも「努力」をより重視していること,一方で「才能」についてはアメリカ人の母親の方がアジア人の母親よりも重視していることが明らかになった。同様の傾向は子どもを対象とした調査でも確認されている。スティーブンソンとスティグラーは,このようなアジア人とアメリカ人の学習に対する信念の違いが,親や教師が設定する子どもの学習目標や学習に対する子どもの動機づけなどと結びついており,アジア人とアメリカ人の算数成績の差を生みだす一因でもあると指摘している（Stevenson & Stigler, 1992）（コラム参照）。

3 学習を支えるコミュニケーション

このように,大人はそれぞれの文化に特徴的な文化的信念を反映させる形で子どもの発達を方向づけている。こうした方向づけにおいてとくに重要な役割を果たすのが,大人と子どもの間で展開する学びをめぐる**コミュニケーション**のあり方である。その中でも強固なものとして歴史的に築き上げられてきたのが,西洋文化を中心にして発展してきた学校教育という制度固有のコミュニケーションである。以下,このタイプのコミュニケーションに注目して見ていこう。

(1) I-R-E 構造

学校の授業におけるコミュニケーションは,独特の**談話**構造を持つと言われている。こうした談話構造の典型例としてよく挙げられるのは,**I-R-E** と呼ばれる構造である（Mehan, 1998）。I-R-E とは,教師の主導（Initiation）,生徒の応答（Reply）,およびそれに対する教師の評価（Evaluation）という形で展開する談話のパターンをさす。たとえば教室で教師が「今,何時ですか」と質問した場合,生徒は「11時です」と応答し,それに対して教師が「そうです,11時ですね」と正解であるという評価を与える。これに対して,一般の会話では,「何時ですか」と質問されれば,相手は「11時です」と答え,それに対し

て質問した側は，「ありがとうございます」「わかりました」などと応答する。一般の会話では，質問は自分が知らない情報があり，他者からそれを教えてもらいたい場合に行うが，教室において教師は正解を知っているにもかかわらず生徒の知識を確認し，評価するために質問を行うのである。

　こうしたI-R-Eに代表されるような学校に独特の談話構造は，学校以外の場面（たとえば，親子での会話など）においても見られる場合がある。たとえばアメリカやトルコの中産階級の母親は，12～24カ月児にも「赤ちゃんの目はどこにある？」といった母親がすでに知っている事柄についての質問をするという。一方で，グアテマラのマヤ人や東インドの母親と幼児との間にはこのような会話は見られない（Rogoff et al., 1993）。同様に，北アフリカのウォロフ族の大人も，日常生活の中で，自分がすでに知っていることを6～7歳を過ぎた子どもや他の大人に尋ねることはほとんどなく，このような質問をした場合，それは挑発か謎かけであると解釈されるという（Irvine, 1978）。このように，日常会話に学校特有の談話構造が用いられない文化の子どもが学校での授業に参加する場合，コミュニケーションに困難を経験し，それが学習に影響を与える可能性も考えられる。

（2）　学校特有の前提や形式を用いて推論する

　学校教育におけるコミュニケーションの特徴は，授業の談話構造だけに現れるものではない。教師が与える課題の内容やその形式にもそうした特徴を見出すことができる。たとえば学校では，教師が与えた課題に含まれている前提のみを用いて生徒が答えを導き出すことが重視される。学校教育を一定期間以上受けている人に「雪の降る極北では熊はすべて白い。ノーバヤ・ゼムリヤーは極北にある。そこの熊は何色をしているか」という質問をした場合，与えられた情報に基づき「白」と推論するはずだ。しかし，学校教育を受けていない人の場合，反応はまったく違ったものになる。たとえば旧ソビエトの心理学者であるルリヤ（Luria, A.R.）は，1930年代に中央アジアで行った調査において，学校教育を受けておらず読み書きができない農夫に同様の質問をしているが，

11章　文化と発達

表11-2　学校教育を受けておらず読み書きのできない農夫の三段論法に対する典型的な反応

例1　37歳，辺境のカシュガル村出身
農夫　：いろいろな獣がいる。
（三段論法がくり返される）
農夫　：わからないな。黒い熊なら見たことがあるがほかのは見たことないし…。それぞれの土地にはそれぞれの動物がいるよ。白い土地であれば白い動物，黄色い土地には黄色い動物が。
質問者：ところでノーバヤ・ゼムリヤーにはどんな熊がいますか？
農夫　：われわれは見たことだけを話す。見たこともないものについてはしゃべらないのだ。
質問者：さっきの話からはどうなりますか？
（三段論法がくり返される）
農夫　：どういうことなんだろう。われわれのツアーは君達のツアーとは似ていないし，君達のツアーはわれわれのツアーには似ていない。君の話に答えられるのは見たことのある者だけだね。見たことのない者は君の話を聞いても何も言うことはできないよ。
質問者：いつも雪のある北方では熊は白いと私は言いましたが，そこからノーバヤ・ゼムリヤーの熊はどのようだと結論づけられますか？
農夫　：60歳とか80歳の人で，その人が白熊を見たことがあって喋るなら信用してもよいだろうが，私は白熊を見たことがないんだよ。だから話すことはできないんだ。私の言うことはそこに尽きる。見たことのある者は話せるが，見たことのない者は何も話すことはできないんだよ！

例2　47歳，パルマン村出身
農夫　：大いに経験もあり，あちこち行ったことのある人ならその問に答えられるだろうね。
質問者：では私が話したことからその質問に答えられますか？
農夫　：寒い国に何度も行ったことや居たことがあって，何でも見た人ならその質問に答えられるだろうし，そこでは熊がどんな色をしているかも知っているだろうね。
質問者：シベリアの北のほうではいつも雪があります。私はあなたに，雪のある所では熊は白いと言いましたね。シベリアの北では熊はどんな色をしているんでしょうか？
農夫　：私はシベリアのほうには行ったことがないな。去年死んだタジバイ・アカならシベリアを見たことがあるんだが。彼は私に，そこには白熊がいると話してくれたが，それがどんなものなのかは言っていなかった。

（出所）ルリヤ，1976

　多くの農夫は，課題と自分の経験を切り離し，課題に内在する前提だけを受け入れることを拒んだという（表11-2）（ルリヤ，1976）。しかし，彼らが論理的に思考することができないというわけではない。コール（Cole, M.）らがリベリアのクペレ族を対象にして行った調査では，学校教育を受けていない人は自分の経験にもとづいて結論を出すことを好むため，与えられた前提にはない

情報を課題に加え，それを含んだ条件から出発して正しい推論を行うことを指摘している。以下に例を示す（コール・スクリブナー，1982）。

質問者：フルモかヤクパロのどちらかがイチゴ酒を飲むと，村長が腹を立てます。フルモはイチゴ酒を飲んでいません。ヤクパロはイチゴ酒を飲んでいます。では，村長は腹を立てますか。

村人　：二人に腹を立てている者などおらん。

質問者：（問題をくりかえす。）

村人　：村長はその日は腹を立てていなかった。

質問者：村長は腹を立てていなかったのですか。その理由は何ですか。

村人　：理由は，彼がフルモを好きではないからだ。

質問者：彼はフルモを好きではないのですか。理由を続けてください。

村人　：理由は，フルモが酒を飲むと迷惑をかけるからだ。それが，彼がイチゴ酒を飲むと村長が腹を立てる理由だ。しかし，時々ヤクパロがイチゴ酒を飲んでも，彼はまわりの人に迷惑はかけない。彼は横になって寝るだけだ。そんなわけで，まわりの人は彼には腹を立てないのだ。でも，イチゴ酒を飲んでけんかをふっかけてまわる人間は――村長はこの村のそんな人間は好きになれないのだ。

　ここで村人は，おそらく実在するであろう人物を想定し，その人物に関する情報に基づいて実験者の質問に答えている。この視点を受け入れれば，「フルモが酒を飲むと迷惑をかけるからだ」といった一連の解答は，十分に論理的なものと言える。しかし村人は，実験者が暗黙のうちに求めている「与えられた前提のみを用いて推論をする」という視点をとることには失敗しており，その結果，実験者と村人のコミュニケーションは混乱したものになってしまっている。こうした失敗や混乱は，村人の知的能力の低さを示すものではなく，学校教育においてよく用いられる課題の内容や形式に不慣れなことによってもたらされていると考えられるだろう。

　これと同様に，学校教育をほとんど受けていない子どもが，学校教育を受け

た子どもとは違う方法で適切な推論をすることを示した研究として，ブラジルのストリートチルドレンを対象に行ったニューネス（Nunes, T.）らの研究が挙げられる（Nunes et al., 1993）。ニューネスらは，ブラジルの路上でココナッツなどを売っている学校教育をほとんど受けていない子どもが，日常の商売で必要とされる複雑な計算を独自の方法で正確に行っていることを明らかにした。たとえば，ある子どもは，客が1つ35クルゼーロのココナッツ4つを買ったときの合計金額について「3つで105。30たすと，135になる。ココナッツ1つが35…だから…140！」と暗算で正しい答えを導きだした。この子どもは，ココナッツ3つで105クルゼーロになることはすでに知っていたようであり，そこに30を足し，最後に残りの5を加えたのである。しかし，学校で出題されるような形式で「35×4はいくつですか」と質問したときには，この子どもは問題を正しく解くことはできなかった。この子どももクペレ族の村人と同様に，学校教育においてよく用いられる課題の内容や形式に不慣れであったと考えられるだろう。

（3） 誰ができる子で，誰ができない子か？

　学校教育に見られるコミュニケーションのもうひとつの特徴は，話者たちが誰ができる子で，誰ができない子か，誰が頭が良くて，誰が無能かといった点，つまり個々人の能力に焦点を合わせるということである。たとえばマクダーモット（McDermott, R. P.）は誰ができる子で誰ができない子かということをめぐって展開する子どもたちの会話に注目している（McDermott, 1993）。彼は，アメリカの小学校のクラブ活動として行われている料理クラブに参加している子どもたちの会話を分析し，こうしたコミュニケーション構造の中で，特定の子どもができない子として浮かび上がっていく過程を明らかにしている。

　全員が同じ作業を行う授業場面と異なり，料理クラブでは子どもどうしの役割分担や助け合いが許されているので，通常，コミュニケーションは競争的なものにはなりにくい。たとえば文字を読むのが得意な子どもがレシピを読み，苦手な子どもが作業にあたるなどである。これにより，子どもは自分の得手・

不得手にかかわらず，それぞれのやり方で料理活動に参加することが可能になっている。だが，ときどきこうした料理クラブの協同的な活動のあり方が崩され，教室に特有の個々人の能力に焦点を合わせるコミュニケーション構造が現れる場合がある。次に示すのはそうした会話の例である。これは，文章の読解に困難がある学習障害児であるアダムがひとりでバナナケーキを作っているとき，作業手順に従う代わりに，間違えて材料リストに書かれている順番で材料を混ぜたことが発覚したときの会話である。材料リストに書かれている順番で材料を混ぜていたため，効率的に作業を進めていた他の班よりも，表面上，作業が進んでいるかのようにみえ，それが他の子どもの注目を集めたのである。なお，以下の会話におけるルーシーの発話で母音が伸ばされている箇所は，幼い子どもに読み聞かせるかのような話し方となっていることを示している。

アダム　　：これで最後だ！
　　　　　　ヨーグルトは何処かな。ここか。
ナディーン：もうヨーグルトまでいったの？
アダム　　：そうだよ。
ナディーン：バナナはどうしたの？
アダム　　：僕たちは，えーっと，バナナはくれなかったよ。
ナディーン：それなら，貰ってきなさいよ。
大人　　　：バナナはこの棚の上にあるよ。
アダム　　：だけど，これは2ページ目だよ。
ルーシー　：それはティースプーンで，これがテーブルスプーンよ。
アダム　　：これはティースプーンで，ここには…
ルーシー　：ここにはテーブルスプーンって書いてあるわよ。テーーブルスプーンで，2はいー。
　　　　　　　　（中略）
ナディーン：それは材料表でしょ。作り方じゃないのよ。
ルーシー　：それはベェーーキィーーング・パァーーウダーよ。

11章　文化と発達

アダム　　　：ベーキング・パウダーって，どういうこと？
ナディーン：この順番でやるのよ。
アダム　　　：(何てこった。) どういうこと？　どの順番？
ナディーン：見て！　これが作り方。全部ここに書いてある通りにやるの。
アダム　　　：ありゃりゃ。
　　　　　　　いち…カップ…つぶした…生の
　　　（皆がそっぽを向き，アダムはさらなる助言を求めて大人のところに戻っていく。)

　間違った手順で作業を進めていたアダムに対して，周囲の子どもたちは手助けをせず，指示通りにひとりで作業を進めるように強調している。そのためアダムは，作業を修正することができず結局混乱してしまう。このとき，周囲の子どもたちは，お互いに助け合って作業を進めるという料理クラブの通常のコミュニケーションではなく，「もう，ヨーグルトまでいったの？」といった，誰ができていて，誰ができていないのかということに焦点を合わせたコミュニケーションや，アダムに自分で指示を読むように求めるコミュニケーションを行うことで，アダムの学習障害を前面に押し出すことになっているのである。

＊

　以上で見てきたように，西洋文化を中心に発展してきた学校教育のコミュニケーションには，本節で概観してきたような「談話構造」「特有の前提や形式を用いた推論」「個々人の能力への焦点化」といった一連の特徴が見られる。しかし，学校教育のコミュニケーションにもまた文化的な多様性を見出すことができる。スティグラー (Stigler, J. W.) とヒーバート (Hiebert, J.) は，国際比較研究 (TIMSS, Videotape Classroom Study, 1994-95) の一環として，中学2年生の数学の授業場面を分析・比較し，教師の授業の進め方が文化によって異なることを明らかにしている (Stigler & Hiebert, 1999)。たとえば，日本の授業では，教師はごく少数の問題を生徒に提示し，その問題の解き方を複数の角度から生徒に考えさせることが多い。一方，アメリカでは教師が問題の解き

方を生徒に説明した後，プリントを用いて同じような問題を繰り返し解かせることが多いという。このような学校教育におけるコミュニケーションの文化的違いは，前節で検討した文化的信念と強く結びついたものと考えることができるだろう。

4 実践の中での学習

　文化が子どもの発達を支え方向づけるのは，これまで見てきたように直接的には大人と子どものコミュニケーションや，アダムの例に見られるように大人が用意した制度の中で行われる子どもどうしのコミュニケーションを通してである。しかし，より視野を広げて子どもの発達と文化の関係を捉えてみると，文化の中で人々が繰り広げている**実践**の構造そのものが子どもの発達を支え，方向づけているという側面にも気づかされる。以下では，実践の構造と学びの関係に注目した研究を例として，文化と発達のこうした結びつきについて考えていこう。

（1）　徒弟はいかに学ぶのか？

　実践の構造と学びの密接な関係を明らかにした研究としてよく知られているのは，人類学者であるレイヴ（Lave, J.）によるリベリアの仕立屋の徒弟の修行過程を対象とした調査である（Lave, 1990）。レイヴの観察によれば，仕立屋に入門した徒弟は，はじめにアイロンがけとボタン付けをまかされる。製品の生産において不可欠であるが，失敗のリスクが少なく，やり直し可能な仕事が与えられるのである。アイロンがけとボタン付けができるようになると，次に縫製，最後に布の裁断をまかせられる。興味深い点は，徒弟がこのような仕立ての実践に参加する中で，とくに教えられることなく，服作りに必要な中核的な知識や技能を身につけることである。これは，こうした修行のステップそのものが徒弟の学びにとって良いカリキュラムになっているということを示している。たとえば徒弟はアイロンがけとボタン付けを通して，服がどのような

パーツで構成されているかを知り，針と糸の扱いを学ぶ。服の全体構造がわかったところで，縫製の仕方を学び，服のパーツの形やつなげ方の理屈を理解する。最後に裁断を通して，各パーツに布を切り分けるパターンを理解する。このように，今行っている作業が次の作業に進むための準備となっている実践の構造そのものが徒弟の効率的な学習を支え方向づけているのである。

（2）授業に実践の構造を取り入れる

このように伝統的な徒弟制における見習い修行の構造そのものが徒弟にとってのカリキュラムとなっているという発見にヒントを得て，それを学校などの学習場面に応用することを試みた理論に**認知的徒弟制**（Brown et al., 1989）がある。学校の授業は，多くの場合，実践の現場で行われている活動（真正の活動）とは切り離された文脈で子どもに知識や技能を身につけさせようとするが，そのようにして得られた知識や技能は現実場面では役に立たないことが多い。これに対して，認知的徒弟制では，授業にその教科の基礎になっている真正の活動（算数・数学における数学者の活動など）を埋め込むことで，その教科の知識・技能や特有の物の見方を，学校外でも利用できる形で生徒に身につけさせることを目指す。

このような認知的徒弟制にもとづく授業法として，コリンズ（Collins, A.）は6つの方法を提唱している（Collins, 2006）（表11-3）。「モデリング」「コーチング」「足場づくり」は伝統的な徒弟制の中核となるものであり，生徒が熟達者である教師の活動を観察し，また教師に導かれて自らも実践を試みる過程を通して，真正の活動の文脈に結びついた一連の技能を獲得するように促すものである。「明確化」と「内省」は，生徒が熟達者である教師の問題解決の方法に注意を向け，また問題解決方略を自発的に選択（あるいは制御）できるようになるのを助ける。「探求」は，生徒が熟達者と同じように問題を解決できるだけではなく，自分自身で問題そのものを設定できる自律性を身につけることを目的としている。

表11-3 認知的徒弟制にもとづく授業法

1．モデリング（modeling）	教師が課題を遂行する場面を観察させることで，課題を達成するために必要なプロセスの概念モデルを生徒が構築するのを促す。 （例：生徒に難しい数学の問題を持参させ，教師が解いて見せる。）
2．コーチング（coaching）	生徒が課題を遂行する場面を教師が観察し，必要に応じてヒントを与える，疑問を呈する，足場づくり（下記を参照）をする，フィードバックを与える，モデルとなる，重要なことを思い起こさせる，新しい課題を示すなど，さまざまな方法を用いて生徒の学習を促す。
3．足場づくり（scaffolding）	生徒が特定の認知的課題を自力で遂行することができないときに，教師が課題解決において有用な方略や道具を示す。 （例：課題解決に役立つ情報に生徒が注意を向けるように教師が促す。）
4．明確化（articulation）	生徒に自分の知識，推論，問題解決プロセスをことばで明確に表現するように促す。 （例：あるテキストに関する要約を2種類示し，一方が良く，もう一方が良くない理由を生徒に説明させる。）
5．内省（reflection）	生徒が自分自身の問題解決プロセスを振り返り，教師や他の生徒のものと比較できるようにする。 （例：生徒に考えを声に出しながら読解の課題に取り組ませ，それを録音し，自分の思考方法と教師や他の生徒の思考方法を比較させる。）
6．探求（exploration）	生徒が自分で設定した問題に取り組むように導いていく。 （例：図書館で恐竜が絶滅した理由に関するさまざまな理論を調べ，まとめさせる。）

（出所）　Collins, 2006 をもとに作成

（3）　実践への参加を通した学び

　伝統社会における徒弟的学習に刺激を受けて提唱された，もうひとつのアプローチに「**参加**」をキーワードとした諸理論がある。リベリアの仕立屋の例に見られるように，徒弟は実践に参加することで効率よく知識・技能を身につけている。このような実践の構造に支えられた学びは，親方と徒弟がいる伝統的な徒弟制だけではなく，他の多くの実践の現場でも見られる現象である。「参加」は，こうしたより広い視点で実践の構造と学びの関係を捉える枠組みとして提唱されたものである。「参加」という概念を重視した場合，人の学びは実践への参加において学習者が担う役割や責任が変容していく過程として捉えられる。こうした立場をとる代表的な理論には，レイヴとウェンガー（Wenger,

E.) が提唱した「**正統的周辺参加**」（レイヴ・ウェンガー，1993）と，発達心理学者のロゴフ（Rogoff, B.）が展開した「**導かれた参加**」（ロゴフ，2006）がある。以下では，これらのうち子どもの発達にとくに焦点を当てているロゴフの導かれた参加について詳しく説明していきたい。

　導かれた参加とは，子どもが大人との相互交渉や，文化が用意しているさまざまなアレンジメントに支えられて，コミュニティ（共同体）における実践に積極的に参加していく過程である（Rogoff, 1990）。この過程を通して，子どもはその文化の実践において必要となる技能，理解，思考の様式などを自分のものにしていく。ここで重要なのは，「導かれた参加」が学校教育のような意図的な教育だけをさすものではないということである。大人がとくに教育を意図することなく行っている日常的なかかわりも，子どもの学びにおいて重要な役割を果たしているのである。

　導かれた参加における大人と子どものかかわりあいの特徴をもう少し詳しくみてみよう。ロゴフは2つの基本過程があることを指摘している（ロゴフ，2006）。

　ひとつは，子どもと大人がことばや身振りを用いたり，相手の行為や反応に目を向けることを通して，互いに理解を調整しあうことである。たとえば，幼い子どもが泥団子が実際に食べられる物かどうかを知りたいとき，母親の顔を見ながら泥団子を口に持っていって母親の反応をうかがうことや，話し始めたばかりの子どもが「マンマ」と言ったとき，母親は「ママはここにいるわよ」と言い，それでも子どもが満足せず「マンマ」と繰り返した場合は「そうか，ご飯が食べたいのね」と言って子どものことばを補うといったことが，こうした調整にあたるだろう。

　もうひとつの基本過程は，周囲の大人やコミュニティが，子どもが観察したり参加する活動を選択したり，一緒にその活動にかかわることを通して，子どもの活動への参加を構造化することである。たとえば大人は子どもがどのような玩具で遊び，どのようなテレビ番組をみて，どの保育所に入るか（入らないか）など，子どものために数々の選択をするが，これにより子どもがどのよう

な活動に参加し学ぶ機会を得るかが決定される。また，大人は子どもの発達を促すような適切な支援を活動に埋め込むことを通して，子どもの活動へのかかわり方を調整する。こうした子どもの活動への参加の構造化は，大人による直接的な選択と調整だけでなく，コミュニティが伝統的に受け継いできた実践を通して間接的に行われることも多い。たとえば民話や神話などの語り聞かせは，数多くのコミュニティにおいて，子どもが参加すべき適切な活動を伝える役割を果たしている。また，子どもは社会的なやりとりのルーチン（挨拶の仕方など）や，コミュニティで担われている多様な役割（お母さんや先生の役など）を遊びの中で練習したり演じたりすることで，そのコミュニティにおいて通常行われている活動のパターンを身につけ，その意味を理解していく。このような，参加の構造化は，大人の一方的な方向づけによるものではなく，子どもによる積極的な関与が不可欠であるということをロゴフは強調している。導かれた参加は，この意味では大人と子どもが相互に能動的に関与することによって生み出される過程であると言える。

　なお，「正統的周辺参加」や「導かれた参加」の理論は，子どもが育つコミュニティをある程度安定して持続的なものであると想定しているが，現代の社会では人々の移動が活発化する，社会システムが急速に変化するなど，子どもたちが育つコミュニティも重層化，流動化している。こうした点をふまえ，近年では，さまざまなコミュニティを移動する子どもたちの発達・学習や新たなシステムやテクノロジーの出現と子どもの発達・学習の関係などを捉えることを目指す研究も積極的に進められている（香川・青山，2015）。

〈サマリー〉
　本章では，人の発達に見られる文化的多様性と文化内での世代を超えた連続性について，とくに子どもの学びと文化の関係に注目して解説してきた。
　文化の新参者である子どもの発達は，それぞれの文化に特徴的な文化的信念を反映した大人の支援に方向づけられ，支えられている。文化の多様性と結びついたこうした発達の方向づけは，たとえば学校的な会話のような制度固有のコミュニケーション

11章　文化と発達

や，認知的徒弟制や導かれた参加を通した学習などによってもたらされる。子どもはこうした過程を通して，それぞれの文化において先行する世代から受け継がれてきた常識や信念，道具やその利用法，他者とのコミュニケーションのあり方，制度，慣習などを身につけ，一人前の文化の担い手になっていくのである。

〈もっと詳しく知りたい人のための文献紹介〉

ロゴフ，B.　當眞千賀子（訳）　2006　文化的営みとしての発達　新曜社
⇨文化的な過程としての人の発達について，心理学にとどまらず，人類学，社会学，言語学などの諸研究からの知見を豊富な事例や資料を用いて解説している。訳文もこなれていて読みやすい。原著は2003年に出版され，2005年度ウィリアム・ジェイムズ図書賞を受賞している。

コール，M.　天野清（訳）　2002　文化心理学　新曜社
⇨ヴィゴツキー理論を出発点にして文化心理学研究を進めてきたM. コールが自らの理論を集大成した著作。原著の出版は1996年。古典的な比較文化心理学が持つ問題点から，現代の文化心理学のさらなる可能性をめぐる考察まで，広い視野で文化心理学について論じられており，今なお一読の価値がある。

〈文　献〉

Brown, J. S., Collins, A., & Duguid, P. 1989 Situated cognition and the culture of learning. *Educational Researcher*, **18**, 32-42.

コール，M.・スクリブナー，S.　若井邦夫（訳）　1982　文化と思考——認知心理学的考察　サイエンス社

Collins, A. 2006 Cognitive Apprenticeship. In R. Sawyer (Ed.), *The Cambridge handbook of the learning sciences*. Cambridge University Press. pp. 47-60.

Duncan, G. J., Dowertt., C. J., Claessens, A., Magnuson, K., Huston, A. C., Klebanov, P., ... Japel, C. 2007 School readiness and later achievement. *Developmental Psychology*, **43**(6), 1428-1446.

Irvine, J. T. 1978 Wolof "magical thinking": Culture and conversation revisited. *Journal of Cross-Cultural Psychology*, **9**, 300-310.

香川秀太・青山征彦（編）　2015　越境する対話と学び　新曜社

唐澤真弓・林安希子・松本朋子・向田久美子・トビン，J.・朱瑛　2006　幼児教育

の文化的意味——日本，アメリカ，中国における文化間および文化内比較　発達研究，**20**，33-42.

Kitayama, S., Duffy, S., & Uchida, Y. 2007 Self as cultural mode of being. In S. Kitayama & D. Cohen (Eds.), *Handbook of cultural psychology*. Guilford Press. pp. 136-174.

Lave, J. 1990 The culture of acquisition and the practice of understanding. In J. W. Stigler, R. A. Shweder & G. Herdt (Eds.), *Cultural psychology : Essays on comparative human development*. Cambridge University Press.

レイヴ，J.・ウェンガー，E.　佐伯胖（訳）　1993　状況に埋め込まれた学習——正統的周辺参加　産業図書

ルリヤ，A. R.　森岡修一（訳）　1976　認識の史的発達　明治図書

Markus, H. R., & Kitayama, S. 1991 Culture and the self : Implications for cognition, emotion, and motivation. *Psychological Review*, **98**, 224-253.

McDermott, R. P. 1993 The acquisition of a child by a learning disability. In S. Chaiklin & J. Lave (Eds.), *Understanding practice : Perspectives on activity and context*. Cambridge University Press. pp. 269-305.

Mehan, H. 1998 The study of social interaction in educational settings : Accomplishments and unresolved issues. *Human Development*, **41**(4), 245-269.

Nunes, T., Schliemann, A. D., & Carraher, D. W. 1993 *Street mathematics and school mathematics*. Cambridge University Press.

Rogoff, B. 1990 *Apprenticeship in thinking*. Oxford University Press.

ロゴフ，B.　當眞千賀子（訳）　2006　文化的営みとしての発達　新曜社

Rogoff, B., Mistry, J. J., Göncü, A., & Mosier, C. 1993 Guided participation in cultural activity by toddlers and caregivers. *Monographs of the Society for Research in Child Development*, **58** (8, Serial No. 236).

榊原知美　2006　幼児の数的発達に対する幼稚園教師の支援と役割——保育活動の自然観察にもとづく検討　発達心理学研究，**17**(1)，50-61.

榊原知美　2014a　5歳児の数量理解に対する保育者の援助——幼稚園での自然観察にもとづく検討　保育学研究，**52**，19-30.

榊原知美（編著）　2014b　算数・理科を学ぶ子どもの発達心理学——文化・認知・学習　ミネルヴァ書房

Saxe, G. B., & Esmonde, I. 2005 Studying cognition in flux : A historical treatment of *fu* in the shifting structure of Oksapmin mathmatics. *Mind, Culture, and Activity*, **12**(3 & 4), 171-225.

Stevenson, H. W., & Stigler, J. W. 1992 *The learning gap.* Simon & Schuster.

Stigler, J. W., & Hiebert, J. 1999 *The teaching gap.* Free press.

Tobin, J. J., Hsueh, Y., & Karasawa, M. 2011 *Preschool in three cultures revisited : China, Japan, and the United States.* University of Chicago Press.

Tobin, J. J., Wu, D. Y. H., & Davidson, D. H. 1989 *Preschool in three cultures : Japan, China and the United States.* Yale University Press.

Watts, T. W., Duncan, G. J., Siegler, R. S., & Davis-Kean, P. E. 2014 What's past is prologue : Relations between early mathematics knowledge and high school achievement. *Educational Researcher*, **43**(7), 352-360.

12章　教育と発達

- 他者とのかかわりの中で発達はどのように進むのか？
- 教育によって発達の過程は促進しうるのか？

藤田　豊

　人間は，人と人とのあいだに生まれ，人と人とのあいだで育っていく存在であると言われます。発達心理学では，これまで人間の発達を個人に焦点化し，人格特性や課題解決能力を測定して説明する見方と，物との関係や人との関係に焦点化して，やりとりの変化のプロセスや内容そのものを分析・記述しながら説明する見方がありました。最近では，脳科学の影響を受けながら，ひとりひとりの持つ脳の状態もひとつの環境として捉え，個々の脳神経活動レベルで人間のさまざまな側面についての発達が説明され始めています。また，学習科学の到来によって，子ども本来の学びの姿についても少しずつ明らかにされています。

　どのようなモデルを持てば，人間の発達についてよりよく理解し説明できるのか，まだこれから多くの議論を要することになると思いますが，本章では人と人との関係に焦点を当てて，発達と教育の問題について考えてみたいと思います。具体的には，2つの問い「他者とのかかわりの中で発達はどのように進むのか？」「教育によって発達の過程は促進しうるのか？」について考えていくことにしましょう。

1　保育・授業の中の子どもの観察からの問いかけ

　他者との関係を通して発達と教育の問題について考えるとはどういうことか，保育や授業場面の子どもたちの観察の様子からその輪郭を明示したい。

　筆者がこれまで保育観察をしてきた幼稚園で，子どもたちどうしの育ち合いを大事にしながら，40年近く統合保育の実践に力を入れてきた幼稚園がある。

健常の子どもが支援の必要な子どもとの関係をどのように築いているか，教師による保育記録に目を通すと（中九州学園出水幼稚園，2008），年少児（3歳）は，まだお話をしないことに対して不思議だという気持ちを抱きながらも，その場の意味や相手の表情に現れる変化を読み取り，いまだことばになっていないことばの裏側に相手の言わんとする意味を汲み取ろうとする。年中児（4歳）は，日ごろの教師の支援の必要な子どもへのかかわり方を観察することで，自分もその子とかかわる術を学び取ろうとする。さらに年長児（5歳）では，相手に拒絶されてもなお，相手の立場に立って思いやり，深い関係を築こうとするたくましさが芽生え始めている。健常の子どもの視点からまとめられたこの保育記録のやりとり場面は，同時に，支援の必要な子どもにとってもひとつの意味構造を持った他者との出来事として体験されている。この両者の関係を育んでいるのは，特別な保育カリキュラムではない。「障がいの有無にかかわらず子どもたちがともに育ち合っていってほしい」という幼稚園の教育理念のもとに，教師がひとりひとりの子どもの視点に立ち，その子に分かることばでその子に理解できる範囲のことを伝え，その後の歩みを支え後押しする，ひとりひとりの子どもの発達を見とりながらの丁寧な保育である。

　次に，ある小学校1年生クラスの国語の授業場面で，筆者が担任教師と一緒に授業の実践に取り組んだ例を取り上げてみたい（藤田・中林，未発表）。それは，「お店屋さん」の主人になったつもりでお客さんに渡すチラシを作る単元において，「他者の立場に立って考えたりふるまったりする」ことの意味を学ぶ授業であった。ひとつの方法として，子どもたちを実際に商店街に連れていき，お買い物を体験させた。そこでの買い物場面の子どもとお店屋さんとのやりとりをビデオに録画し，そのうち10場面ほどをビデオ教材として作成・用意し，それらを授業に入る前の数分間を利用し1週間にわたって視聴させた。このような手順を踏まえた後，子どもたちが実際に書いたチラシの文章は，お客さんが思わず買いたくなりそうな紹介文もあれば，お店の人が子どもたちに投げ掛けたことばを上手に利用しているものもあった。また自分ひとりで買い物場面のイメージを膨らませながらことばを紡ぐ子どももいれば，周りの子ども

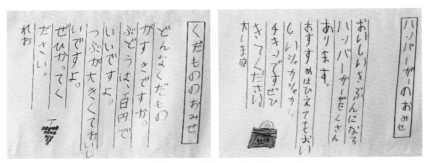

図12-1　小学1年生が作ったお店屋さんのチラシ
(出所)　藤田・中林，未発表

たちと話し合いながら所々似たような文章を書く子どもも見られた。その一方で，教科書と同じような紹介文を書く子どもも見られた。これは，クルーガーとトマセロ（Kruger, A. C., & Tomasello, M., 1996）の分類基準に従えば，子どもがひとりでは学ぶことが困難な価値ある課題について，大人がそれにふさわしい学習場面を用意することで，できるだけ正確かつ集中的に子どもの理解を大人の評価基準まで引き上げる"計画された学習"の例として分類できるが，子どもの学び（反応）はじつに多様で変化に富んだものであった。

　ここで取り上げた子どもたちの学びを正確に理解するためには，子どもたちの興味・関心，ことばに表すシンボル体系，他者の心の理解（心の理論：3章参照），コミュニケーション能力，など多領域にわたる発達の程度を押さえることが不可欠であろう。その一方で，それらの能力の発揮は，他者との関係を前提にしたものでもある。他者の存在は，自分の思考や情動を映し出す鏡となる。また，他者を観察したり，真似たり，その他のさまざまなやりとりをすることは，自らの思考の枠組を拡げ，新たな学びの可能性をも拡げる。その際，とくに，教師の役割に注目するならば，保育や授業に臨む事前の準備や，子どもたちへの具体的な働きかけは，教師が子どもの何に焦点を当てるかで，内容も効果もまったく異なるものとなってしまう。子どもの発達の可能性を信じながら営む教育が，本当に子どもの経験世界を意味づけ，新たな学びの可能性を拡げているのか，子どもひとりひとりの発達を丁寧に見ながら，自らの教育の

あり様をつねに反省し改善し続ける目を養う必要がある。その意味で,「他者とのかかわりの中で発達はどのように進むのか？」と「教育によって発達の過程は促進しうるのか？」という2つの問いは,突き詰めて考えると,双方向的で複雑な人と人との関係における発達と教育の持つ本質的意味を理解するうえでとても重要な問いかけとなる。

2　他者との関係における自己の発達
―― 大人―子ども,子ども―子どもの関係に埋め込まれた発達課題

　この世に生まれ落ちた赤ちゃんは,まとまりのない交錯した世界に直面する。乳児自身と他者のあいだには明確な区別もなく,他者と安定した関係を築いていくための規準もできていない。そのような状況の中で外界に働きかけながら世界を理解するための秩序を自らの内に作り出していかなければならない。自己の内的世界とそれを取り巻く外的世界（とくに他者）とのつながりを作っていくことが,環境に適応していくために人間に課せられた最初の発達課題と捉えることができよう。

　関係を重視した自己の発達過程について,サリヴァン（Sullivan, H. S., 1953）やピアジェ（Piaget, J., 1965）は,成熟した自己と未熟な自己を定義しながら,次のように説明している。すなわち,**未熟な自己**とは,「自己の評価に過敏であり,欠点を隠そうとする。権威あるものの規準に合わせて機嫌をとろうとする。自己と他者をあるがままに受け入れ,親密な関係を築くことができない」自己である。それに対して,**成熟した自己**とは,「自他をあるがままに受け入れ,あらゆる価値観において,お互いを同じくらい大事に思いやることができ,相互に認め合うことができる」自己である。自己が発達する（大人になる）とは,「私」や「あなた」という視点を超えて,「私たち」という視点をつねに持てるような「自分作り」の過程として捉えられる。

　しかし,関係における自己の発達は,どのような他者との関係を想定するかによってその様相は大きく異なり,**発達課題**もおのずと異なってくる。ユーニ

ス（Youniss, J., 1980）は他者との関係を大きく2種類に区別し，それぞれの特徴を次のように説明している。

　まず第一の関係は大人と子どもとの関係であり，そこでは大人が社会の意味やルールを子どもに伝える媒介者の役割を果たす。そして，子どもが思考したり判断したりする枠組は社会という外的システムから与えられ，子どもはそれに従う「**従順な関係**」が求められる。第二の関係は，子どもどうしの関係であり，そこではお互いが対等であり，主体となって目の前の課題に協力して取り組む。両者の考えに優劣の差はなく，考えの食い違いは相互に話し合い，協力しながら解決していく「**協調的な関係**」である。

　第一の従順な関係では，子どもの外界に適応したいという欲求に対して，大人が社会生活を営むルールを教える限りにおいては，両者の利害は一致し，関係はとても良好にかつ効率的に機能する。しかし，子どもが大人を"権威を持った人"として見るようになると，子どもはつねに大人の言う通りにしなければならないと思い込み，ひとつの問題を対等な立場でお互いに納得のいくまで話し合うことは困難になる。したがって，子どもの主体性を損なわずに子どもの能力を最大限に引き出せるように促していくことが，大人―子どもの関係に埋め込まれた発達課題となるであろう。それに対して，第二の協調的関係では，子どもたちが対等な立場で自分の考えや意見を自由に言い合い，そこから生まれる対立や葛藤をお互いに納得のいく形で解決する経験を重ねることによって，他者は，自分と同じように意図や情動や願望を持った存在として意識され，自分と同じくらい大事な存在として思いやり，認め合える存在になるという。それゆえに，子どもどうしの関係に埋め込まれた発達課題は，子どもたちが臆することなくお互いの考えをぶつけ合いながら自己を主張し合えること，そしてそこから生まれる対立や葛藤を話し合いを通して自分たちの力で解決しながら，学び合い，育ち合っていけるようになることと定義できるであろう。

3 子どもの概念世界の拡がり・深まりと教育との関係
　　——最近接発達領域

　子どもはどのように周りの世界に触れ，その世界を理解していくのであろうか。ここでは，概念形成やことばの獲得に限定して，発達と教育の関係について考えてみたい。

　ことばを覚え始めたころのことばの使い方には，子どもらしい特徴が表れる。たとえば，チューリップもバラもサクラも，子どもにとってはどれも綺麗なお花である。しかし，その「おはな」ということばには，「おはな—チューリップ」という全体—部分や上位—下位の関係から説明する体系はない。数を覚え始めたころに「ひとつ，ふたつ」と数える行為にも，それが全体として量や数を表す「2つ」なのか，その部分だけを表す意味なのか，順序を表す意味なのか，さらには足し合わせた結果の意味なのか，体系化された数の意味はまだ育っていない。ヴィゴツキー（Vygotsky, L. S., 1987）は，体系化され一般化された「科学概念」をそれらが未形成な「生活概念」から区別し，両者は子どもの中で共存し，互いに影響を及ぼし合いながら発達していくと説明している。

　また，1節のお店屋さんのチラシ作りを再び例にとると，話しことばで話す場合と書きことばで文章を作る場合では，その認知的処理のプロセスや様相は大きく異なる。話しことばの場合には，商品そのものに商品としての価値や魅力を自ずと語らせ，それを手に取るお客の印象や判断に委ね，お客からの個別の質問に答えながら，子どもはさほど意識もせずに商品について説明することができる。しかし，同じことを書きことばで説明する（チラシを作る）場合には，目の前にいないお客を頭の中に想定し，売りたい商品のセールスポイントを自分なりにとらえ，どうすればお客に喜んで買ってもらえそうかを他者の視点に立って考えなければならない。その上でチラシを読む人が理解しやすい文章の型（文法）を意識して，音声表象を文字表象に置き換えながら，完全な文章として紡ぎ出さなければならない。

ヴィゴツキーにとって，このような概念やことばの発達の問題は，同時に教育の問題と密接に関係している。彼は，概念やことばの心理機能が未熟なままでも教育は営まれ，教育は発達の先を行き発達を導くものと考えている。その際，子どもの発達は，当該課題を実際にひとりで遂行できる「現実の発達水準」でとらえるのではなく，他者（大人）の援助を受けてできる「可能性を含めた発達水準」との差を通してとらえることを重視し，この発達の幅を「**最近接発達領域**（zone of proximal development）」と定義した。この最近接発達領域には，現実の水準が8歳の子どもでも，大人の援助次第で12歳の力を発揮する子どももいれば，9歳の水準に留まる子どももいるといったように個人差がある。ひとりひとりが持っている発達の可能性の幅に注目することは，子どもの状態に敏感に反応し，将来その子に起こり得る変化も視野に入れながら，ひとりひとりに合った教育的営みを時機を逃さずに実践していく際の指針となるものである。

4　精神間機能から精神内機能へ
――他者との関係の中で進む子どもの学習と発達

　最近接発達領域の概念は，子どもの将来における発達の可能性も含めた考え方であるが，これまで発達心理学者が容易には解決できなかった問題を同様に内包している。またその一方で，ヴィゴツキーの提案に感化された研究は，実証的・実践的・理論的研究へと多方面に展開してきている。そこで，本節では，まず最近接発達領域の概念が抱えている理論上の問題点を整理し，次に精神間機能から精神内機能への変化のプロセスや子どもどうしの相互作用に焦点を当てた研究をいくつか取り上げ，「他者とのかかわりの中で発達はどのように進むのか？」という最初の問いを考えてみよう。

（1）最近接発達領域という概念に課された問い：
将来の発達とその質的変化は予測可能か？

　「人間の発達は誕生後2度出現する。1度目は他者との関係において，2度

目は自己内においてである」というヴィゴツキー（Vygotsky, 1978）のことばは、人間の発達の方向性が「**精神間機能**の**水準**」から「**精神内機能**の**水準**」へ至るものであることを示唆している。すなわち、発達とは今はまだひとりではできなくて、大人の援助や子どもどうしの協力があればできる（精神間機能）という発達の可能性を持った水準から、他者の援助や仲間の手助けがなくても、自分ひとりでできる（精神内機能）という現実の発達水準への変化のプロセスを表したものであると言える。

しかしながら、人の発達を過去に遡りそこから現在に至るまでのプロセスについて説明することはできても、現在から将来にわたってその人の発達プロセスを予測することは困難である。多くの心理学者がこれまで答えようと努力していまだに解決できていないこの難題は、ヴィゴツキーの場合にもあてはまる。ヴァルシナーとヴァン・デル・ヴェール（Valsiner, J., & Van der Veer, R., 1993）は、最近接発達領域の概念が抱える問題点を次のように説明している。すなわち、時間軸上の過去から現在に至るまでの間に可能になった心理機能については、その質的な変化も合わせてそのプロセスを説明できる。しかし、現時点においていまだ開花していない心理機能に関しては、実際に測定できない。さらに、それらが最近接発達領域にある間もやはり測定不能のため、その変化のプロセスやメカニズムを正確に予測することはできないという。また、精神間から精神内へ至る質的な変化についても、個人条件での課題成績と協同条件での課題成績の単純な比較のみでは不十分であると指摘している。

とはいえ、このような問題点を抱えながらも、ヴィゴツキーの考え方は多くの研究者を魅了し、その後の膨大な量に上る実証的・実践的・理論的研究の数々は、子どもの発達を育む関係概念の精緻化のために大きく貢献しているといっても過言ではない。

（2） 子どもの学習と発達を育む「足場作り」

子どもの発達レベルに合わせた教授法のモデルを研究したものの中に、**足場作り**（scaffolding）の研究が挙げられる。足場作りという概念は、ウッドら

(Wood, D. J. et al., 1976)によって提案され，その特徴は以下の5点に集約される（Greenfield, P. M., 1984）。それは，(1)学習者に対する援助であり，(2)学習者の学ぶ過程を（同時に教授者の教える過程を）促進するための道具であり，(3)学習者の作業範囲を拡大することができ，(4)それまでできなかった課題の遂行も可能にし，(5)学習者の必要な時と場合に応じて選択的に利用される，というものである。このような概念が生まれた背景についてウッドらの研究に簡単にふれながら紹介する。

まずウッドとミドルトン（Wood, D. J., & Middleton, D. J., 1975）の観察研究では，21個の積み木から構成されるピラミッド課題を用いて，完成品（モデル）を目の前に置いた状態でそれと同じもの（コピー）を3,4歳児の子どもに作らせる際，母親がどのように教えているか（援助的介入）について検討している。観察ビデオを通して，母親の自然なことばかけや動作での援助の内容について分析が行われた。その結果，母親の援助の内容は，抽象的（言語的）なものから具体的（動作的）なものへ大きく5つのカテゴリーに分類され，それらの機能的な特徴が水準化された（表12-1を参照）。さらに，ウッドらは，優れた教授的資質を持った母親ほど，子どもの状態に合わせて介入水準を柔軟に使い分けているだろうと仮説を立てた。しかしながら，実際は，仮説に反し，子どもに合わせて介入水準を柔軟に使い分ける母親はごく僅かであった。

そこでウッドら（Wood et al., 1978）は，子どもの理解を促進するための援助的介入方法について4タイプの母親モデルを実験的に構成し，モデルの違いによって子どもの理解度に差異が見られるかについて比較検討した。4タイプの母親モデルとは以下のようなものである。

[(1)随伴的・理想的モデル：いかなるときも子どもの状態に合わせ，あくまでも子どもが活動主体であり続けられるような介入の仕方。（使用する介入水準は，表中の水準1から5までのすべてを使用する。）(2)ことばかけのみのモデル：子どもの状態とは無関係に，ことばかけのみによる介入を行う。（使用する介入水準は，水準1,2のみ）(3)ことばと動作がかみ合わない不安定なモデル：ことばと動作の介入は行うが，両者の意味的な結び付きは曖昧である。（使用する介入水準は，水準1と5のみ）(4)すぐに

表 12-1　母親がとった各援助的介入の特徴と水準化

介入水準	特　　　徴	具　体　的　内　容
水準1	ことばによる一般的な（漠然とした）促し	子どもを活動に参加させるよう後押しする。「今から何をするのかな。」「ブロックで何か作ってみようか。」
水準2	ことばによる特定の作業内容の指示	組み立てるために今必要な作業は何かについて，ことばで明確に指示する。「一番大きなブロックを4つ探してちょうだい。」「一番小さなブロックを取ってちょうだい。」
水準3	動作による（必要な）ブロックの選択	水準2で子どもがわからないときに，どのブロックが必要であるかをことばで「これが一番大きい（小さい）でしょう」と説明しながら，子どもの前にそのブロックを選んで置いてあげる。
水準4	動作によるブロックの配置	水準3で選択されたブロックを組み合わせることができないときに，ブロックを適切に配置してあげ，あとはそのまま組み合わせれば良い状態にする。
水準5	動作による実演	水準4でもできない場合に，大人が子どもの代わりに組み立ててあげる。

（出所）　Wood & Middleton, 1975

答えを教えるモデル：子どもがつまずいたときには，大人が代わりに答えを教えてしまう。（使用する介入水準は，水準5のみ）］

　母親からの援助的介入のもとでピラミッドを組み立てた後，事後テストでの子どもの成績を比較した結果，ブロックを組み合わせる回数は，正誤を含め，どのモデル条件でも差異は見られなかったが，正確に組み合わせたブロックの操作回数と，その全体に占める割合は，理想的モデル（足場作り）群が他のモデル群に比べて有意に高いことが示唆された。

　このようなウッドらの研究知見は，しかしながら，大人ができることを子どもがひとりでできるようになるための援助というレベルに留まり，そこから新しいものを創造することを目標としていない点においては（Wood, 1986；Valsiner & Van der Veer, 1993），本当の意味で子どもの発達の可能性を育む関係に近づいていないことが指摘されている。ウッド自身（Wood, 1986）も後に述べているように，足場作りの考え方を日常生活の中の学びの場面まで敷衍し

て捉え直すと，大人が一方的に方向づける（directing）のではなく，子どもが注意を向けている先にどんな興味や関心を抱いているかを見とり，その興味・関心を大事にしながら子どもの経験世界を子ども自らが豊かに意味づけられるような柔軟な関係の取り方（子どもの後を追いながら，子どもの先を導くこと（leading by following））こそが足場作りの核であると言えよう。

(3) ともに学び合う「協調学習」

　子どもどうしが学び合う相互作用は，どのように進んでいくのであろうか，またその特徴は，大人―子どもの教え・学ぶ相互作用の特徴とどのように異なるのであろうか。子どもどうしのやりとり（相互作用）による学習や発達はピアジェとヴィゴツキーの2つの立場からおもに検討されている。両者とも人と人との関係を重視している点は共通しているが，ピアジェの場合，個人はお互いがそれぞれに思考し，独立した存在として捉えられる。そして両者の思考が対立することで生まれる「葛藤」や「不一致」の状態をお互いに話し合いながら解決していくことで学習や発達が促されるという考え方に基づく。一方，ヴィゴツキーは，最近接発達領域における協調・協同的な参加を通して，特定の場と時間を共有している参加者が理解を共有することで学習が成立していくという考え方にもとづいている（Rogoff, B., 1998；Garton, A. F., 2004）。この2つの考え方のうち，ヴィゴツキーの立場（最近接発達領域の考え）については先にふれたので，ここでは，独立した個人がいかに思考の対立・葛藤を解決していくかを重視しているピアジェの立場に立った研究に焦点を当てて，子どもどうしが学び合う相互作用の特徴について考えてみよう。

　クルーガーら（Kruger & Tomasello, 1986；Kruger, 1992）は，小学生（7歳と11歳）を対象にデーモン（Damon, W., 1980）の道徳判断課題を用いて，仲の良い友だちとペアを組んだ場合と，自分の母親とペアを組んだ場合とで，課題成績と解決に至るまでの話し合いプロセスの特徴について比較を行っている。
　［道徳判断課題の内容：クラスの皆で協力して絵を描いた作品の出来栄えが良かったので，学校のバザーで販売し，その収益金をクラスの皆で分配する場面を設定する。その

表12-2 ペア間での相互の考えや意見を絡み合わせたやりとり（子どもが見せた行動）の比較

	子どもどうしのペア	大人と子どものペア	分散分析結果
やりとりを絡み合わせる意見（自分の考えや意見を明確にする）	3.1 (3.9)	3.0 (2.7)	0.01 (ns)
やりとりを絡み合わせる意見（相手の考えや意見に影響を及ぼす）	14.1 (10.1)	5.5 (4.9)	13.86 ($p<.001$)
やりとりを絡み合わせる質問	2.8 (3.7)	0.8 (1.9)	4.98 ($p<.05$)
やりとりを絡み合わせる応答	1.3 (2.3)	5.1 (4.3)	13.37 ($p<.001$)
全　体	21.3 (11.8)	14.4 (9.9)	4.68 ($p<.05$)

（注）　数字は各やりとりの平均回数，（　）内は標準偏差。
　　　7歳と11歳との間の年齢差は認められず，両年齢群を込みにした結果が表に示されている。ここでは意見を絡み合わせたやりとりの平均回数の差は両ペア間で統計的に意味のある差であったか否かを表している。ns は有意な差がなかったことを示し，p＜ は有意な差があったこととその有意水準を示している。
（出所）　Kruger & Tomasello, 1986より一部抜粋

上で，①どのように分配すればよいと思うか，②たくさん頑張った人にはたくさんのお金を分配した方がよいと思うか，③怠けて頑張らなかった子にはどうしたらよいと思うか，④身体の一番大きな子は他の子よりたくさん貰った方がよいと思うか，⑤女の子は男の子よりもたくさん貰った方がよいと思うか，⑥貧しい家庭の子はそうでない子よりもたくさん貰った方がよいと思うか，……などの質問に回答し，その理由を述べる。］
その結果，母親とのペアよりも子どもどうしのペアの方が，お互いの考えを相互に絡ませながら話し合いを行っており（表12-2を参照），課題成績（公正概念[1]の得点）も良いことが示唆された。以上の結果は，子どもどうしの並び合い

➡ 1　公正概念について：公正さとは，対人間で生じるさまざまなもめごとについて，それに関係する人にとって誰もが納得できる解決策を導き出すための指針である。このような指針に照らしながら，何かを分配・共有したり，順番を守ったり，誰かを手助けしたりといった社会的・道徳的行動場面で，自分が取るべき判断や行動についての理解をここでは公正概念と定義する。

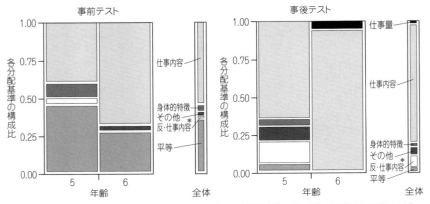

図 12 - 2 事前・事後テストにおける子どもの分配基準の構成比（場面2 仕事内容）
＊ 普通はよく仕事をした方にサツマイモを分配するが，ここでは反対に少なく分配している。
（出所） 藤田，2008a より一部抜粋

の関係において，自分の意見を対等に主張し合い，お互いにそれらを絡み合わせながら話し合うことが，思考の発達を促していることを示唆している。

また，藤田（2008a）では，幼児（5歳，6歳）に対して，分配課題（事前・事後テスト）を用意し，類似の課題を用いてその分配の仕方について子どもどうしのペアでの話し合いセッションをもち，その話し合いの効果を事前・事後テストの結果を比較することで検討した。［分配課題：幼稚園で育てたサツマイモを収穫し，焼きいもパーティを開き，6個の焼きいもを2人の友だちに分配する。2人は栽培作業の仕事量と仕事内容が異なり，その差異に応じた焼きいもの分配方法を問う。］分析の結果，事前テストでは仕事量に差異が生じた場面，仕事内容に差異が生じた場面ともに平等に分配すると答えた子どもが5歳児で4割，6歳児で3割見られたのが，事後テストになると，仕事量・仕事内容を重視し，分配数に差をつける子どもが顕著に見られた（図12-2は仕事内容に差異が生じた場面での結果のみを提示）。また，話し合いセッションでの話し合いパターンは，物語場面（仕事量，仕事内容）にかかわらず，約半数のペアは会話なしに分配のみを行うパターンであり，残りは，5歳児では，考えの対立・葛藤を解決できないパターンが，6歳児では，両者の意見を上手にまとめる協調的パターン

12章　教育と発達

コラム　もうひとつの社会的相互作用——子どもどうしの教え合い・学び合い

　子どもどうしの相互作用の研究として，**教え合い・学び合い**（peer tutoring）に焦点を当てた研究がある。とくに，教え手（教授者）としての役割に注目した研究は，デーモン（Damon, 1984）が学校教育における実践として，子どもどうしの協調学習と同様にその重要性を指摘して以降，注目されてきている。子ども自身が教え手の役割を果たすことを可能にする特徴としては，「熟達者が初心者に対して共感的に理解する能力」（Damon, 1984）や，「教え手が他者の視点に立ってわかりやすく教えるための心の理論の獲得」（Wood et al., 1995）といった要因が指摘されている。それに対して，藤田（Fujita, 2008b）では，教え手自身がまず初心者として課題を理解し（「できない」から「できる」へ；「わからない」から「わかる」へ），次の段階では熟達者として初心者である他者に教えるプロセスが介在する（最近接発達領域における概念的理解の幅を受動的・能動的に体験する）ととらえた。そして，教え手役の子ども（年長児）に折り紙課題を使って折り方の教え方について「足場作り」の方法を使って教え，そのことが年中・年少児への教え方に及ぼす影響について検討した。大人がモデルとして用いた方略は，ことばと動作による説明が各2種類の計4種類であったが，実際に子どもが用いた方略はその倍の8種類であり，機能的には大きく3種類（学び手の理解のモニター，ことばや動作による間接的介入，動作による直接的介入）に分類された（表12-3を参照）。足場作りを体験した子どもの教え方は，足場作りを体験していない統制群の子どものそれに比べて，学び手の理解に合わせて間接・直接的教授方略をバランスよく使用する傾向が示唆された。

表12-3　教え手の子どもが自発的に用いた教授方略の分類とその具体例

教　授　方　略	具　体　例
学び手の構成過程をモニター	教え手は介入せずに，学び手の構成過程を折り図通りに進んでいるか注意深く観察する。
折り図への指さし行為	折り図を指さして次に折る箇所や順序を示す。
ことばによる説明	「三角に折るんだよ」「開いて」「こう折って」などのように個々の操作についてことばで説明する。
教え手の折り紙を使ったジェスチャー	教え手が自分の折り紙を使って，当該箇所の折り方を折りながら手本を示す。
学び手の折り紙を使ったジェスチャー	教え手が学び手の折り紙を使って，角や辺を指さしたり，部分的に持ち上げて軽く折り曲げて見せることにより，折ったり開いたりする方向を示す。
手取り動作による説明	教え手が学び手の手を取って一緒に折りながら，当該箇所の折り方を教える。
学び手の折り紙へ直接介入	教え手が学び手の折り紙を使い，学び手の前で直接折って示す。
学び手の折り紙を奪い取る	教え手が学び手の折り紙を奪い取り自分で作る。

（出所）　Fujita, 2008b

が多く見られた。

5 「教育」と「発達」に関する素朴理論
　　——私の中の「教えるとは・育つとは」を問う

　前節では，他者とのかかわりの中で発達はどのように進むのかという問いについて考えた。本節では，関係の中で発達することについて，あるいはその発達を支え導く教育の意味や役割について，大人自身が自問することの意味を考えてみたい。

　子どもの持つ可能性を将来に向けて開花させるという最近接発達領域の教えを意識していても，実際には目の前にいる子どもにどのようにかかわることがもっともよいのか，適確に判断し実行に移すことは容易なことではない。それは，その時点その時点で子どもの発達水準の「いま」とその発達水準に応じて求められる教育や支援の「いま」に対して，自ら獲得してきた経験知，すなわち**発達と教育についての素朴理論**（日常経験をもとに形成してきた一貫した思考の枠組。5章参照）と照らし合わせて応えることを求められているからにほかならない。その子にとっての発達のゴールを同定できない，なおかつ，いまの時点での教育の目標や課題も明確に思い描けない限りにおいては，目標に到達するまでのプロセスも，それを実現するための具体的な手段や方法も曖昧なままであろう。子どものことがよく見えていない，子どものことがわからない，子どもとの距離がうまく取れないと思い悩んでいるときには，私たち自身の中で，いま一度，発達と教育についての素朴理論がどのように働いているのか問い直す必要がある。

　これまでは個人の中の暗黙知として説明することに留まっていた発達や教育の素朴理論について，体系化する試みが始められている。オルソンとブルーナー（Olson, D. R., & Bruner, J. S., 1996）の**「学習と教育の関係発達モデル」**は，トマセロら（Tomasello, M. et al., 1993）によって提案された文化的学習モデルをベースにしたものであり，次の4段階から構成されている。

（1） 子どもを「行為する人（doer）」として見なす段階

子どもはxについてのやり方をまだ理解していない。そのような子どもへの教育は，xのやり方についてのお手本を示すことであり，子どもは模倣により学ぶことができるという信念からなる。両者は徒弟と職人のような関係である。

（2） 子どもを「知ろうとする人（knower）」として見なす段階

子どもは，心理的機能（言語，空間認知，数的処理，対人関係，など）を働かせながら「学ぶ」力を備え始める。それゆえ，大人はつねに知識を伝え，子どもは受け身的に理解すればよいという信念からなる。教える過程は対話のない一方向的な伝達中心的なものである。

（3） 子どもを「考える人（thinker）」と見なす段階

子どもは周りの世界を理解するために自分なりのモデル（仮説・信念）を構築しそれを利用しながら，自らの経験を解釈し始める。それゆえ，教師は，子どもがそのモデルに辿り着くまでの思考の過程を理解し，子どもが他者とのディスカッションや協同を通してモデルについての学びを深められるような環境作りを担うという信念からなる。

（4） 子どもを「知の熟達者（knowledgeable expert）」として見なす段階

子どもは，自分の信念と理論を持ち，またそれらを事実に照らし合わせながら検証し修正する能力も合わせ持ち，個を超えた文化的知の財産の継承と発展に貢献する存在と見なされる。それゆえ，教師は，子どもが自らの信念や理論を構築していく過程を支援する役割を担うという信念に基づいている。

このオルソンとブルーナーのモデルは，子どもの知の発達レベルが上がるにしたがい，それにふさわしい教育は，直接的に教えることよりも，子どもの主体的な学びを尊重するように参加者として協同することであると示唆している。しかし実際には，「子どもが理解できない」状態を目の前にしてしまうと，大人（教師）は「できない」ことのみにとらわれやすい。相手が小さい子どもであればあるほど，「自分（大人や教師）が理解していること」と「相手（子ども）が理解していないこと」の間の主語は混同され，「子ども」が理解していないということを忘れて「大人（教師）」が直接手を出し解決してしまう。知

的な発達は構造的変化を伴う長い道のりであることを了解した上で，「子ども」が主体となり自ら「理解」を築いていけるように，大人（教師）は協同する者としての"心の理論（学び手の心について表象する能力）"を持つことが何よりも肝要である。

6　教育は発達の過程を促進するか？

　本節では，この章のもうひとつの問い「教育によって発達の過程は促進しうるのか？」について，あらためて「子ども」の視点に立ち返り，「人と人との関係」に焦点を当てながら考察していきたい。

　学習科学の到来によって，「人はいかに学ぶか」という問題が，認知科学や教育心理学，コンピュータ科学，文化人類学，社会学，情報科学，神経科学，教育学など学際的な共同研究によって明らかにされつつある。それまでは，知識の定義や学校教育の役割は科学的検証を経ない一般常識（教授主義）にもとづくものであり（Papert, S., 1993），(1)知識は世界に関する事実と問題を解決するための手続きに関する集合体として捉えられ，(2)学校教育の目的はそれらの事実と手続きを生徒の頭の中に詰め込むことと見なされ，(3)教師はこれらの事実と手続きの知識を備えた人であり，それらの知識を子どもたちに伝達することが仕事であると考えられ，(4)その伝え方は，単純なものから複雑なものへと順序づけられ，その順番も専門家（教師，教科書執筆者，教科教育法研究者等）が決めるものとされ，(5)学校教育の成果は子どもたちが事実や手続きに関する知識をどの程度獲得したかによって評価される，という取り扱われ方であった。

　しかしながら，学習科学によって明らかにされつつある知識は，上記とは正反対のものとして特徴づけられている。ソーヤー（Sawyer, R. K., 2014）によれば，(1)深い概念的理解を伴う知識を獲得すること，すなわち，事実や手続きに関する知識を獲得するのみならず，それらをどのような状況で適用できるか，さらには新たな状況に対してどう修正しながら適用できるかも含めて知識を熟達させることこそが重要であり，(2)そのような知識は受動的に形成されるわけ

ではなく，学習者（児童・生徒）が能動的に自らの学習に参加することによって獲得できる。(3)学校の仕事は，そのような知識の獲得を支援する学習環境を創造することであり，(4)学習者が正しいものも誤ったものも含めて前概念的知識を持ち込みながら学習に臨むことを十分に承知した上で，たんなる暗記作業に終始することのないよう，(5)獲得した知識をいろいろな形式（グループで話し合わせたり，ノートにまとめさせたり，発表の機会を持たせたり等）によって表現させながら自らの理解の内容を省察させる機会を持たせて学びを深めさせることが重要である。

　このような学習科学によって示唆された知識は，どのような教育によってもたらされるのであろうか。子どもたちの創造性を育むプログラミング教材や学習環境を開発する研究に長年にわたって取り組んできたレズニック（Resnick, M., 2017, 酒匂（訳），2018）によれば，子どもが話すこと，歌うこと，描くこと，作り出すこと，踊ることなどを通して自己表現する過程こそが，子どもが創造性（創造的思考，創造的表現）を発揮する過程であるという。そして，そのような創造性は，本来，幼稚園教育（とくに自由保育）のような場においてこそ発揮されるという。創造的な学習は，発想（自分で考えつく），遊び（思いっきりその考えを表現したもので遊ぶ），共有（仲間と遊びを共有する），振り返り（思い通りにいかなかった点について原因を反省する）を繰り返すことで培われることを主張している（**創造的学びのスパイラル**）。その学びのスパイラル（らせん）を動かす基本原則は以下の4つである。

　(1)プロジェクトとして学習過程に参加させる：自分の目標と計画を立てさせ，自分で実行させ，予想通りの結果となったかの検証の後，問題点を修正させ，改善策を考えさせて，目標達成までの一連の創る過程を子ども自身に管理・コントロールさせる。

　(2)子どもの情熱を育てる：子どもが自らやりたいと思うことに徹底して取り組ませ，途中でつまずいたときには自分たちで考えさせ，それを乗り越える過程をも楽しませる。

　(3)仲間との関係を育てる：私たちの思考は，物事との相互作用，物事との戯

れ，物事の創造という文脈の中で働いている。社会生活を営む上での協調の仕方はさまざまであり，若者たちが一緒に活動し，ともに学ぶことができる場（学びの共同体）を作ることや責任を分かち合うことの大切さに気づかせる。

(4)思う存分に遊びに集中させる：失敗を失敗と見なさずに新たな探究の機会と捉え（予測できない事態を楽しむ），個人の経験や知識を起点とし（新たな学びはそれまでの自分の体験や知識に照らして生まれる），おなじみの材料をおなじみではない方法で探究する（柔らかな知識を持つ），などティンカリング（状況の変化に合わせて思いつくままにあれこれ工夫を重ねて改造を行っていくこと）の考え方を実践させる。

レズニックの創造的な学習環境の考え方は，興味・関心を共有する少人数の子どもグループが同じ時間的・空間的場面を共有しながら各自のプロジェクトに携わるケースのみならず，インターネットを介したWeb上での協働解決場面も想定され，創造的な学習場面への子どもの主体的な参加の仕方には子どもが望むだけの広がりと自由度があるというものである。

このような創造的な学習環境の構成は，小学校以降の授業場面においても不可欠であり，そのためには教師がどのような役割を果たすべきかについて吟味が必要である。丸野（2007）は，多領域にわたり，その中でもとくに学習や教育の領域にかかわるメタ認知研究の現況を総括し，子ども主体で学び合う授業場面の特徴を，流動的で，ダイナミックに揺れ動くものとした。その上で，子ども主体の授業場面における**教師の成長モデル**を3段階（教師自身の内面的気づきの段階，子どもとの関係性の取り方への気づきの段階，子どもとの関係を授業という場面に活かしていく適応的な気づきの段階）に分けて提案し，それらの段階を踏むことを教師が成長していく唯一の方法として，実際の授業の文脈に教師自身が身を寄せ，そこでいろいろな手立てを試行し，失敗体験の積み重ねを通して自ら学んでいくことの大切さを主張している。この丸野の主張は，教育という営みには，教師自身の学びや発達（成長）が不可欠であることを指摘したものである。

以上をまとめると，子ども中心の自発的な学びは，課題への興味・関心が動

機づけとなり，予想と現実との違いから生まれる認知的葛藤に対して，課題と渾然一体となり試行錯誤しながら，自分の中で生まれた信念（仮説）を省察の対象にして，課題の本質的理解に近づいていく一連の過程である。このときに教育に求められるのは，子どもの体験レベルまで降りて，課題と渾然一体となった子どもの思考を子ども自らが対象視できる道標を示すことである。

授業や話し合いを通した他者との学び合いの場面では，ひとりひとりの育ちや経験の違いが，子どもどうしの学びのあり様を多様で複雑なものにするであろう。しかし，そうであればこそ，子ども中心の流動的でダイナミックに揺れ動く学び合いの場（ともに考え合う場）そのものが，子どもたちを学びの多様さに気づかせ，その気づきの体験内容が次の新たな学びを創造していく起源となる。そして，その営みに携わる教師自身にも，失敗を恐れず試行錯誤を繰り返しながら，子どもたちと一緒に学び合い・成長（変化）していく過程が必要である。それが実現できてはじめて，教育は学習や発達の可能性を拓き，その過程を促進することができると言えよう。

〈サマリー〉

本章では，双方向的で複雑な人と人との関係に焦点を当て，「他者とのかかわりの中で発達はどのように進むのか？」と「教育によって発達の過程は促進しうるのか？」の2つの問いについて検討した。

まず，他者との関係における自己の発達を定義し，子どもと大人との「従順な関係」，子どもどうしの「協調的な関係」に埋め込まれた発達課題を明確にした。

次に，ヴィゴツキーの最近接発達領域の概念を取り上げ，精神間機能から精神内機能へ，すなわち他者とのかかわりの中で進む子どもの発達プロセスの様相を，足場作りと協調学習に関する研究知見に基づき考察した。

最後に，教育と発達の素朴理論に照らしながら，子どもの主体的な学びを育む大人（教師）の協同的役割の重要性を指摘し，教育が発達の過程を促進するための条件を，子どもの自発的学びと体験過程，仲間とダイナミックに揺れ動く相互作用，教師の適応的な気づきの観点から考察した。

〈もっと詳しく知りたい人のための文献紹介〉

NHK「こども」プロジェクト　2003　裸で育て君らしく――大阪・アトム共同保育所　日本放送出版協会
　⇨他者との関係を通して自己を築くこと（仲間に通用する自分作り）に主眼を置いた保育所での保育実践と子どもたちの成長の記録を通して，発達と教育の問題をより身近に考えることができる。

レズニック，M.・村井裕実子・阿部和広　酒匂寛（訳）　2018　ライフロング・キンダーガーテン――創造的思考力を育む4つの原則　日経BP社
　⇨子どもを中心とした主体的学び，対話的学び，深い学びを育むために求められるものは何か，「プロジェクト」「情熱」「仲間」「遊び」をキーワードにわかりやすくまとめられている。創造的思考・表現やプログラミング的思考等に関心のある方にもお薦めする。

ヴィゴツキー，L.S.　柴田義松（訳）　2001　新訳版　思考と言語　新読書社
　⇨本章のキーワードとなっている「最近接発達領域」や「精神間機能と精神内機能」の概念についてより詳しく勉強したい方や，社会構成主義や社会文化理論の基本を勉強したい方にお薦めする。

〈文　献〉

Damon, W. 1980 Patterns of change in children's social reasoning: A two-year longitudinal study. *Child Development*, **51**, 1010-1017.

Damon, W. 1984 Peer education: The untapped potential. *Journal of Applied Developmental Psychology*, **5**, 331-343.

藤田豊　2008a　幼児の対話的自己を育てるための葛藤解決訓練プログラムの開発　平成17-19年度日本学術振興会科学研究費補助金（基盤研究(C)　課題番号17530480）研究成果報告書

Fujita, Y. 2008b How young children become effective tutors: Scaffolding children's scaffolding in peer tutoring ORIGAMI tasks. Paper presented at the 20th Biennial Meeting of the International Society for the Study in Behavioral Development.

藤田豊・中林富士子　未発表　子どもの学びにおける体験の意味――授業における体験構造・過程分析の試み

Garton, A. F. 2004 *Exploring cognitive development*. Blackwell Publishing.

Greenfield, P. M. 1984 A theory of the teacher in the learning activities of everyday life. In B. Rogoff & J. Lave (Eds.), *Everyday cognition: Its development in social context.* Harvard University Press. pp. 117-138.

Kruger, A. C. 1992 The effect of peer and adult-child transactive discussions on moral reasoning. *Merrill-Palmer Quarterly,* **38**, 191-211.

Kruger, A. C., & Tomasello, M. 1986 Transactive discussions with peers and adults. *Developmental Psychology,* **22**, 681-685.

Kruger, A. C., & Tomasello, M. 1996 Cultural learning and learning culture. In D. Olson & N. Torrance (Eds.), *The handbook of education and human development.* Blackwell Publishing. pp. 369-387.

丸野俊一 2007 適応的なメタ認知をどう育むか 心理学評論, **50**, 341-355.

中九州学園出水幼稚園 2008 5つの領域と幼児の生活 全日本私立幼稚園連合会九州地区第24回研修大会第5分科会発表資料

Olson, D. R., & Bruner, J. S. 1996 Folk psychology and folk pedagogy. In D. Olson & N. Torrance (Eds.), *The handbook of education and human development.* Blackwell Publishing. pp. 9-27.

Papert, S. 1993 *The children's machine: Rethinking school in the age of the computer.* Basic Books.

Piaget, J. 1965 *The moral judgment of the child.* Free Press.

Resnick, M. 2017 *Lifelong kindergarten: Cultivating creativity through projects, passion, peers, and play.* MIT Press.（レズニック, M.・村井裕実子・阿部和広 酒匂寛（訳） 2018 ライフロング・キンダーガーテン——創造的思考力を育む4つの原則 日経BP社）

Rogoff, B. 1998 Cognition as a collaborative process. In D. Kuhn & R. S. Siegler (Vol. Eds.), W. Damon (Ed. In Chief), *Handbook of child psychology,* vol. 2: *Cognition, perception and language,* 5th ed. John Wiley & Sons. pp. 679-744.

Sawyer, R. K. 2014 *The Cambridge handbook of the learning sciences,* 2nd ed. Cambridge University Press.

Sullivan, H. S. 1953 *The interpersonal theory of psychiatry.* Norton.

Tomasello, M., Kruger, A. C., & Ratner, H. 1993 Cultural learning. *Behavioral and Brain Sciences,* **16**, 495-511.

Valsiner, J., & Van der Veer, R. 1993 The encoding of distance: The concept of the zone of proximal development and its interpretations. In R. R. Cocking &

K. A. Renninger (Eds.), *The development and meaning of psychological distance*. Lawrence Erlbaum Associates. pp. 35-62.

Vygotsky, L. S. 1978 *Mind in society*. Harvard University Press.

Vygotsky, L. S. 1987 Thinking and speech. In R. W. Rieber & A. S. Carton (Eds.), *The collected works of L. S. Vygotsky, vol. 1 Problems of general psychology*. Plenum Press. pp. 37-285.

Wood, D. J. 1986 Aspects of teaching and learning. In M. Richards & P. Light (Eds.), *Children of social worlds*. Polity Press. pp. 191-212.

Wood, D. J., Bruner, J. S., & Ross, G. 1976 The role of tutoring in problem solving. *Journal of Child Psychology and Psychiatry*, **17**, 89-100.

Wood, D. J., & Middleton, D. J. 1975 A study of assisted problem solving. *British Journal of Psychology*, **66**, 181-191.

Wood, D. J., Wood, H., Ainsworth, S., & O'Malley, C. 1995 On becoming a tutor: Toward an ontogenetic model. *Cognition and Instruction*, **13**, 565-581.

Wood, D. J., Wood, H. A., & Middleton, D. J. 1978 An experimental evaluation of four face-to-face teaching strategies. *International Journal of Behavioral Development*, **1**, 131-147.

Youniss, J. 1980 *Parents and peers in social development*. The University of Chicago Press.

索　引

あ行
I-R-E　219
愛着（アタッチメント）　33, 184
　　——行動　35
　　——の形成過程　37
　　——のタイプ　36
アイデンティティ（自我同一性）　136
　　——・ステイタス（自我同一性地位）
　　　138
　　——の確立　171
　　——のための恋愛　140, 171
足場作り（scaffolding）　241
遊び　73
アルツハイマー型認知症　205
いざこざ　74
異性に対する意識　134
一次的ことば　91
一人称の死　210
異文化比較　215
意味の複雑化　156
因果的説明　102
うつ病　197
エイジング（aging）　194
ADL（日常生活動作；Activities of Daily Living）　202
教え合い・学び合い（peer tutoring）　247
親になること　177

か行
外言　55
外集団（out-group）　112
介護　206
概念的理解　102
概念変化　103
顔を見る，見せるルーティン　25
学習遅滞児　101
学習と教育の関係発達モデル　248
核知識　17
獲得と喪失の逆転　186
学校文化　111, 162
活動理論　202
家庭と仕事　170
仮定にもとづく推理　97
空の巣症候群　182
加齢　194
感覚・運動期　7, 48
感覚間知覚（cross-modal perception）　6
環境移行（environmental transition）　110
関係性　210
観察　78
間主観的　27
危機　138
気質　31, 77
期待違反法　9
基本的信頼感　34
QOL（Quality Of Life）　202
9歳の壁　88, 100
教師の成長モデル　252
協調的な関係　238
協同（cooperation）　105, 114
共同注意　40
共同注視　39
協同的探究学習　105
具体的事象の概念化　95
具体的操作　90, 105
　　——期　89, 92
組み合わせについての推理　97
形式的操作　97, 103
　　——期　97
傾倒　138
結婚　171
結晶性知能　197
健康高齢者　195
現実自己　157
見当識障害　205
向社会的行動　123

高齢社会　194
心の理論（theory of mind）　58
個人差　31, 77
誤信念課題　56
ごっこ遊び　74, 92
ことば　51
子の巣立ち　184
コミュニケーション　52, 219
孤立　171

さ行
最近接発達領域（zone of proximal development）　105, 240
サクセスフル・エイジング　202
参加　228
三項関係　40
算数・理科学力の国際比較調査（TIMSS）　101
支援　79
視覚的断崖　5
視覚的リアリズム　93
自我の統合　200
時間的展望　141
思考の計画性　94
自己概念　111
自己鏡映像　71
自己主張・実現　76
自己制御機能　76
自己中心性　55, 93
自己中心的言語　55
自己評価　132
自己抑制　76
支持的行動　40
思春期　161
姿勢制御能力　23
姿勢の調整　24
視線の動き　25
自尊感情（self-esteem）　135, 157
自尊心（self-esteem）　113
実行機能（executive function; EF）　60
実践　226

視点取得　114
自伝的記憶　80
シニア・ボランティア　204
自発的特性推論　117
死への態度　210
社会的活動性　202
社会的参照　41
社会的資源　204
社会的視点取得　157
社会的スキル　114
社会的知能　61
社会的な期待　32
社会的比較　111
従順な関係　238
重要な他者（significant other）　114
主観的幸福感　202
出産　177
受容言語　14
馴化・脱馴化法　8
情動交流　30
情動の制御　28
情動表出　27
新生児反射　6
人生の振り返り　209
親密（性）　171, 175
心理的ケア　207
ストレンジ・シチュエーション法　34
成熟した自己　237
生殖性（世代性）対停滞　176
精神間機能　241
成人期後期（老年期，高齢期）　170
成人期前期（成人初期）　170
成人期中期（中年期）　170
精神内機能　241
正統的周辺参加　229
生徒文化　162
性役割　134
生理的早産　18
世代間交流　205
前概念的思考段階　52
選好注視法（preferential looking method）

索　引

4
選好振り向き法　16
全国学力・学習状況調査　102
前操作期　50
前頭側頭型認知症　205
早期完了　139
操作的系列化　90
操作的分類　90
喪失　201
早熟　133
創造的学びのスパイラル　251
素朴概念　103
素朴心理学　8
素朴生物学　8
素朴物理学　8
素朴理論　104, 248

た行
対象の永続性　8
第二次性徴　131, 154
体力の衰え　184
脱中心化（decentralization）　55, 93
タテの関係　155
多様性　91
他律から自律へ　119
単純な注視　39
談話　219
知恵　198
父親の育児参加　184
知的リアリズム　93
注意能力　198
中年期危機　185
聴覚障害児　100
長期記憶　209
直観的思考段階　52
定型問題　101
定年　199
適応的選択　91
伝統的性役割観　179
同一性拡散　139
同一性達成　138

道徳性　119

な行
内言　55, 96
内集団（in-group）　112
内的作業モデル（internal working model）　34, 78
内包量　105
成り込む　27
喃語（babbling）　16
二語発話　54
二次的ことば　91
妊娠　177
認知的徒弟制　227
認知的不均衡　103
脳血管性認知症　205

は行
発生的認識論　103
発達課題　237
発達と教育についての素朴理論　248
発達の質的転換期　95
反社会的な行動　161
晩熟　133
非社会的な行動　161
非定型問題　102
PISA　102
ピック症　205
ひとり遊び　73
被養育体験　32
表出言語　14
表出ルール（display rule）　118
表象　49, 50
比例　98
フィールドワーク　215
夫婦関係　173
不適応行動　161
不登校　163
　──の継続要因　164
　──の発生要因　164
プランニング　95

ふり 53
　――遊び 73
プロダクティヴ・エイジング（productive aging） 204
文化的信念 216
文章理解 99
文脈効果 90
分離不安 33
平均寿命 199
補償 197
母性愛神話 177, 181
保存課題 89

ま行

未熟な自己 237
見立て 73
導かれた参加 229
3つの山問題 93
見通し 144
メタ認知 93, 95
メタボリック症候群 197
目と手の協応 39
モニタリング 99
物語 81
モラトリアム 139
問題行動 161

や行

養育行動における普遍的側面と文化差 33
養育者の過去の経験 32
幼児期健忘 80
養生 207
抑制 59
ヨコの関係 155

ら・わ行

ライフスタイル 200
ライフレビュー（回想（法）；life review） 207, 209
離婚 173
理想自己 157
離脱理論 202
流動性知能 197
領域一般性 98
領域固有性 98
劣等感 112
レディネス 92
レビー小体型認知症 205
老化現象 195
老性自覚 199
老年学（gerontology） 194
論理的思考 89, 99, 103
若者文化（youth culture） 155

《執筆者紹介》（執筆順）

藤村宣之（ふじむら　のぶゆき）編者，はしがき，5章
　　東京大学大学院教育学研究科　教授

旦　直子（だん　なおこ）1章
　　帝京科学大学教育人間科学部　教授

常田美穂（つねだ　みほ）2章
　　NPO法人わははネット

郷式　徹（ごうしき　とおる）3章
　　龍谷大学文学部　教授

小松孝至（こまつ　こうじ）4章
　　大阪教育大学教育学部　教授

清水由紀（しみず　ゆき）6章
　　早稲田大学文学学術院　教授

天谷祐子（あまや　ゆうこ）7章
　　名古屋市立大学大学院人間文化研究科　准教授

加藤弘通（かとう　ひろみち）8章
　　北海道大学大学院教育学研究院　准教授

松岡弥玲（まつおか　みれい）9章
　　愛知学院大学心理学部　准教授

伊波和恵（いなみ　かずえ）10章
　　東京富士大学経営学部　教授

榊原知美（さかきばら　ともみ）11章
　　東京学芸大学先端教育人材育成推進機構　准教授

藤田　豊（ふじた　ゆたか）12章
　　熊本大学人文社会科学研究部　教授

《編著者紹介》

藤村宣之（ふじむら・のぶゆき）
京都大学大学院教育学研究科博士後期課程学修認定退学　博士（教育学）（京都大学）
現　在　東京大学大学院教育学研究科　教授
主　著　『国際的に見る教育のイノベーション──日本の学校の未来を俯瞰する』（共著）勁草書房，2023年
　　　　『新しい時代の教育方法［第3版］』（共著）有斐閣，2024年
　　　　『協同的探究学習で育む「わかる学力」──豊かな学びと育ちを支えるために』（共編著）ミネルヴァ書房，2018年
　　　　『よくわかる認知発達とその支援［第2版］』（分担執筆）ミネルヴァ書房，2016年
　　　　『数学的・科学的リテラシーの心理学──子どもの学力はどう高まるか』有斐閣，2012年
　　　　『発達心理学Ⅰ』（分担執筆）東京大学出版会，2011年
　　　　『メタ認知──学習力を支える高次認知機能』（分担執筆）北大路書房，2008年
　　　　『児童の数学的概念の理解に関する発達的研究──比例，内包量，乗除法概念の理解を中心に』風間書房，1997年

いちばんはじめに読む心理学の本 ③
発達心理学［第2版］
──周りの世界とかかわりながら人はいかに育つか──

2009年11月25日	初　版第1刷発行
2017年10月20日	初　版第9刷発行
2019年1月20日	第2版第1刷発行
2025年2月10日	第2版第7刷発行

〈検印省略〉

定価はカバーに表示しています

編著者　藤　村　宣　之
発行者　杉　田　啓　三
印刷者　坂　本　喜　杏

発行所　株式会社　ミネルヴァ書房
607-8494　京都市山科区日ノ岡堤谷町1
電話代表　(075)581-5191番
振替口座　01020-0-8076番

© 藤村宣之他，2019　　冨山房インターナショナル・新生製本

ISBN 978-4-623-08463-0
Printed in Japan

——————— いちばんはじめに読む心理学の本 ———————

臨床心理学
―― 全体的存在として人間を理解する

伊藤良子　編著

A 5 判　256頁
本体2500円

社会心理学
―― 社会で生きる人のいとなみを探る

遠藤由美　編著

A 5 判　260頁
本体2500円

発達心理学［第2版］
―― 周りの世界とかかわりながら人はいかに育つか

藤村宣之　編著

A 5 判　274頁
本体2500円

認知心理学
―― 心のメカニズムを解き明かす

仲真紀子　編著

A 5 判　264頁
本体2500円

知覚心理学
―― 心の入り口を科学する

北岡明佳　編著

A 5 判　312頁
本体2800円

教育心理学
――「学ぶ」と「教える」のいとなみを探る

藤江康彦　編著

A 5 判　250頁（予定）
本体2500円（予価）
未刊

——————— ミネルヴァ書房 ———————
https://www.minervashobo.co.jp/